U0549488

本书为国家社科基金青年项目
"互联网体育赛事节目的版权保护研究"（17CTY015）的研究成果

Research on Copyright Protection of Internet Sports Event Programmes

互联网体育赛事节目的版权保护研究

张惠彬　著

知识产权出版社
全国百佳图书出版单位
——北京——

图书在版编目（CIP）数据

互联网体育赛事节目的版权保护研究/张惠彬著.—北京：知识产权出版社，2025.3.—ISBN 978-7-5130-9685-0

Ⅰ.D923.414

中国国家版本馆 CIP 数据核字第 2024XB7961 号

责任编辑：韩婷婷   责任校对：潘凤越
封面设计：杨杨工作室·张　冀   责任印制：孙婷婷

互联网体育赛事节目的版权保护研究

张惠彬　著

出版发行：	知识产权出版社有限责任公司	网　　址：	http://www.ipph.cn
社　　址：	北京市海淀区气象路50号院	邮　　编：	100081
责编电话：	010-82000860 转 8359	责编邮箱：	176245578@qq.com
发行电话：	010-82000860 转 8101/8102	发行传真：	010-82000893/82005070/82000270
印　　刷：	三河市国英印务有限公司	经　　销：	新华书店、各大网上书店及相关专业书店
开　　本：	720mm×1000mm　1/16	印　　张：	16.75
版　　次：	2025年3月第1版	印　　次：	2025年3月第1次印刷
字　　数：	292千字	定　　价：	89.00元
ISBN 978-7-5130-9685-0			

出版权专有　侵权必究

如有印装质量问题，本社负责调换。

前　言

近年来，网络平台已成为人们观看体育赛事节目的主要媒介。诸如腾讯、新浪网等企业都通过获得赛事主办方的转播权许可为人们带来精彩的赛事。体育赛事转播权所得收入已经是体育赛事组织者和参与者最为重要的收入来源，各大平台对体育赛事转播权的争夺越来越激烈。然而，对美国职业篮球联赛、各大足球联赛、奥运会等大型体育赛事节目的盗播却也屡禁不止。《中华人民共和国著作权法》（以下简称《著作权法》）在2020年11月修改之前，对于体育赛事节目的法律保护面临着一个基本问题：转播权并不是法定的概念，而著作权法上的广播权、信息网络传播权等相关权利又与体育赛事转播的技术内涵相差甚远。在相关案件原告的起诉书中，常见的表述为被告侵犯了其著作权（泛指）。然而，这一表述实际上面临一个前置争议：体育赛事节目是否构成著作权法意义上的作品？如果不构成作品，那么又该如何保护？对此，学界和业界都众说纷纭。

我国关于互联网体育赛事节目的版权争议最早发生在2006年德国世界杯举行前，当时国际足联请求国家版权局为世界杯节目的网络传播提供行政保护。北京奥运会前夕，国家版权局出台了《关于严禁通过互联网非法转播奥运赛事及相关活动的通知》。2015年以来，司法实践中遇到了一系列有关体育赛事节目网络盗播的案件，我国学术界对此展开了研究，并取得了许多有益的成果。2020年12月，历经十年修改的《著作权法》通过。这意味着与体育赛事节目相关的诸多争议得到了立法机关的回应。首先，《著作权法》明确了对作品概念的界定，将原来争议不断的"法律、行政法规规定的其他作品"修改为"符合作品特征的其他智力成果"，为应对新技术下层出不穷的创作形态留有一丝余地,让"兜底条款"真正发挥出兜底的作用。其次,《著作权法》将"电影作品和以类似摄制电影的方法创作的作品"改为"视听作品"。视听作品概念的纳入,使得在互联网时代新生的体育赛事直播节目、电子竞技画面、用户自己创作的短视频等更多的创作"成果"被纳入版权保护的范围,有益于促进我国文化产业的进步。此外,《著作权法》对广播权和广播组织者权的修改,也极大地扩展了体育赛事节目保护的空间。

总的来说,《著作权法》的第三次修改成效显著,不仅应对了网络技术的挑战和国情巨变,更是回应了社会各界和司法实践的迫切要求。然而,在修法后如何更好地落实新法的精神和要求,也是摆在我们面前的一道难题。比如:(1)"视听作品"是否仅为"电影作品和以类似摄制电影的方法创作的作品"的一种凝练用语,即"换汤不换药"?(2)在三网融合时代,传播媒介、传播技术之间呈现整合的态势,著作权制度中各项权利系依照技术背景、技术手段来区分的,传统路径已经无法区分各类传播行为。在酒吧通过智能联网投影机播放体育赛事节目的行为,究竟属于广播权还是放映权规制的范围?(3)体育赛事节目成为视听作品后,是否一直缺乏对运动员肖像权保护的重视?《中华人民共和国民法典》(以下简称《民法典》)的肖像权保护与体育赛事节目的版权保护之间如何对接?(4)面对层出不穷的新型侵权行为,如 IPTV 电视回看、视频聚合平台的播放、电子竞技直播等,应如何规范?(5)网络平台在体育赛事节目保护中充当着转播的媒介、体育赛事节目独占许可的被许可人、平台用户的管理人,在治理与被治理的角色切换间,其如何扮演好这些角色?(6)著作权法的目的一方面是保护私权,另一方面是促进文化的进步,在将体育赛事节目纳入版权体系进行保护的同时,如何维护观众收看权益,以保证观看成本在合理价位?(7)2022 年 6 月 24 日修改通过的《中华人民共和国体育法》(以下简称《体育法》)第五十二条第二款规定:"未经体育赛事活动组织者等相关权利人许可,不得以营利为目的采集或者传播体育赛事活动现场图片、音视频等信息。"此处的"体育赛事"指的是何种级别的赛事?"不得以营利为目的"如何界定?该条款与《著作权法》的相关规范如何衔接?这一系列问题,都需要我们作进一步的观察与研究。

首先,本书通过历史梳理,探寻体育赛事节目版权保护的渊源;其次,通过文献研究、实证研究、比较研究,揭示体育赛事节目全球保护的经验以及我国著作权法语境下保护的现状，深描体育赛事节目保护的价值理念、立法导向、司法趋势等；最后，结合我国国情和互联网产业的特殊性，揭示当前存在的问题并提出有针对性的解决方案。本书虽初步构建了"体育赛事节目版权保护"的保护体系，但由于《著作权法》《体育法》均修改不久，对相关条文的解析以及预期制度的效果等，均有待实践的检验，不足之处还望读者批评指正。

目 录

第一章 传播媒介变迁下体育赛事的发展沿革 ……………………………… 001

  第一节 传播媒介变迁下体育赛事的传播样态 / 001

    一、广播时代的体育赛事传播 / 002

    二、电视时代的体育赛事传播 / 007

    三、网络时代的体育赛事传播 / 016

  第二节 传播媒介变迁下体育赛事的商业变革 / 023

    一、体育赛事商业化的内涵与特征 / 023

    二、体育赛事商业化与传播媒介的经济共生 / 026

    三、网络传播媒介下体育视听节目的运营 / 030

  第三节 传播媒介变迁下体育赛事的属性衍变 / 034

    一、体育赛事的公共属性 / 034

    二、体育赛事领域财产话语的引入 / 047

    三、体育赛事节目领域版权话语的引入 / 058

第二章 体育赛事节目法律保护的全球经验 ……………………………… 063

  第一节 体育赛事的法律保护 / 063

    一、体育赛事的可版权性分析 / 063

    二、体育赛事法律保护的依据 / 064

  第二节 体育赛事节目的版权保护路径 / 072

一、体育赛事节目版权保护的不同要求 / 072
　　　二、体育赛事节目版权保护路径之一：视听作品 / 076
　　　三、体育赛事节目版权保护路径之二：邻接权 / 089
　　　四、体育赛事节目版权保护的合理限制 / 094
　　第三节　反不正当竞争法对体育赛事节目的补充保护 / 101
　　　一、体育赛事节目反不正当竞争法保护路径概况 / 101
　　　二、体育赛事节目保护中反不正当竞争法的适用 / 103
　　　三、体育赛事节目反不正当竞争法保护与版权法保护的
　　　　　比较 / 106

第三章　我国体育赛事节目版权保护的进路 …………………… 112
　　第一节　体育赛事节目作为视听作品的法律保护 / 113
　　　一、视听作品的概念诠释与权利归属 / 113
　　　二、体育赛事节目作为视听作品保护的前提 / 120
　　　三、体育赛事节目作为视听作品保护的内容 / 128
　　　四、体育赛事节目作为视听作品保护的实践 / 136
　　第二节　体育赛事节目作为录像制品的法律保护 / 143
　　　一、录像制品的概念诠释与构成要件 / 143
　　　二、体育赛事节目作为录像制品保护的内容 / 145
　　　三、体育赛事节目作为录像制品保护的实践 / 148
　　第三节　体育赛事节目作为广播节目的法律保护 / 152
　　　一、广播节目的概念诠释与构成要件 / 153
　　　二、体育赛事节目作为广播节目保护的内容 / 155
　　　三、体育赛事节目作为广播节目保护的实践 / 157

第四章　互联网环境下体育赛事节目版权保护的问题 …………… 160
　　第一节　体育赛事节目版权保护的规范存在冲突 / 160
　　　一、修法后视听作品概念与其他立法的协调 / 160
　　　二、修法后放映权与广播权的权利重叠 / 164
　　　三、修法后体育赛事节目中运动员权益保护的争议 / 168

目 录

第二节 体育赛事节目版权的新型侵权行为频现 / 170
    一、视频聚合模式下体育赛事节目版权侵权行为 / 170
    二、电视回看模式下体育赛事节目版权侵权行为 / 172
    三、电子竞技赛事直播的版权争议 / 175
    四、文化娱乐场所传播体育赛事节目的侵权判定 / 179

第三节 体育赛事节目版权保护的平台责任承担 / 180
    一、体育赛事节目版权保护中平台责任争议 / 180
    二、"避风港规则"在体育赛事节目版权保护中的适用 / 185

第四节 体育赛事节目信息网络传播权的侵权判断 / 188
    一、体育赛事节目信息网络传播的侵权行为 / 188
    二、体育赛事节目侵权判断标准的司法歧见 / 190

第五节 体育赛事节目版权独占的垄断风险犹存 / 192
    一、版权法和反垄断法的关系与潜在冲突 / 193
    二、协调体育赛事节目保护与反垄断的必要性 / 195
    三、体育赛事节目现有许可模式的垄断风险 / 198

第六节 《体育法》与《著作权法》保护的冲突 / 202
    一、新修订的《体育法》中体育赛事组织者权利的明确 / 202
    二、体育赛事组织者权利与版权合理使用的冲突 / 209

第五章 互联网环境下体育赛事节目版权保护的对策 212

第一节 完善体育赛事节目版权保护的治理规范 / 212
    一、统筹协调视听作品与其他立法的相关概念 / 212
    二、明确区分广播权与放映权控制的行为 / 214
    三、完善运动员的肖像权授权机制 / 216

第二节 增强体育赛事节目版权新型侵权行为的治理 / 218
    一、充分发挥行政执法在体育领域保护优势 / 218
    二、突出重大案件惩处与重点体育赛事监管 / 222
    三、持续强化行为保全在体育领域维权作用 / 223

四、IPTV 电视回看体育赛事节目的规范之道 / 225
　　五、电子竞技体育赛事节目直播的版权治理对策 / 227
　　六、加大对体育赛事节目版权侵权行为的处罚力度 / 230
第三节　强化体育赛事节目版权保护的平台责任 / 232
　　一、压实平台责任与加强多元治理机制 / 232
　　二、探索网络平台版权过滤义务的立法引入 / 234
第四节　优化体育赛事节目信息网络传播权的侵权判断标准 / 238
　　一、"服务器标准"与"用户感知标准"的比较 / 238
　　二、"用户感知标准"在中国司法实践中的应用 / 243
第五节　建立体育赛事节目版权保护的清单制度 / 245
　　一、建立健全体育行政权力清单和公共服务清单制度 / 245
　　二、建立体育赛事节目版权权利清单与负面清单制度 / 247
第六节　《体育法》与《著作权法》保护的协调 / 250
　　一、权利类型的细化 / 250
　　二、"以营利为目的"要件的改造 / 251
　　三、引入权利限制制度 / 252

参考文献 ……………………………………………………………… 253

第一章
传播媒介变迁下体育赛事的发展沿革

第一节　传播媒介变迁下体育赛事的传播样态

在人类社会文明的演进过程中，信息传播的形式与媒介均历经了持续的演变与革新。纵观传播媒介的发展历程，信息传播可被划分为两大阶段：首先是基于人际与群体交流的相对原始阶段，其次则是工业时代以后，大众传播与社交媒体等形式的兴起阶段。随着科学技术的深度融入，传统面对面传播与大众传播之间的界限日益模糊，科技赋能下的大众传播已与人们的日常生活紧密相连。对广大社会成员而言，现代生活几乎无法脱离大众媒介的支持，我们依赖媒介获取新闻资讯、享受娱乐消遣，并借助媒介进行思想交流。

在电报技术成熟之前，印刷术作为传播领域的一大创新，长期占据主导地位。多年来，印刷品依然是大众获取信息的主要载体。然而，电报技术的出现，使人类在历史上首次实现了远距离的即时通信。随着无线电技术的广泛应用，电报逐渐退出历史舞台；无线电技术的进一步发展，推动电话成为人际交流的捷径；电视技术在日趋完善且内容日益丰富后，成为大众通信技术的主导力量；紧接着，互联网的兴起，深刻影响了报刊、广播、电话和电视等传统信息媒介，又共同融入了这个影响深远的信息时代。

美国体育杂志的初现可追溯到大约1820年；美国著名报人普利策所掌舵的《世界报》在1833年率先设立独立的运动编辑部门，此举在当时具有开创性意义；进一步地，为在销售竞争中占据优势，《纽约日报》于1895年首次设立独立的体育版面，此举亦对当时的媒体环境产生了深远影响。自1880年起，英国的《运动员》《运动生活》以及《运动大事记》等体育类刊物每日销量高达三十万份，可见体育内容在当时具有广泛的受众群体，并受到高度关注。至20世纪20年代，体育版面已发展成为各大报刊不可或缺且备受读者喜爱的内容之一。[①] 报纸以其详尽的文字描述为体育赛事提供报道，而广播则以其独特的优势进一步实现了体育赛事的"即时性"播报。1926年，英国BBC电台转型为公共广播电台（此前BBC作为私人电台，为维护报纸销售权益，曾限制对运动赛事的转播），此后开启了对运动赛事的即时广播，使公众得以在家中实时聆听赛事动态。这一传播媒介的演变，不仅丰富了体育赛事的传播内容，更促使报道焦点从单纯的结果导向，转向对运动员个人表现的深切关注。随着媒体对运动员的精心塑造和频繁曝光，运动员明星化的趋势也日益显著。简而言之，受众与大众传媒之间已形成了一种相互依赖、相互促进的共生关系。[②] 在当前的科技融合时代背景下，受众需求是媒介技术持续创新与发展的核心驱动力。时代的变迁充分展现了技术驱动下大众传播形式的多元化发展趋势。然而，传统大众传媒正处于深刻的变革之中，体育行业在面对当前的媒介融合局面时，亦需要探寻适应之道。对此，我们可以从广播、电视、网络传播技术等媒介技术的发展历程中，洞察其演变规律，以期为体育行业在媒介融合中的发展提供参考与启示。

一、广播时代的体育赛事传播

（一）广播技术的发展

无线通信技术的起源可追溯至19世纪末。1893年，塞尔维亚裔美籍科学家尼古拉·特斯拉（Nikola Tesla）于密苏里州路易斯市首次演示了短距离无线电通信技术。随后，意大利发明家古列尔莫·马可尼（Guglielmo Marconi）在1895年发明了无线电通信，并在1901年成功广播了首个跨大西洋无线电信号，这一里程碑式的成就使他获得了1909年的诺贝尔物理学奖。值得注意的是，在1912年的泰坦尼克号与冰山不幸相撞的灾难中，机组人员正是通过马可尼的无线电系统成功地向外界发出了求救信号。接收到此信号的卡帕西亚号随即全力赴援，最终救下了700名幸存者。此次事件不仅凸显了无线电通信技术在紧急救援中的关键作用，也奠定了无线广播在公众心目中的重要地

---

① Lever J, Wheeler S. The Chicago tribune sports page, 1900-1975 [J]. Sociology of Sport Journal, 1984, 1 (4): 299-313.
② 约翰·维维. 大众传播媒介 [M]. 任海龙, 常江, 等译. 北京：北京大学出版社, 2020: 5.

位。[1] 1920 年，KDKA 电台在美国匹兹堡正式启动商业运营，这是全球广播史上一项重要里程碑。仅仅两年之后，英国广播公司（BBC）也应运而生（见图 1-1）。随后，1923 年至 1925 年，德国、意大利和日本等国家亦纷纷建立起各自的广播电台。截至 1922 年，全球范围内已有共计 576 家无线电广播公司获得合法执照，这一数字充分反映了当时无线电广播技术的迅速发展及其在全球范围内的普及。[2] 彼时，人们纷纷争相购买收音机，以适应这一新兴媒体的普及。同时，商业与社会结构也作出了相应调整来适应这一变革。大学开始开设与无线电相关的课程，教会学生利用广播渠道来提供服务，而且报纸行业也与无线电广播建立了紧密联系。自此，广播不再是抽象的、不可感知的力量，而是成为一个具体且富有生命力的存在。这标志着世界正式步入无线电广播的新纪元。

图 1.1 广播技术发展

随着广播技术的持续演进，广播内容的呈现也日益多样化。在广播技术发展的初期，广播主要依赖于调幅制（Amplitude Modulation，AM）进行载波调制，然而，这种方法由于易受到空中杂波和静电的显著影响，因此音质不甚理想。直至 1933 年，调频制（Frequency Modulation，FM）的引入，为广播领域带来了革命性的变革。调频制不仅能够有效抵御静电干扰，避免声音失真，而且能够在不同的地理区域使用相同的波段进行广播，极大地提高了广播的效率、扩大了覆盖范围。进入 20 世纪 70 年代后，调频广播凭借其卓越

---

[1] 1912 年，泰坦尼克号上的一台无线电报机引发人们关注［EB/OL］.（2020-03-10）[2024-07-08］. https://baijiahao.baidu.com/s?id=1660784560368058029&wfr=spider&for=pc.

[2] 郭镇之. 中外广播电视史［M］. 上海：复旦大学出版社，2005：18.

的性能和广泛的适用性，逐渐取代了调幅广播在广播领域的主导地位。与此同时，广播的内容也日渐丰富，广播剧、体育赛事等节目逐渐成为广播电台的主要内容，从而为听众提供了更加多元化和高质量的听觉体验。

1923年年初，美国人奥斯邦在上海正式注册成立了中国无线电公司，此举标志着我国境内最早的广播电台的诞生。该广播电台由《大陆报》(The China Press)与其共同运营，《大陆报》系由孙中山先生领导的辛亥革命党人筹措资金在国外创办。鉴于当时中国媒体运营的实际情况，该报采取了挂靠"洋旗"的策略，委托美国友人进行管理。值得一提的是，在该广播电台创立后的第三天，即1923年1月25日晚，孙中山先生的《和平统一宣言》通过此广播电台成功向广大听众传达了其深刻的意义。[①] 可惜的是中国无线电公司在短暂运营三个月后，即宣告关闭。"哈尔滨广播无线电台"为我国首座官办电台，其于1926年10月正式设立并开始广播服务。翌年，北洋政府交通部先后在天津和北京分别创办了"天津广播无线电台"与"北京广播无线电台"。然而，由于当时广播电台普遍发射功率较低，广播覆盖范围相对狭小，同时收音机在家庭中的普及率极低，因此这些电台在当时的社会影响力相对较小。

（二）体育赛事与广播节目的结合

体育与广播之间存在着长期且紧密的联系，广播也对全球体育的推进与普及产生了显著影响。那么，体育转播的历史起点在何处？首个体育电台广播的节目内容是什么？这些年来，媒体的发展又经历了怎样的变迁？

体育广播的历史可追溯至1921年的美国。[②] 当时，美国各地的电波主要被用于军事通信，广播的商业化程度尚浅，尚未成为大众娱乐的媒介。此外，收音机在当时并未普及，因此当广播作为娱乐节目出现时，其播放场景多限于公共场所，而非家庭内部。1920年，底特律的WWJ电台启动公共广播服务，以此来向球迷传达体育比赛的最终比分。然而，针对观众对比赛细节直

---

① 于丽. 中国广播现代性流变：国民政府广播研究（1928—1949年）[M]. 北京：中国传媒大学出版社，2017：249.

② Kevin G. Quinn. Sports & recreation, sports and their fans: the history, economics and culture of the relationship between spectators and sport [M]. Jefferson, North Carolina, and London: McFarland & Company, Inc., Publishers, 2009: 94.

播渴望的增加，美国匹兹堡的 KDKA 广播电台做出了回应。[①] 1921 年 8 月 5 日，KDKA 针对匹兹堡海盗队与费城菲尔斯队在福布斯球场的比赛，采用了一种创新的方法：他们安排一名工作人员坐在靠近外栅栏的看台顶排，并在每局比赛结束时，通过围栏向外面的同事传递纸条，再由该同事利用公用电话向车站汇报比赛进展。同年秋季，明尼苏达大学的 WLB 电台进一步提升了效率，他们组织了一队学生，在足球比赛期间将笔记从体育场迅速传递到演播室。

1921 年 10 月，KDKA 广播电台进行了已知的首次体育赛事直播。为了报道纽约市的棒球比赛——巨人队对阵洋基队，他们指派了体育记者格兰特兰·赖斯（Grantland Rice）进行现场直播。同年 11 月，KDKA 播音员哈罗德·阿林（Harold Arlin）首次现场直播了匹兹堡与西弗吉尼亚州之间的足球比赛，这是足球比赛的首次现场直播。

在澳大利亚和新西兰，最早的体育广播现场解说始于 1923 年，当时纳尔逊电台转播了澳大利亚的拳击比赛。而在英国，随着 1926 年公共电台 BBC 的成立，体育赛事的无线电广播也逐渐发展起来。1927 年 1 月，阿森纳与谢菲尔德联队的足球比赛在 BBC 播出，这标志着该国首次通过电台直播足球比赛，此次直播也极大地推动了足球在全民中的普及。图 1.2、图 1.3 为 1923 年后的体育广播场地及设备。

图 1.2　1924 年格里菲斯体育场的广播工作间　　图 1.3　体育广播便携式音频设备

1951 年 5 月，新中国成立后的第一次全国性体育比赛——篮球、排球比赛成功举办。中央人民广播电台向全国广播比赛实况，这也是新中国广播史上第一次通过广播的方式转播体育比赛实况。同年 11 月 24 日，中华全国体

[①] Jeanrenaud, Claude, and Stefan Késenne, eds. The economics of sport and the media［M］. Edward Elgar Publishing, 2006：11-21.

育总会公布推行第一套广播体操；同年12月1日起，中央台和地方台联合开办《广播体操》节目，并播送专门为这套体操配制的乐曲、口令。①

随着无线电技术的日益成熟和标准化频率的建立，收音机的价格逐渐降低，这使得人们无须再聚集于街头收听公共广播。同时，尽管无线电接收器的制造成本有所增加，但消费者对其接受度亦逐渐提升。广播作为一种娱乐方式，逐渐融入美国普通家庭的日常生活中。1964年，纽约WNBC广播电台的比尔·马泽（Bill Mazer）主持了历史上首个专注于体育评论与体育广播的脱口秀节目，标志着广播节目形式的创新与多元化发展（见图1.4）。

图1.4　1964年历史上第一个体育脱口秀节目开播

21世纪初，一些电台应用已经聚合了全球约5万家电台，这些电台不仅能为公众提供来自全球的体育内容，也能提供如音乐、新闻等多方面的信息渠道，提升了公众的信息获取能力，丰富了公众的文化社会生活。② 尽管我们参与和体验体育运动的模式可能发生了变迁，但体育广播的影响力似乎并未因此而减弱，依然保持着其固有的传播能力。

（三）体育赛事广播节目的影响

第二次世界大战期间，体育赛事广播成为公众不可或缺的娱乐形式。鉴于当时收音机尚未普及，人们倾向于集体聆听以共享这一娱乐体验。此举不仅将拥有共同兴趣的人们紧密联结，也对国家体育文化的发展起到了积极的

---

① 回望央广延安新华广播电台的创建［EB/OL］.（2012-04-18）［2024-07-08］. http://www.cnr.cn/ygpp/history/his_1/?query-666?q4666q.

② 电台聚合应用TuneIn获得红衫资本和General Catalyst又一轮数千万美元投资［EB/OL］.（2012-01-21）［2024-07-08］. https://m.huanqiu.com/article/3xMoqmdoQYm.

推动作用。然而，技术进步的便利性和普及性并不一定会受到所有利益相关者的欢迎。特别是球队的经营者，他们观察到广播的普及导致现场观众数量减少，进而影响了门票销售的收入。因此，1934年至1939年，纽约巨人队、洋基队和布鲁克林道奇队等均采取了禁止比赛转播的措施。类似的情况在其他国家亦有发生，例如，英国BBC的工作人员在获取足球比赛观看机会时面临着诸多困难。在澳大利亚和新西兰，体育赛事组织者甚至明确表示抵制评论员参与比赛。

2011年，教科文组织会员国宣布2月13日为世界无线电日。2012年，联合国大会将这一天确定为联合国国际日。联合国官方文件强调，广播作为一种媒介力量，不仅凸显了人类的多样性，也为民主表达提供了重要平台。在全球范围内，广播依然是受众覆盖最广的媒体形式。广泛的传播能力使得广播能够触及更多听众，从而增进社会对多样性的认知，并为各类群体提供了发声、代表选举和意见被倾听的机会。

广播机构应当致力于服务不同社区，提供多元化的节目、观点和内容，同时在组织结构和运营中体现出听众的多样性。因此，2022年世界无线电日的主题被确定为"广播与信任"。随着广播逐渐采用新的传播形式，如互联网和卫星流媒体服务，广播行业正迎来一个崭新的时代。作为一种成本低、效益高的媒体资源，广播对许多人，特别是发展中国家的人群而言，依然具有举足轻重的地位。展望未来，体育广播将继续在我们的生活中占据一席之地。我们不仅要关注广播行业如何应对新技术变革和新商业模式的挑战，也要审视广播内容如何与时俱进，以满足不断变化的社会需求。

二、电视时代的体育赛事传播

（一）电视技术及节目运营的发展

随着电子技术的持续进步与成熟，电视广播技术亦随之兴起。1927年，费罗·法恩斯沃斯通过人工吹制的玻璃管和手焊连接点，成功研制了名为"析像管"的小型设备，该设备具备识别并传输玻璃载玻片上的图像的功能，电视传播技术由此开始发展革新。电视传播技术的发展历经了以下三个主要阶段。

首先，地面电视时期，此时的电视信号仅能通过地面直线传输，因此，为确保信号能够覆盖数公里外的接收器，必须将信号发射器架设于足够高的位置，如山峰或高楼之上，或增加发射塔的高度。可见，当时信号发射器的高度是地面电视信号传输的主要制约因素。

其次,进入20世纪40年代后期,为克服地形对地面电视信号的制约,技术人员开始采用预先铺设的电缆进行电视信号的传输,这一时期的电视被称为有线电视,于1950年首次在美国宾夕法尼亚州得到应用。1970年,杰拉尔德·莱尔提出了将卫星与有线电视技术结合的创新方案,并为地方有线电视台构建了统一的电视网络,使其能够接收并播放全国性的节目。由于有线电视网络采用有线方式传输信号,无须依赖地面无线广播信号,因此不受联邦通信委员会的监管。这一变化吸引了众多投资者的关注,从而推动了有线电视台的大规模收购。随后,多系统运营商（multisystem operators,MSO）兴起,这些公司通过大量投资覆盖各地区,为观众提供了付费收看有线电视的服务。

最后,随着技术的进一步发展,电视传输进入卫星传输时期。卫星传输技术绕过地面无线广播和线缆传播,直接通过卫星将信号传输至观众,成为电视传播技术的又一重要里程碑。随着技术的不断成熟,商业电视台开始出现。世界上第一个电视台诞生于1936年的英国（BBC ONE）,截至第二次世界大战爆发前,已经有大约25000个家庭收看节目。但由于战争,商业电视的发展一度停滞,到"二战"结束时,全美只有7000台电视机。战争结束后,到1950年全美已经有400万台电视机,商业电台数量也从1945年的9个增加到1950年的98个。[①] 电视作为新兴视像传播媒介,一出现便迅速抢占了印刷媒体及广播电台的市场,广告主们排队购买电视节目黄金时段的广告档位,同时激增的观众数量及激烈的同行竞争促使电视台推出更加多元化的节目。与无线电广播早期的发展路径一样,各大电视台为争夺观众及广告客户,开始研究如何推出低成本、高回报的电视节目,体育赛事节目由此获得快速发展的机遇。

（二）电视时代的体育赛事节目

1. 国外电视体育赛事节目的发展

随着远程视像技术的持续进步,体育赛事电视节目于20世纪30年代末逐渐进入公众视野。世界上首次由电视转播的体育赛事发生在1936年,当时德国的两家电视公司成功地对在德国柏林举办的夏季奥运会进行了电视转播。

[①] BBC电视台：品牌渐成名扬天下 [EB/OL]. (2019-10-24) [2024-07-08]. http://www.53bk.com/news/detail/v13065.html.

随后，1939年5月17日，美国国家广播公司（NBC）电视台首次尝试通过电视转播了普林斯顿大学与哥伦比亚大学的棒球比赛。然而，受限于当时的技术条件，现场仅使用了一台摄像机，摄影师在捕捉投球手和接球手的动作时显得力不从心，导致拍摄效果不尽如人意。在同年的另一场棒球比赛转播中，NBC电视台尽管增加了摄像机和远距摄像头，但受限于设备和户外拍摄环境，导致整体拍摄效果仍然不佳。

相较于大型户外运动赛事，摔跤、拳击等比赛因运动员活动范围相对较小而更易于进行电视转播，其节目拍摄效果也更佳，且比赛节奏——每3分钟比赛后休息1分钟也更好地满足了广告商的需求。因此，拳击、摔跤等比赛迅速成为电视节目转播的热门项目。美国的体育广播电视事业起步于20世纪40年代。当时，NBC在麦迪逊广场花园进行了一场职业拳击比赛的电视转播。然而，鉴于当时电视机市场规模相对有限，据称该次转播的收视率仅覆盖纽约市的几百名观众（见图1.5、图1.6）。

图1.5　1939年电视转播的棒球比赛　　图1.6　1940年电视转播的拳击比赛

1949年，艾美奖首次设立了"最佳体育报道"奖项，以表彰电视体育领域的杰出事迹。同年，美国职业棒球大联盟（MLB）在芝加哥举办了其历史上的首场电视转播赛事，这一里程碑式的事件对体育广播领域具有深远的影响，奠定了当前众多体育项目所采用的广播模式的基础。

进入20世纪50年代，美国广播公司（ABC）电视台在失去MLB和全国大学体育协会（NCAA）的赛事转播权后，面临节目资源匮乏的严峻挑战。然而，正是在这样的背景下，ABC电视台的制作人罗恩·阿利奇仍然展现出了非凡的创新能力和远见。尽管他此前并无体育赛事节目的制作经验，但凭借对综艺节目的深刻理解，他提出了体育赛事节目制作的新理念。时年29岁的阿利奇认为，融合娱乐与体育元素是体育赛事节目成功的关键。在这一理念的指导下，他精心策划并制作了"体育世界"这一体育类综艺节目，向观众展示了冲浪、攀岩、武术等独特的体育项目。通过录播模式，导演及制作人可以提前剪辑节目内容，从而确保了节目的质量和连贯性。而该节目所采用的新奇、刺激的叙事模式，也使其在短时间内获得了广泛的关注和好评。[1]

同一时期，美国国家橄榄球联盟（NFL）的总裁皮特·罗泽尔，致力于推动NFL比赛在电视上的固定播出。然而，1953年至1954年，尽管进行了多次尝试，但收视效果均不理想，导致固定播出的计划难以为继。尽管如此，罗泽尔先生并未放弃，而是提出了在每周一晚的黄金时段播出NFL比赛的建议。然而，这一具有挑战性的提议遭到了NBC和哥伦比亚广播公司（CBS）的拒绝。关键时刻，ABC电视台做出了重要的尝试。他们采用了一种全新的拍摄手法，创造性地使用了九台摄像机同时进行拍摄，在球场边线放置了加速的车载摄像机，用手持摄像机来捕捉关键镜头，同时在球场内布置了多个户外话筒以捕捉现场声音。此外，他们还运用了分镜画面和慢动作回放技术，极大地提升了观众的观赛体验。这一系列的创新举措，使得ABC的"周一晚橄榄球"节目最终吸引了每周数百万名观众观看，成为ABC电视台历史上最受欢迎的节目之一。[2]

阿利奇的制作模式为体育赛事节目的现代化制作树立了典范，其成功将传统的体育赛事拍摄转型为高质量的节目创作，为体育赛事节目的版权保护奠定了坚实的独创性基础。随着电视技术的不断进步，体育广播逐步实现了彩色播出。其中，1951年8月11日，CBS首次通过彩色电视转播了布鲁克林道奇队与波士顿勇士队之间的MLB棒球比赛，这是体育广播领域的一大突破。此外，1952年6月5日，美国历史上首次实现了全国性的电视体育赛事转播，这是体育广播领域又一个重要的里程碑。此后十年，电视台每周播出的体育赛事不断增加，涵盖了高尔夫、职业摔跤、MLB、拳击和牛仔竞技场等多个项目。随着体育赛事的蓬勃发展，电视台还定期制作了一些关于体育的专题讨论节目，以满足观众对体育赛事的深入了解和探讨需求。

---

[1] Kevin G. Quinn. Sports & recreation, sports and their fans: the history, economics and culture of the relationship between spectators and sport [M]. Jefferson, North Carolina, and London: McFarland & Company, Inc., Publishers, 2009: 94.

[2] Bublick Ariel Y. Are You Ready for Some Football: How Antitrust Laws Can Be Used to Break Up DirecTV's Exclusive Right to Telecast NFL's Sunday Ticket Package [J]. Fed. Comm. LJ, 2011: 23-246.

20 世纪 60 年代,体育电视广播的普及率有了显著的跃升。1960 年,CBS 首次播出了赛车赛事——代托纳大赛,尽管初期因赛道限制导致比赛成功率不高。随后,通过将其调整为 500 英里的比赛并更名为"代托纳 500",该赛事取得了成功。同年,夏季奥运会首次在 CBS 全球范围内播出。1966 年,NBC 转播了全国曲棍球联盟(NHL)斯坦利杯决赛的首个电视体育锦标赛,此举标志着 NHL 正式进入电视领域。1967 年,CBS 与 NBC 联合转播了绿湾包装工队与堪萨斯城酋长队之间的首场 NFL 超级碗比赛,此举使体育赛事不仅被视作竞技活动,更成为一种文化现象。值得注意的是,该十年内,随着电视技术的进步,即时重播技术被引入体育直播领域,使播音员和观众能够更全面地了解比赛细节。

进入 20 世纪 70 年代,一个具有里程碑意义的事件发生在 1975 年 10 月 1 日,即穆罕默德·阿里与乔·弗雷泽之间的拳击比赛通过电视播出。据称,当时有 10 亿观众通过广播和电视直播收看了这场比赛。值得一提的是,这场比赛由有线电视网络 HBO 电视网首次播出,标志着有线电视正式进入体育广播市场。HBO 电视网成立于 1972 年,总部位于纽约,与大多数电视频道不同,它并不依赖广告收入,而是主要依赖于付费用户,如今其在美国付费电视频道市场仍然占据优势地位。

1979 年 9 月 7 日,美国娱乐与体育节目电视网(ESPN)开播,专注于为观众提供电视新闻和体育节目。ESPN 与美国三大电视网之一的 ABC 同在迪斯尼公司旗下,因此 ABC 的体育转播有时也以 ESPN on ABC 的名义播出。初期,由于 ESPN 经营规模较小,因此只能播放一些知名度较低的国际体育赛事以吸引观众,如美国美式足球联盟(USFL)。然而,随着与 NFL 合约的签订,ESPN 实现了从小型电视网络到大型体育电视帝国的转变。

自 20 世纪 80 年代起,体育节目的收视率持续飙升,而立体声技术的出现更是进一步提升了观众的视听体验。立体声技术使观众能够听到教练员、裁判员、球员和会场其他部分的声音,仿佛身临其境,极大地增强了广播的沉浸感。进入 20 世纪 90 年代,高清体育直播成为可能,尤其是美国职业篮球联赛(NBA)因迈克尔·乔丹的热潮,使拥有转播权的 NBC 收视率达到了历史新高,高峰期收视率高达 18.7。进入 21 世纪后,技术升级与政策扶持共同推动了电视媒体的转型,电视媒体在电视产业技术、电视媒体融合、电视内容创新等方面均取得了显著进步。

2. 新中国成立后体育赛事电视节目的发展

中华人民共和国成立之初,国内电信系统与设施普遍陈旧且简陋,其中还有不少在战争年代遭受了损坏或摧毁。然而，进入 1950 年代后，中国的通信传播事业实现了快速发展。特别是在 1952 年，以北京为中心的通信传播网络得以建立，并成功连接至各大城市，当时已有电视节目播出。

我国首次全国电视广播的尝试始于 1958 年 5 月，由北京电视台（后于 1978 年更名为中国中央电视台）开始试播，6 月 19 日，实况转播了"八一"篮球队与北京篮球队的友谊赛（见图 1.7），同年 9 月 2 日北京电视台正式开播。随后的一个月内，上海电视台成立，并于 1958 年 10 月 1 日国庆节之际开播。同年 12 月 20 日，前身为哈尔滨电视台的黑龙江电视台也正式开播。次年，即 1959 年，广州电视台与沈阳电视台（现分别更名为广东电视台与辽宁电视台）于 8 月 15 日和 10 月 1 日相继开播。这五家电视台的开播标志着我国电视事业的初步建立。此外，值得一提的是，1960 年 4 月 29 日，辽宁丹东电视台成立，这是我国最早的城市电视台。

图 1.7　1958 年 6 月 19 日，"北京电视台"在北京体育馆实况转播了"八一"篮球队与北京篮球队的友谊赛

1958 年至 20 世纪 70 年代末期，电视机的价格高昂且被作为限制货品，导致普通民众普遍无法拥有电视。这一时期，电视机主要配套于政府机关、国有企业等部门。受电信服务中断的影响，中国电视服务曾一度滞后，但 20 世纪 60 年代以来，电视服务开始恢复发展，1965 年，电视台数量（不含我国台湾地区的电视台数量）已达 12 家，广播电视逐步在主要城市普及。这一阶段，普通家庭的电视普及率仍旧较低，1978 年，每百人中电视接收器的拥有

率仍不足 1%，全国电视机总量少于 1000 万台。此后，随着改革开放的深入和人民收入的逐步提高，电视逐渐普及至普通家庭。至 2003 年，每百人中电视机拥有量已达 35 台，全国电视观众总数超过 1 亿人。同时，广播电视系统也经历了持续地扩大和现代化。

(三) 体育赛事电视节目的新发展

自 20 世纪 60 年代起，电视逐渐普及至千家万户，而进入互联网时代后，新旧媒体百花齐放，形成了竞合互动的局面。在此期间，实时体育赛事转播作为传媒领域的核心产品，在全球电视业和媒介融合的趋势下，始终推动着体育电视传播的迭代创新。目前，随着传播渠道的日益多元化和内容生态的崛起，新旧媒体之间的联动发展与体育赛事的内容传播相互渗透，而技术和资本的注入更是改变了体育赛事电视节目的发展走向。在新媒体时代的背景下，电视体育传播业态持续更新，电视体育节目的传播呈现出全新的发展特征和创新策略。

1. 新媒体环境下的电视媒体发展要义

事实上，新媒体是相对传统媒体而言的一种概念，它是技术融合的产物，数字、网络、通信技术已经发展到能够在不同终端上呈现集文字、图片、声音、影像于一体的综合性媒体内容，具有综合性媒体的特质。[1] 在新媒体时代，相较于传统媒体，电视体育显著依赖于技术的支撑，从而实现了对时域限制的突破，为观众带来了涵盖高清影像、多屏互动及实时点播等丰富的技术视听体验。

随着新媒体技术的蓬勃发展以及三网融合的深入推进，电信业、互联网产业与广播电视业的产业界限日益模糊，产业融合成为三网融合进一步推广的必然走向。在此过程中，电视体育媒体通过与电信业和互联网业的深度交融，逐步形成了集传统电视业务、广告业务与数字移动服务于一体的多元化、个性化、综合性的服务产业。在我国，三网融合的强劲推广势头有力地推动了广播电视产业的转型升级。这不仅为电视体育带来了新的产业盈利模式，还重塑了体育赛事节目内容的生产与传播格局。在机顶盒技术的支撑下，电视体育新增了直播与回看等功能，体育赛事节目的传播也由传统的大屏模式转向多屏生态，移动性、互动性与无限性成为新媒体时代电视体育的显著特

---

[1] 赖茂生，龙健. 新媒体的节目内容创新研究 [J]. 科技传播，2010 (4)：38-41.

征。同时，体育赛事节目电视传播渠道的多元化、内容的盈余化也对媒体的内容生产与创新能力提出了更为严苛的要求。

在电视体育节目的演进脉络中，尽管综艺节目、访谈节目等多元形式不断涌现，但实时体育赛事转播始终占据核心地位，其背后的高价值、高质量甚至是独家拥有的体育赛事版权资源，一直是电视媒体激烈争夺的焦点。这些优质的赛事资源不仅是内容创作的基石，更是扩大电视受众群体、增强用户黏性的关键所在。特别是在当前内容极度丰富、传播生态日益复杂的背景下，供给侧的竞争门槛正由可看性向必看性演进，这就要求内容生产者必须努力掌握更多优质的独家资源，从而构建起更高的竞争壁垒。[①] 因此，电视传播生态的移动性、融合性、优质化特质与体育赛事属性的信息化、产业化、市场化特点相互交融，共同体现了体育赛事节目在电视传播领域未来发展的强大势头和潜力。

2. 体育赛事电视节目的发展趋势

（1）媒体的智能化趋势带动了电视媒体产业链的良性发展

自 2008 年国际奥委会将互联网、手机等新媒体正式纳入北京奥运会的独立转播媒体起，媒体移动化传播新时代开启。这种移动化传播通过精准、人本化的技术嵌入，打破了时间与空间的界限，将观众的信息接收与反馈体系推向了新的高度。沉浸式体验、AI、AR 等先进技术的应用，也进一步加强了电视媒体产业链的移动互联，推动了电视体育传播模式与形态的创新。

随着智能投影应用技术的飞速发展，其在显示效果、音质和软件层面均实现了显著提升，为我国投影仪市场带来了前所未有的发展机遇。投影设备成为年轻人居家旅行的优选设备，众多商家也被其大屏、高性价比、柔光等优势吸引，纷纷在餐厅、酒吧、KTV 等场所引入智能投影设备，受到了消费者的广泛欢迎。在这一背景下，原本专注于电视机制造的企业也开始将目光转向家用投影仪市场。例如，"长虹"品牌在 2021 年 5 月 25 日的发布会上首次展示了其 S2 系列智能投影设备。而早在 2016 年，电视品牌微鲸（Whaley）就发布了家用微型投影仪；2017 年，小米生态链品牌米家推出了激光投影电视。这些举措表明，投影技术与电视技术各有其独特优势，二者并非相互替代，而是互补共存的。未来，电视体育媒体产业将持续关注智能投影技术的发展，并探索其在体育传播中的更多可能性。

---

① 张盛. 生态、渠道、内容：电视体育传播的迭代与创新 [J]. 上海体育学院学报，2019（6）：23-28.

(2) 媒体的融合化趋势形成了以受众为中心的传播导向

2018年,新组建的国家广电总局特别设立了媒体融合发展司,旨在促进广播电视产业与新媒体产业的协调共进与创新融合。随后,2020年9月,中共中央办公厅与国务院办公厅联合发布了《关于加快推进媒体深度融合发展的意见》,其中明确指出了加快传统媒体与新兴媒体融合步伐的重要性。各大电视台积极响应,纷纷探索融合与创新的"地方模式",以满足新媒体时代受众的多元化需求,并以此为驱动,全力推动媒体行业的持续进步。其中,湖南广播电视台打造的新媒体平台芒果TV,已成为传统媒体转型的典范。2020年,上海广播电视台则制定了"全媒体战略",其核心产品为"BesTV+流媒体视频平台"。中央广播电视总台更是融合5G、4K、AR/VR等前沿技术,推出了一系列重量级的融合媒体产品。其中,新媒体平台央视频为会员提供了8K+VR交互观赛模式,打造出沉浸式的观赛体验,充分满足了广大观众的视听需求。

媒体融合下的创新发展也体现了体育赛事节目创制和消费过程中以受众为中心的产业格局。新兴的电视体育媒体已经跳出传统资讯传递和视频播放的"规矩",开始与社交媒体等发挥联动效应,为受众提供更多交流互动的平台,通过受众需求驱动体育赛事电视节目制作方进行多元信息采集,从而实现服务终端的互动化、节目内容的定制化。北京冬奥会期间,总台央视推出了"数字雪花"互动项目,将媒体AI、云渲染、区块链、VR等"次世代技术"创新运用,打造出专属"雪花微信头像""雪花表情包"等来强化受众的参与度,截至冬奥会结束有超过2000万用户参与了"数字雪花"互动。另外,总台央视还开通了《会员请回答·冰雪茶话会》直播,通过有奖答题互动的方式让观众主动参与其中[1],由此使媒体与观众之间的互动交流成为新常态。

(3) 内容的优质化趋势搭建了体育赛事电视节目的内容生态

"进入移动互联网时代,一般信息已经不再稀缺甚至泛滥,但思想深刻、见解独到,能为用户提供独特价值的专业优质内容依然稀缺。"[2] 在新媒体时代,争夺和培育能够吸引边缘群体的优质内容,是体育媒体内容生态建设的核心。"媒体融合必须以内容建设为根本,但不是将传统媒体的内容照搬进新

---

[1] 王莹. 中央广播电视总台:融合与创新铸就北京冬奥会传播盛宴 [J]. 传媒,2022 (6):12-13.

[2] 本书编写组. 习近平新闻思想讲义 [M]. 北京:人民出版社,2018:109.

媒体，而是要重新创造出适合新媒体技术特点的内容。"① 如今，媒体发展注重"融合"与"内容"的双向奔赴，对节目内容的细致把握也体现了以受众为中心的宗旨。

在技术进步的背景下，体育赛事节目制作方将积极引进并深度应用 AI、VR 及短视频等先进技术，以实现对赛事内容的全方位、立体化展示。以北京冬奥会为例，总台央视利用 AI 技术高效剪辑并发布了众多冬奥项目的短视频，其中包括运动健儿的夺冠瞬间和赛事的精彩集锦，这些内容备受观众期待且获得了广泛赞誉，从而推动央视频下载量突破 4 亿次。此外，总台央视还精心策划并推出了一系列奥运主题的原创节目，包括电视剧《超越》、纪录片《飞跃冰雪线》《冬奥山水间》《当非遗遇上冬奥》等优质作品。这些节目通过实效性、新闻性、故事性和娱乐性的精心融合，不仅有效满足了不同平台受众的观看偏好，而且构建了一个全面而高品质的节目矩阵，为观众带来了极具体育魅力的电视体育内容。

三、网络时代的体育赛事传播

（一）网络传播媒介的变革及特点

1. 网络传播媒介的兴起

21 世纪是互联网的时代，随着通信技术和网络设备的广泛应用以及数字科技的创新发展，互联网与算法、大数据和云计算的融合应用为传播媒体走向信息化、数字化和智能化注入了新动能。在互联网时代，传播技术从单向的、单平台的、单界面的，逐步延展至多向、多平台的全媒体传播体系。全媒体传播体系是互联网背景下传播技术发展的应有之义与必经之路。在全媒体传播体系的框架之下，传播介质包含图文、音频和视频等，传播渠道涵盖广播、报刊、电视和互联网媒体等途径②，这样一来，受众便得以享受到更多元、更直观和更便捷的视听体验。

按照传播渠道的不同，可以将网络媒体分为新闻网站、移动新闻客户端、社交媒体账号等类型。其中新闻网站指中央新闻单位、中央国家机关各部门新闻单位以及省、自治区、直辖市直属新闻单位依法建立的网站。截至 2020 年 8 月，中央级的国家重点新闻网站有包括人民网、新华网、中国网、央视

---

① 李良荣. 新闻学概论 [M]. 上海：复旦大学出版社，2011：81.
② 宋建武. 构建全媒体传播体系的实践路径 [J]. 传媒评论，2021（2）：13-16.

网在内的 16 个新闻网站。移动新闻客户端是指将提供新闻信息的应用软件安装在终端设备上的网络媒体，诸如人民日报客户端、新华社客户端、澎湃新闻等。社交媒体账号则是指各级政府部门和新闻媒体在微博、微信等社交平台上发布新闻信息的一种传播渠道。[①] 除此之外，还有商业门户网站和商业门户类新闻客户端，如耳熟能详的新浪、网易等网站，以及新浪新闻客户端、网易新闻客户端、今日头条等，都能转载或整合有资质的新闻媒体发布的有关信息。

随着互联网传播的蓬勃发展，观众的消费习惯发生了显著的变化，互联网传播已与传统电视传播形成鼎足之势。当前，有线电视、卫星电视、IPTV 及互联网平台之间的竞争越发激烈，都想在市场中占据一席之地。互联网技术的不断进步极大地拓宽了体育赛事的传播渠道，手机、电脑等移动设备作为传统电视之外的"第二荧幕"，为体育赛事节目带来了更为广泛的观众群体。同时，社交媒体的崛起使观众能够更加便捷地参与对体育赛事的分享与讨论，从而进一步提高了体育赛事节目的曝光度和公众的参与度。

2. 网络传播媒介的特点

（1）媒介融合

事实上，媒介融合主要涵盖两个方面：一是纵向的新旧媒体之间的深度融合，二是横向的新媒体之间的相互融合，这一融合模式被统称为全媒体融合。受众的需求是媒体融合的核心驱动力。在网络环境的影响下，观众日益呈现出分众化和信息碎片化的特点，传统媒体面临着消费群体缩减的困境，开始认识到"单打独斗"难以维持受众与媒体之间的紧密联系。因此，在互联网时代，全媒体融合的创新发展应运而生。

随着互联网技术的蓬勃发展，传统的广播电视业、电信业和互联网业逐渐相互渗透、兼容并蓄，形成了集传统电视业务、广告业务和数字移动服务于一体的综合服务平台。这一变化标志着传播媒体正式进入"三网融合"的新时代，这也是现代媒介传播发展的必然趋势。但需要强调的是，三网融合并非简单的物理网络合并，而是业务层面的深度融合。其目标是在有线电视、电信和计算机通信三大领域之间构建一个完善、高效的通信网络，实现电视、计算机和移动通信终端的功能相互融合，从而进一步畅通人们的信息获取和交流渠道。

---

① 李良荣. 新闻学概论［M］. 上海：复旦大学出版社，2011：76-77.

（2）超时空性

通过全球互联的网络系统和通信卫星，体育赛事的网络传播已突破时空限制，展现出显著的超时空特性。过去，受限于多场比赛同时进行、转播者播出节目的数量限制以及各地区间的时差等因素，消费者往往只能在特定时间段内观看"被选定"的赛事。若因故无法直播而采用延播方式播出，则可能因失去时效性而导致观看人数大幅下降。然而，随着互联网技术的普及，点播模式的引入彻底突破了体育赛事传播的"空间"和"时间"限制。

（3）交互性

在新媒体时代，传播渠道的多元化趋势显著，这一变化导致传播者与受众之间的界限逐渐模糊化。在网络传媒的语境下，受众与传播者之间的信息交流障碍已被消除，受众可以通过搜索或个性化推荐服务自主选择感兴趣的内容。此外，受众还能通过评论、私信等多种方式充分表达自身的观点和意见，从而在网络传播媒介中构建起一个高效的信息反馈机制。与此同时，其他社交媒体的兴起亦使受众在体育赛事传播过程中成为关键主体，得以积极参与其中。

（二）网络时代体育赛事节目的传播形态

1. 网络直播形态

中国的直播行业始于 2003 年，当时正值 CS、魔兽世界等大型综合游戏的盛行期，随后在 2003 年至 2008 年，各大语音平台相继崛起。2016 年被誉为"直播元年"，大量直播平台纷纷进入市场，并随着网络直播的垂直化发展，网络体育直播作为体育赛事传播的一种新型媒介形式应运而生。

网络体育直播平台主要分为两大类：一类为专业的体育直播平台。以 2016 年 4 月上线的企鹅直播为例，该平台依托腾讯体育和斗鱼直播，提供品类丰富的赛事直播服务，其核心内容为 NBA 赛事直播，同时涵盖中超、欧洲杯、美洲杯等多项体育赛事。另一类则是由其他直播平台开设的体育频道。这类体育直播频道在市场上发展较为缓慢，如龙珠直播，自 2017 年起其开始涉足体育领域，目前主要聚焦于西甲、德甲、法甲、意甲等主流足球赛事的直播；斗鱼直播的体育频道则直接链接至企鹅直播；YY LIVE 体育频道则主要播放过往赛事的直播录像。[①] 电子竞技运动同样依赖于网络直播，近年来在产业扶持政策的推动下，各地对电子竞技的重视程度大大增加。随着电子竞

---

① 项杨春. 网络体育直播的发展困境与路径选择［J］. 传媒，2018（16）：49-51.

技直播行业的不断发展，我国电子竞技直播呈现出布局全球化和内容多元化趋势，斗鱼、虎牙等专注电子竞技的直播平台近几年也发展十分迅猛。

2. 网络点播形态

点播作为直播的相对概念，其播放内容并非实时视频画面，而是已存在的视频文件，具有重复利用的特性。在网络环境中，点播服务成为 IPTV 盈利的重要方式之一，新媒体机构常采用付费点播的方式对赛事转播权进行分销。在 2012 年伦敦奥运会新媒体转播权分销的案例中，央视将转播权细化为 A、B、C 三个资源包，每个资源包均包含点播权，而 A、B 资源包则额外涵盖了直播权和央视节目。出于成本考虑，新浪、网易、搜狐、腾讯四大网站均选择购买了仅含点播权、价格为 2800 万元的资源包。而在 2016 年里约奥运会时，腾讯和阿里则获得了具有 0.5 小时延时的点播权。[①] 咪咕视频始终对体育赛事版权交易极度重视。早在 2018 年，其便成功获取了世界杯的版权。进一步地，2020 年，咪咕视频更是取得了包括 2020 年东京奥运会、2020 年欧洲杯足球赛、2022 年北京冬奥会以及 2022 年卡塔尔世界杯足球赛在内的全部直播和点播权益。与此同时，2021 年 5 月 21 日，快手和腾讯两大平台也相继获得了 2020 年东京奥运会与北京 2022 年冬奥会的视频点播及短视频权利，这些举措显著提高了赛事期间网络点播平台的热度和关注度。

3. 视频聚合形态

随着流媒体技术的普及，视频产业蓬勃发展。在版权争夺日益激烈的背景下，原生类视频应用凭借其庞大的资产规模占据市场优势，而聚合类视频应用则通过汇聚多元化的影视资源，形成了独特的盈利模式，并逐渐成为市场的新宠。此类应用，如电视猫、兔子视频等，采用先进的"搜索定位+深度链接"技术，从其他网站抓取高质量的视频内容，经过精心整理、排序和个性化推荐，为用户提供了一站式的视频服务体验。

相较于原生类视频应用，聚合类视频应用凭借其丰富多样的优质内容，更加贴合用户的观看需求，展现出巨大的发展潜力。用户只需要在这些视频聚合平台上搜索体育赛事等的相关信息，便能迅速跳转到原视频应用中观看所需内容。在全球范围内，流媒体聚合平台亦呈现出强劲的发展势头。在国外市场，以 Roku 为例，其 2017 年上市以来，已为用户提供了超过 4000 个免

---

① 张玉超. 我国体育赛事新媒体转播权市场开发的回顾与展望 [J]. 体育科学，2017（4）：20-28.

费或付费的频道，内容涵盖动漫、体育、儿童等多个领域。而康卡斯特在2019年3月推出的Xfinity Flex流媒体盒子，更是聚合了HBO、奈飞、亚马逊prime video等主流流媒体服务，以及ABC、NBC、Fox等知名电视台的优质内容。在国内市场，小米电视通过与多平台合作，形成了强大的内容聚合阵容，涵盖了爱奇艺、腾讯视频、搜狐视频、PPTV、优酷等视频巨头的全部内容；乐视电视也通过整合腾讯视频、芒果TV、华数、CIBN、乐视视频等资源，为用户提供了无须跳转即可直接观看和搜索内容的便捷体验。此外，搜狗视频、360影视等聚合平台也在市场中占据着一席之地。

4. IPTV形态

IPTV的业务主要包括点播、回看和时移三种。在观看体育赛事节目时，用户可以通过点播自由选择观看之前所播放的节目，也可以在收看直播赛事节目时通过时移功能暂停、倒退或快进，也可以在一定时间线之内通过回看的方式来观看之前的直播节目。

2020年，中国电信集团与中国IPTV联合取得中甲联赛的运营商独家版权，IPTV提供直播、点播、回看、专题等多种形式，设计了5个赛事板块，为广大观众提供了个性化的服务。2021年10月25日，中央广播电视总台央视奥林匹克频道（CCTV-16）及其数字平台正式开播上线，这是国际上首个以4K超高清和高清标准24小时上星同步播出的专业体育频道。[①] 据统计，全国31个省、自治区、直辖市的IPTV平台均已上线CCTV-16，覆盖了近3亿用户，形成了"核心体育赛事+特色精品节目+社会文化活动"的频道内容体系[②]，为2022年北京冬奥会的赛事传播带来了强大助力。

5. 短视频形态

快手于2011年上线并推出GIF动图制作功能，此举标志着中国短视频行业的崛起。经过数年的稳步发展，短视频行业在2017年迎来了显著的成长节点，当年被称为"短视频元年"。历经十余年的演进，短视频行业正朝着平台运营稳定化、内容创作精细化以及商业模式成熟化的方向迅速迈进。短视频平台的崛起与融入，亦对体育行业的格局产生了深远的影响。早在2018年，NBA与字节跳动达成战略合作，这使得字节跳动旗下的今日头条、抖音、西

[①] 张志安，谭晓情. 现代传播体系建设中的重大事件主题报道：2021年中国新闻业年度观察报告［J］. 新闻界，2022（1）：46-54.

[②] 邢雯雯. 全媒体高科技新影响：中央广播电视总台北京冬奥会转播报道综述［J］. 中国记者，2022（3）：9-12.

瓜视频等平台在2019—2020赛季期间能够获取与NBA相关的短视频权益。此外，快手成为全球首家获得2020年东京奥运会与2022年北京冬奥会持权转播的短视频直播平台，也成为NBA中国首个内容二创合作伙伴以及NBA官方短视频平台。① 短视频平台的兴起，为体育赛事的传播注入了新的活力，呈现出一种全新的传播趋势。它不仅能够为观众提供更为个性化、日常化、本土化的内容，满足观众多样化的观赏需求，而且其多元互动性也为大众参与和体验体育赛事提供了更为丰富与便捷的选择。这种新型的传播方式，无疑将极大地促进体育赛事的普及和发展。

(三) 传播媒介变革对体育赛事节目保护的影响

在当前技术不断升级的背景下，传播媒介的演变促进了体育赛事传播方式和放送渠道的多元化发展，而体育赛事节目的价值属性与传播媒介的时代魅力是相辅相成的。体育赛事主办方为筹备赛事投入了大量的人力和财力资源，并承担着相应的商业风险。而体育赛事节目制作者在信息碎片化的环境中脱颖而出，他们不仅拥有独家的赛事资源，还致力于提升节目的品质。体育赛事节目的高价值性与赛事主办方和节目制作者付出的努力是相匹配的。

在全媒体时代，媒介市场正趋向融合，技术升级带来的个性化服务极大地便利了受众获取赛事信息。终端的互动化和智能化打破了节目制作方与受众之间的界限，使受众能更积极地参与其中。同时，社交媒体的融入使赛事节目的传播呈现指数型增长，因此传播路径的复杂性在此情境下变得难以辨析。在互联网环境下，人们自由穿梭于各个平台，便捷且无边界地传播和获取赛事节目，然而这也导致了侵权行为的频发。在新技术的推动下，侵权行为更易发生，且侵权方法和形态呈现出动态复杂性。

根据互联网视频正版化联盟发布的《深度链接侵权行为报告》显示，据不完全统计，每年各平台因盗链、网盘侵权造成的广告收益损失在18亿元以上，损失会员收费预计在20亿元②，2016年11月，在中国男足国家队即将在主场迎战卡塔尔队的12强赛前夕，章鱼、企鹅直播平台违规直播了昆明教学赛，此举在社会上引起了广泛关注和强烈反响。对此，中国足协迅速发布通

---

① 陈静，刘颖. 短视频平台乡村体育传播策略探析：以快手为例 [J]. 声屏世界，2024 (2)：102-105.

② 田丹丹. 网络侵权3.0时代，视频聚合平台盗链行为的罪与罚 [EB/OL]. (2016-09-05) [2024-07-08]. http://rmfyb.chinacourt.org/paper/html/2016-09/05/content_116164.htm?div=-1.

报,对此类行为予以了严厉谴责。随后,2017年7月4日,体奥动力与聚力传媒联合发布声明,强烈谴责了包括章鱼TV、YY LIVE在内的多家互联网媒体,因其未经授权便擅自盗播中超联赛。

值得注意的是,2022年,上海市浦东新区人民法院就一起未经授权在IPTV平台接入直播频道进行体育赛事直播的侵权行为作出了全国首例判决,该判决在二审中也得到了维持。这一案例凸显了我国当前体育赛事节目侵权所面临的两大核心问题:

第一,侵权门槛低。针对体育赛事节目的侵权行为操作简便,且成本相对较低。对于具备互联网技术的个体,仅需要突破版权方的安全防护机制,进而录制赛事全程或片段,或经简单剪辑处理后,即可在网络平台上发布以获取流量。此外,侵权方还经常通过变更域名、网站名称等手段规避监管,持续进行非法传播,有时更会同时设立多个非法网站,以多渠道播放侵权视频,行为之狡猾堪比"狡兔三窟"。然而,这些创建网站、录制视频的成本与侵权所得收益相比,是微不足道的。在2022年北京冬奥会、冬残奥会期间,国家版权局联合六部门共同发起冬奥版权保护集中行动。从网络监测数据看,优酷、爱奇艺、腾讯视频等27个主流视频、社交、直播及搜索引擎平台,积极自查并主动删除了超过22万个涉及冬奥的侵权链接。在接到版权方通知后,又进一步删除了32000余个侵权链接。同时,各平台还对非法传播冬奥内容的账号进行了严肃处理,共处置了3300余个违规账号,并依法关闭了91个涉及侵权内容的非法网站。[①] 可见侵权行为的高发程度,以及对体育赛事节目侵权行为治理的必要性。

第二,举证难度大。鉴于互联网传播的迅猛速度及其广泛的覆盖面,当前体育赛事节目版权方自有的检测系统已难以全面应对全平台、全时段、全方位的潜在侵权风险。同时,由于网络的虚拟性和无形性特征,相关信息易于被篡改或隐匿,这给版权方带来了溯源困难、取证困难以及证据固定不易等诸多挑战。此外,在各类新兴智能技术的推动下,侵权方式变得越发隐蔽,侵权程度也相对较低。以短视频为例,视频制作简单便捷,上传速度快,在版权方察觉到侵权行为之前,其流量红利已足以使短视频创作者和传播者获得显著收益。加之市场主体的决策往往受幸存者偏差影响,即现实博弈的结果可能导致某些逐利者倾向于采取侵权行为。若侵权行为未得到及时有效的遏制,则即使通过

---

① 全国首例制售盗版冰墩墩、雪容融案:犯罪嫌疑人被判1年[EB/OL].(2022-02-14)[2024-07-08]. https://baijiahao.baidu.com/s?id=1724723889800670819&wfr=spider&for=pc.

司法途径来制止侵权，但考虑到发现概率、版权方维权成本等因素，侵权行为在某种程度上仍会被视为有利可图，进而吸引更多逐利者的效仿。

第二节　传播媒介变迁下体育赛事的商业变革

一、体育赛事商业化的内涵与特征

(一) 体育赛事商业化的开端

运动作为人类生存的核心技能，自古以来就在全球范围内发展出了多样化的体育赛事活动。例如，在中华文化中，有蹴鞠、马球、捶丸等传统项目；在游牧民族中，摔跤、赛马、射箭等活动广受欢迎；而古希腊、古罗马时期则盛行赛跑、斗兽等竞技形式。这些体育赛事不仅为参赛者提供了展示技艺、争夺荣誉的舞台，也为观众带来了观赏的愉悦。它们的举办目的可能涵盖祭祀、庆祝、纪念等多种社会功能，或单纯为了荣誉和娱乐。然而，在早期阶段，这些体育赛事显然并未承载盈利目的。

近代体育赛事的商业化大概可追溯到工业革命后的英国。工业化及城镇化使得大批工人聚集到城市及其周边地区。在闲暇的周末，工人们开始寻求可以满足其娱乐需求的观赏性活动，从而提供了体育赛事商业化的契机。赛马可能是英国这一时期体育赛事商业化最典型的例子。1740年以前，在英国观看赛马比赛通常是免费的。但随着大批的底层观众涌入赛场，上层阶级开始建造看台并提高门票价格，以限制观赛人数。[1] 然而门票并未让观众的热情减退，赛马比赛的门票收入日益可观。1810年，富尔伍德赛马场的投资者获得了10%的股息，而同年政府债券的股息仅为4.5%。[2] 除赛马外，拳击、板球等体育赛事也吸引了大批观众购票入场。例如，1824年举行的斯普林对兰甘的职业拳击赛吸引了超过三万名观众，而每位观众都需要支付10先令的入场费，这为赛事组织者带来了巨大收益。[3]

---

[1] Borsay P. The English Urban Renaissance: The Development of Provincial Urban Culture 1680-1760' [J]. The Eighteenth-Century Town: A Reader in English Urban History 1688-1820, 1977: 581-603.

[2] Mitchell B R. British historical statistics [M]. CUP Archive, 1988: 187-259.

[3] Harvey M A. The beginnings of a commercial sporting culture in Britain, 1793—1850 [M]. Ashgate Publishing, Ltd., 2013: 37-48.

随着门票收入的日益增长，体育赛事组织者开始建造专用于体育比赛的场馆。19世纪30年代，大量体育场馆开始在英国涌现，如谢菲尔德的海德公园、曼彻斯特的贝尔维和休姆赛场等。而对体育场馆的投资反过来又强化了体育赛事"付费入场"的商业模式，1842年前后，不仅是体育比赛，门票已经成为各类现场活动的主要收入来源。[①] 在工业化与商品化不断深化的背景下，体育赛事逐步转变为一项具备显著经济效益的创收产业。这一现象引发了投资者的广泛关注，促使他们寻求将体育赛事进行私有化与财产化的可能性，以满足日益增长的市场需求。

（二）体育赛事商业化的内涵

在审视体育产业的层级结构中，显而易见，大众的目光和社会关注的焦点往往都在金字塔尖——那些卓越的运动员、他们精彩绝伦的竞技表现以及他们创造辉煌成绩的荣耀瞬间。然而，这一切都深深植根于体育赛事之中。作为体育产业的核心要素，体育赛事不仅是推动体育产业链上下游发展的核心动力，更是体育产业发展的基石。因此，对于体育商业化的推进，本质上就是体育赛事商业化的过程，它涵盖了各类主体利用体育赛事进行商业活动来实现经济利益最大化的各个阶段。在实际操作中，体育赛事商业化与体育商业化或体育运动商业化在概念上往往相互交织，难以明确区分。因此，我们有必要从商业、商业化等基本概念出发，深入解析体育赛事商业化的内涵。

"商业"（commerce）一词在定义上是指贸易与商务活动，其本质解释涵盖了生产者与消费者之间在任何阶段对商品和服务的交换过程。此外，它亦指通过生产或销售产品（如商品和服务）以谋求生计或实现经济收益的活动。[②] 而"商业的"（commercial）一词存在名词或形容词两种属性，其名词含义包括电视广告、电台广告与通过媒体传播的一系列广告等；其形容词含义则指以获利而不是产品质量为目的的、与产品或企业盈利的能力有关或与商业以及商品和服务的买卖有关。[③] 在商业领域中，存在一种现象，即商业主体在利益最大化的驱动下，可能对产品或服务进行过度宣传或夸大其词，导致

---

① Harvey M A. The beginnings of a commercial sporting culture in Britain, 1793—1850 [M]. Ashgate Publishing, Ltd., 2013: 89-106.
② Jewell, Elizabeth. The New Oxford American Dictionary [M]. Oxford: Oxford University Press, 2005: 11517.
③ Jewell, Elizabeth. The New Oxford American Dictionary [M]. Oxford: Oxford University Press, 2005: 11519.

市场上出现质量参差不齐，甚至劣质的产品或服务。因此，商业或商业活动指的是商业主体通过广告、宣传等手段，进行以盈利为导向的商业行为，而在此过程中，也可能存在因规模化生产而导致产品质量下降的风险。

"商业化"一词作为动词使用时，其英文译为 commercialize，而当该词为名词属性时，其英文译为 commercialization，其含义为将新产品或生产方法引入商业，使其在市场上可以使用的过程。商业化与市场化有一定的相似之处，既均是以营利为基本要义的行为，又均是将产品或事物推入市场使其具有商业或市场价值的过程，并涉及产品及销售的所有决策过程。[①]

体育的本质是人体运动，这是体育活动区别于其他活动的依据所在。而运动被认为是一种竞赛的产生，一种制度化的比赛过程，或者是一种社会参与的形式。竞赛的本质特征是以比较为手段对参赛者进行公开排名。同时体育赛事作为一个历史事件或即将发生的事件，其本质特征是一次性的完整活动，一次性即意味着体育赛事具有内容、发生时间、空间的唯一性与不可重复性，这也是体育赛事与运动项目的区别。[②] 可以看出，体育赛事是一种以人体运动为载体，具备竞争性质的事件。体育界认为体育赛事的必须要素包括竞技者、竞技目标、竞技场、竞技规则和竞技裁判。[③] 而如上所述，商业化是商业主体通过商业活动获取利益的行为与结果的过程，且涉及产品或服务的所有决策过程。因此，体育赛事商业化就是以体育赛事为核心，采取商业化的运作方式，将与体育赛事有关的内容转变成商业活动的行为及结果，以获取商业利益的决策行为过程。

(三) 体育赛事商业化的特征

体育赛事在商业化的过程中，为了满足受众需求，从而创造更高的收益、繁荣体育市场，已逐步从单一的公益性产品转变为多样化的市场性产品，与此同时，体育赛事的管理体制与运行机制也发生了改变，体育赛事商业化的过程也体现出强烈的娱乐性、吸引性、塑造力与商品导向性。

第一，娱乐性。对体育赛事商业化的首要考量在于其娱乐性，其转化过程乃是由纯粹健身休闲性质的活动，经体育赛事组织者、传播媒体与赞助商等多方机构的协同努力，逐步蜕变为集对抗性、竞技性与娱乐性于一体的多

[①] The New Oxford American Dictionary, Oxford University Press, 2005: 35105.
[②] 李南筑，袁刚. 体育赛事经济学 [M]. 上海：复旦大学出版社，2006: 21.
[③] 王蒲. 运动竞赛方法研究 [M]. 北京：人民体育出版社，2001: 4-47.

元化商品。在商业化进程中，广告赞助、赛事解说、联名周边等多样化的产品与服务不断涌现，为体育赛事赋予了更灵活、更多元化的呈现形式，从而更有效地满足广大受众的需求，丰富其日常生活。

第二，吸引性。体育赛事的举办，其核心宗旨在于满足广大受众对于具备娱乐性、竞技性和刺激性的体育动作之期待。通过充分发掘和释放运动员在体力、智力、心理等多方面的潜力，呈现精彩绝伦的竞技场景，以吸引观众瞩目。一旦成功吸引受众的关注，体育赛事在商业化运作的道路上便具备了议价的筹码和盈利的基础。电子竞技等体育赛事在策划之初，即以吸引受众为核心目标，围绕这一目标，赛事规则、形式等方面均经过精心设计与优化，旨在加强赛事内容的吸引力，从而赢得赞助商和市场的大力支持。

第三，塑造力。在体育赛事商业化的进程中，运动员的明星效应亦得以塑造。体育赛事的蓬勃发展，其基石在于赛场上奋力拼搏的运动员们。运动员们专业的动作、激烈的对抗乃至戏剧性的表现，共同构筑了体育赛事的独特魅力。媒体机构投入巨额资金用于赛事转播，此举不仅旨在传递体育赛事的实时动态，更是为了捕捉并传播运动员在赛场上的精彩瞬间，或是某一队伍在赛场上所创造的具有重大文化价值的独特时刻。同时，媒体机构对运动员的深入报道，无疑也提高了公众对运动员的关注度，进而强化了运动员的明星效应及其商业价值。

第四，商品导向性。在体育赛事的商业化进程中，其本质属性中不可避免地蕴含了对利润的追求。尽管体育赛事在起始阶段主要是作为纯粹的公共产品存在，但一旦步入商业化轨道，其核心目标便会聚焦于实现利润的最大化。体育赛事的设计、筹备、实施等各个环节所涵盖的运动员、体育用品、赛事场地等要素，均具备成为交易商品的潜力。因此，体育赛事的组织者、运动员、中介机构、媒体等产业链内的各参与方，均将围绕收益最大化这一目标，采取一系列商业化的运营策略，以协调各方利益，并通过优化体育赛事的组织形式、产品开发和传播方式等手段，从而共同创造更高的经济收益。

二、体育赛事商业化与传播媒介的经济共生

作为人类社会特有的文化现象，从古代应季而设的竞舟、围猎等大型体育活动到现代社会中的奥运会、世界杯等全球性竞赛，体育赛事一直以来都

是社会传播活动中的重要内容。① 在体育赛事的传播历史演进中，随着商业化趋势的逐渐显现和深化，传播媒介与体育赛事之间已然形成了一种互利共生的紧密关系。具体而言，作为一种独特的文化符号，体育赛事依赖媒介的广泛传播来扩大其影响力。通过传播媒介的实时报道和转播，体育赛事的受关注度和曝光度得以显著提升。同时，媒体对体育赛事的深入报道不仅吸引了广大观众的关注，也极大地吸引了广告商的眼球，进而为媒体带来了可观的商业收益。这种互利共生的关系在体育赛事传播中发挥着至关重要的作用。

（一）传播媒介提升体育赛事商业化的符号价值

传播媒介是现代社会中对大众产生深远影响与效力的关键因素之一，依据大众传播理论的核心观点，信息的传递是以符号为表达形式，以媒介为传输载体进行的。受众在接收到这些以符号为表征的载体后，会先对其进行解码，进而形成各自可理解或接纳的意义。任何事物的呈现均需要通过符号来承载并传达特定的信息，才能转化为商品。

体育竞技，作为在裁判员引导下，运动员个人或团体间进行的竞技活动，其本质亦可被视为一系列传播符号的集合。正是这些传播媒介的助力，才使得体育赛事能够在受众心中塑造出特定的符号表征，传递丰富的信息内容，并连接各类社会关系，最终使体育赛事成为可供大众交易的商品。因此，体育赛事的繁荣与商业化进程，与传播媒介的深远影响密不可分。②

体育赛事的商业化进程，还与媒介的推动密不可分。通过传播媒介的广泛覆盖，体育赛事的受众关注度得以显著提升，进而推动了体育市场的繁荣，并有效提高了体育赛事的经济收益。在现代，诸如奥运会、NBA、世界杯等大型体育赛事，其成功举办离不开媒体的深入宣传与报道。为了扩大受众范围、塑造或巩固品牌形象，媒体亦愿意投入巨额资金，以获取优质的体育赛事内容。这一趋势也催生了以体育运动为符号的多样化商品，如球星卡、联名球鞋等，从而进一步拓展了体育赛事的潜在市场。

广告赞助作为传播媒介提升体育赛事商品化符号价值的重要途径之一，同样发挥着关键作用。报社、杂志社、电台、电视台等媒介作为体育赛事的主要经销商，通过销售大型体育赛事的相关信息，促成了转播商、广告商、

---

① 王学成，杨浩晨. 范式革新与路径建构：媒介事件视域下的短视频体育赛事传播 [J]. 中国出版，2022（11）：20-25.

② 刘松炜. 符号学视角下体育赛事传播效果研究 [J]. 新闻研究导刊，2020（13）：52-53.

赞助商与赛事之间的深度合作，从而为实现体育赛事的更优市场效益提供了有力支撑。① 体育赛事的策划与举办，离不开资金的支持，媒介对体育赛事的宣传与报道，能够扩大体育赛事的传播范围，加快体育赛事的传播速度，从而提高体育赛事的影响力。一旦体育赛事具备了影响力与号召力，就会产生一定的商业价值，从而吸引企业投入大量资金到体育赛事中。2020年欧洲杯的赞助和授权收入约5亿欧元，支付宝、比亚迪、海信等五家中国品牌每家至少向欧足联支付了4000万至5000万欧元。② 随着体育赛事商业化程度的不断加深，赞助商也从以前单纯的品牌曝光，逐步将企业产品与体育活动相结合，实现了体育文化、品牌文化与企业文化三者的融合，从而引起消费者的共鸣。

（二）体育赛事商业化增加媒体产业的商业利润

传播媒介的鼎力支持与强大助力，是推动体育赛事商业化符号价值提升的重要动力之一。在媒介的有力推动下，体育赛事产品的转播收益、运动员的商业代言价值以及广告赞助等均有显著提升。与此同时，随着收视率和关注度的不断提高，媒体也逐渐成为企业瞩目的焦点，从而吸引到企业的高额赞助，进而增强了媒体的商业盈利能力。尽管媒体在转播体育赛事时需要支付高额的授权费用，但在体育赛事所带来的流量与资源的汇聚效应下，媒体成功实现了信息、服务与商业的深度融合，完成了价值变现的既定目标。

体育赛事的商业化趋势显著提高了传播媒介的报道资源投入，包括版面、时长以及频道等。体育运动本身所蕴含的观赏性、竞技性和娱乐性，为观众提供了极其丰富的观看体验。更重要的是，体育赛事作为一种独特的、不可重复的事件，其比赛结果充满了不确定性，正是这种特性极大地吸引了受众的关注和兴趣。在体育赛事职业化的大背景下，部分观众还会在情感上倾向于自己支持的运动员，并形成深厚的情感纽带。此外，一些大型体育赛事基本都是以国家为单位参赛，这不仅是一场体育竞技的较量，更是对国民爱国情怀的激发和凝聚。因此，体育赛事除了竞技性外，还具备一定的情感体验性，这也是其深受人们喜爱的重要原因之一。③ 鉴于此，各类媒体均高度重视

---

① 卢元镇. 体育社会学 [M]. 3版. 北京：高等教育出版社，2011：85-89.
② 五家中国品牌入局创纪录 赞助欧洲杯成效几何？[EB/OL].（2024-06-13）[2024-07-08]. https://finance.eastmoney.com/a/202406143103686772.html.
③ 刘丽娜，孔庆波. 大众体育赛事与传播媒介的互利共生研究 [M]. 北京：北京体育大学出版社，2017：82.

并密切关注受众对体育赛事信息的需求。为满足这一需求，媒体通常会增加体育赛事相关信息的报道时长、丰富报道内容以及采取多样化的报道形式等。而当受众的需求得到满足后，就会对媒体产业的商业利润产生积极的推动作用。

以2001年中国足球历史性突破世界杯为例，这一年，中国国家队达到了历史成绩的高峰。正是在这一年，体坛传媒敏锐地捕捉到了市场的契机，成功创办并发行了《足球周刊》。该杂志迅速崭露头角，最终成长为国内发行量首屈一指的体育杂志。同样地，2008年北京奥运会举办期间，全国电视观众对体育赛事的热情也达到了前所未有的高度。据统计，在此期间全国电视观众人均每日收看电视节目的时间长达189分钟，相较于上半年，观众投入了额外的38分钟。值得一提的是，观众对央视的收看时间从上半年的每日54分钟显著增长至99分钟，占据了观众每日收看时间的52%，这充分展现了媒体在满足受众需求方面的显著成效。[①]

体育赛事的商业化进程显著推动了传播技术的蓬勃发展。随着体育赛事商业化程度的提高，其曝光率和受众关注度持续增长，进而在社会、政治、经济等多个领域占据了举足轻重的地位。体育赛事作为即时竞技活动，其赛场上瞬息万变的偶发事件对传播技术提出了更高的要求。为了满足这一需求，先进的传播技术被广泛应用，以强化传播效果，并为受众带来更具感染力和震撼力的观看体验。同时，这种趋势反过来又推动了传播技术的不断更新和迭代。

从传统的纸质媒介、电视频道传播方式到AR、VR、MR等新媒体技术与体育赛事的深度融合，再到5G技术支持下的AI体育转播，传播技术的每一次革新都在不断突破边界。这些革新不仅确保了体育赛事信息传播的准确性和可靠性，例如VAR（Video Assistant Referee）在足球赛事中的运用、鹰眼技术在网球比赛中的应用等，均有效打破了人类在观察能力上的局限，为裁判员提供了精准公允的判决依据。同时，这些技术也为受众带来了前所未有的观赏体验。以2022年北京冬奥会为例，其首次运用8K视频技术直播开幕式和转播重要赛事，使观众能够享受到更加清晰、逼真的视觉盛宴。此次冬奥会的收视率也创下了历史新高，达到了5亿人次，远超2014年索契冬奥会的3.88亿人次。

在转播体育赛事的过程中，媒体能够显著提升经济效益。媒体对体育赛

---

① 崔保国. 中国传媒产业发展报告［M］. 北京：社会科学文献出版社，2009：454.

事传播的核心目的在于获取经济利益。通过报道与转播体育赛事，媒体能够有效提升受众的关注度，进而增加报刊销量、电视收视率及网页流量等，从而实现经济收益的增长。

一方面，体育赛事作为全球性的文化娱乐活动，拥有广泛的受众基础。不同的运动项目能够吸引不同收入水平、不同年龄层次的人群的高度参与，从而为媒体带来多样化的受众群体。另一方面，体育赛事的偶然性使得受众在观看过程中，往往会全神贯注，以期捕捉到具有重大文化价值的精彩瞬间。这种观看的连贯性，确保受众不会因广告的出现而中断或放弃观看，进而保障了媒体的经济收益。

统计数据显示，早在1989年，美国全国广播公司在转播超级杯美式足球决赛时，每30秒的广告费用就高达67.5万美元，即平均每秒价值2.25万美元。而1990年，美国三大电视网的体育节目所吸收的广告收入更是达到了20亿美元，占其全年广告总收入的25%，这充分展现了体育赛事转播对媒体经济效益的积极影响。[1]

三、网络传播媒介下体育视听节目的运营

随着科技的不断进步，传播媒介历经了广播、电视以及互联网的迭代发展。互联网，特别是移动网络的兴起，对传统媒体的转播逻辑结构产生了深刻影响。在互联网普及之前，传统媒体（如报纸、广播、电视）的演变主要是为了弥补体育赛事转播中可能存在的信息误差和观众无法亲临现场的感官遗憾。然而，互联网技术的引入，实现了报纸、广播、视频等多种形式的融合，打破了传统媒介间的界限，以立体化的方式全面呈现了媒体信息的丰富性。[2] 这种传播媒介的革新，不仅深刻地改变了媒体商业逻辑的基本结构，也使得体育赛事商业化的进程不断深入，从而开启了网络时代体育赛事运营的多样化模式。

（一）联合销售、单独销售与中介机构销售

体育产业的全球性崛起，主要归功于体育产业内的多元参与者，如体育赛事组织、联盟、运动员、媒体等，以及在体育赛事营销方面所取得的显著

---

[1] 邹玉玲. 体育赛事电视转播权的营销策略 [J]. 体育学刊, 2001（3）: 10-12.
[2] 张世杰, 刘露, 于文谦. 媒体融合视角下体育赛事商业价值的实现逻辑与提升策略 [J]. 沈阳体育学院学报, 2021（6）: 87-93.

成果。在体育赛事运营的生态架构中，体育赛事传播权占据着基石与核心地位，它也是推动其他体育产品衍生与发展的关键所在。在体育赛事的传播过程中，随着体育赛事组织者与媒体机构议价能力的演变，体育赛事传播权的授权模式亦逐渐成熟和完善。在体育赛事运营的实践过程中，联合销售、单独销售及中介机构销售等销售模式，因其持续的时间长和应用的广泛性，已成为最为常见和有效的销售模式。

1. 联合销售（Collective selling）

联合销售，作为体育产业中一种集中或集体的权利交易形式，特指体育俱乐部将其传播权利全权委托给体育协会/联盟进行管理和出售的行为。当前，这种销售模式已被各大赛事广泛采纳，并作为主流运作方式。在职业化联赛的架构下，不同俱乐部的参赛队伍汇聚一堂。而在早期的实践中，体育赛事所产生的经济收益主要由各俱乐部独自享有。然而，俱乐部间在议价能力、观众基础及市场影响力上的差异，导致同一联赛内各俱乐部收益水平的显著不均。此外以外，分散的授权和交易模式亦对俱乐部的商业谈判构成了障碍。

为解决上述问题，体育协会/联盟采取了一种更为高效的销售策略，即将所有传播权利进行集中管理，统一对外销售、授权，并按照与俱乐部事先商定的比例分配所得利润。这种联合销售模式不仅有效规避了俱乐部间在传播权利销售上的不正当竞争，而且防止了小型俱乐部因市场影响力不足而遭受媒体的不合理压价，同时也加强了体育协会/联盟对其成员俱乐部的统筹管理和控制能力。

作为全球经营最成功的联赛之一，英超联赛隶属于"欧洲足球五大联赛"，由20支顶尖球队组成。其运营策略显著体现于联合销售的模式，特别是在电视转播权方面。自1992年英超联赛创立以来，常规赛事的电视转播权便以集体出售的形式进行，从而确保了联赛收入的稳定性和最大化。英超联赛的主体即英超联盟，是由各俱乐部组成的独立商业开发有限公司。该联盟的所有权归20家英超俱乐部所有，并以英超委员会为其最高管理机构。在转播权销售方面，各俱乐部将此项工作全权委托给联盟，由联盟负责对外授权转播和赞助合同的洽谈。

为了维护联盟内部的决策机制，每季度都会举行一次联席会议。作为联盟股东的各俱乐部，有权在会议上提出关于商务合同的调整或变更提议。然而，这些提议需要经过严格的审议过程，且必须获得超过2/3的俱乐部的同意，才能得以实施。此外，英超联赛实行升降级制度，目的是确保联赛的竞争活力和水平。每个赛季结束时，降级的俱乐部需要将其在联盟中的股份转让给从甲级联赛中成功升级的俱乐部，以确保联赛整体实力的均衡与可持续发展。①

2. 单独销售（Individual selling）

单独销售，亦称为自行销售，系指体育俱乐部将其权益直接授予媒介机构的行为。在此模式下，体育俱乐部与媒介机构之间可展开直接磋商。相较于联合销售，单独销售展现出更高的目标性与适应性，从而赋予体育俱乐部更强的议价能力。然而，对实力较弱的小型俱乐部而言，其难以吸引媒体关注，此模式可能会导致其处于不利地位，因此该模式更适宜于实力雄厚的俱乐部。

历史上，意大利足球甲级联赛与西班牙足球甲级联赛均曾采用过单独销售模式，随后转变为联合销售。1993年，西班牙竞争法庭裁定西班牙甲级联赛采取的联合销售转播权方式违反了竞争法，因此西班牙足球甲级联赛随即终止了联合销售策略，诸如皇马、巴塞罗那等大型俱乐部便转向单独销售赛事转播权的模式。意大利足球甲级联赛亦遇到过相似情境。1999年，意大利足球甲级联赛的联合销售模式被意大利竞争管理局认定为垄断行为，违反了意大利的竞争法。随后，意大利政府通过了《十五号法案》，明确允许意大利所有职业足球俱乐部享有单独出售转播权的权利，自此之后，各俱乐部便开始独立销售赛事转播权。②

3. 中介机构销售（Use of intermediaries）

中介机构销售是体育俱乐部或联盟通过正式授权的中介组织，将相关权利出售给媒介机构的过程。此销售模式涵盖了两种情形：首先，体育赛事俱乐部或联盟将权利直接出售给中介组织，再由该组织进行二次销售，即转售给媒介机构；其次，体育赛事俱乐部或联盟与中介组织达成合作协定，授权中介组织全权负责权利的出售事宜，并根据事先约定的比例，对出售所得利润进行分配。

在体育赛事传播的初期阶段，受众群体主要集中在一国内部。然而，随着传播媒介的革新与体育赛事商业化程度的加深，体育赛事的传播渠道呈现

---

① 张巧玲. 英超联赛对 CBA 联赛经营模式的启示 [J]. 武汉体育学院学报，2006（3）：30-32.
② 陈晓雪，刘亚云，马胜敏，等. 反垄断视域下欧洲五大联赛赛事转播权研究 [J]. 广州体育学院学报，2022（1）：81-89.

出多样化的特点，受众范围也逐步扩大，吸引了众多国际媒体机构的参与。这一变化导致体育组织与各个传媒机构间的谈判成本显著上升。

为应对这一挑战、实现收益最大化，以及避免与多家传媒机构分别进行烦琐的谈判，体育组织开始倾向于选择与中介机构建立合作关系。通过授权中介机构全权负责权利的销售，体育组织能够更为高效地进行赛事运营，同时确保收益的稳定增长。例如，世界一级方程式锦标赛（简称F1）的转播权即由一级方程式管理有限公司（FOA）代为出售，充分体现了这一合作模式的实际应用。

(二) 地域独占、时间独占与平台独占

专有销售模式在体育赛事传播中占据核心地位，这主要源于体育组织者和被许可人对商业利益的追求。此模式倾向于"独家"传播，旨在实现双方的互利共赢。一方面，媒介机构通过获取独家体育内容，吸引受众并增加市场份额；另一方面，体育组织则通过独家销售来形成稀缺性，以提升授权价值并扩大市场潜力。专有销售可细分为地域独占、时间独占与平台独占三种类型。

（1）地域独占，即被许可人在特定地区内享有体育赛事独家传播权。此模式不仅受到了权利人的青睐，对体育赛事广播商也极具吸引力。地域独占有助于减少权利供给，从而提高出售价格，确保权利人的利润最大化。同时，广播商还能够在特定市场内稳固观众基础，并通过广告销售回收投资。在地域独占销售中，广播商需要对付费电视传输进行加密处理，以确保地域限制的有效性。例如，腾讯以15亿美元获得NBA 2020—2025年在中国地区（不含港澳台）的独家数字媒体权，采用的就是此模式。

（2）时间独占，指在体育赛事组织者与媒体机构协商确定的特定时间段内，媒体机构独享体育赛事传播权。此模式旨在限制某些媒体的时间使用权，确保现场首发权的价值。例如，在2022年北京冬奥会转播中，腾讯、快手仅获得了延时点播权，而咪咕视频则拥有全场次直播和点播权。

（3）平台独占，根据媒介性质、传播需求及受众习惯，体育赛事组织者将传播权划分给不同的传播平台。具体包括纸质媒介、电视媒介和网络媒介三种形式。纸质媒介受限于其物理特性，主要以文字形式报道体育赛事；电视媒介则可通过现场直播、转播、录像等方式传播，但需要根据具体使用场景购买相应权利；网络媒介则依托互联网平台，利用电脑、手机等终端来实现体育赛事的实时直播、点播等,其交互性、灵活性和多元互动方式在数字经济时代具有显著优势。因此,腾讯、阿里巴巴、哔哩哔哩等网络平台均加大投入,转向体育赛事传播领域。以2022年北京冬奥会为例,咪咕视频、腾讯、快手等平台根据自身特性均获得了不同的转播权。

(三) 非独占许可

在体育赛事商业化进程中,体育赛事组织者的角色越发凸显,他们积极探寻着多元化的赛事运营策略。其中,非独占许可模式成为一种创新实践,即赛事组织者依托自有专用频道自主开发赛事传播权益,进而通过多个平台实现内容分发。受美国体育产业的深刻影响,此模式逐渐为全球赛事组织者所采纳。美国职业篮球联赛(NBA)、职业橄榄球大联盟(NFL)等知名体育联盟均推出了自有平台。2008年,荷兰足球甲级联赛(Eredivisie)在媒体转播权竞标未达预期后,亦决定构建品牌专属付费电视频道——Eredivisie Live。然而,这一模式需要赛事组织者额外投资基础设施建设,会相应增加运营成本,故并非所有赛事组织者均愿意采纳。

第三节 传播媒介变迁下体育赛事的属性衍变

一、体育赛事的公共属性

(一) 公共属性的理论阐释

1. 经济学视域的公共产品概念

保罗·萨缪尔森(Paul A. Samuelson)从经济学的视角为我们展示了"公共产品"(public goods)的概念。在他1954年的经典论文《公共支出的纯理论》[1]中定义了"公共产品"。在该文中他首先将消费品分类为"集体消费品"(collcetive consumption goods)和"私人消费品"(private consumption goods),依据萨缪尔森的公式,区分两者的关键在于个体消费者与该物品的消费总量的关系。所谓的"集体消费品"中个人对物品的消费不会减少任何其他消费者的消费,而"私人消费品"中所有个人消费者的消费总和则等于该物品的消费总

---

[1] Samuelson P A. The Pure Theory of Public Expenditure [J]. The Review of Economics and Statistics, 1954: 387-389.

量。在次年的《公共支出的理论图解》(*Diagrammatic Exposition of a Theory of Public Expenditure*) 一文中,采用"公共消费品"(public cosumption good) 取代了前文的"集体消费品",并明确其指的是"国防和露天马戏表演之类的可以提供给每个人而由个人依据自己的偏好来选择是否消费",其区分之关键在于个体消费与物品总量之间的关系是相等还是相加的。[1] 依据萨缪尔森的解释,"公共产品"是具有消费的非排他性和非竞争性等特征的产品。[2] 非排他性主要涵盖以下两个方面:首先,从技术角度而言,实现排斥存在难度,即便在技术上可行,所涉成本亦颇为高昂;其次,公共产品具有不可拒绝消费的特性,即消费者无法被排除在外。而非竞争性则体现在,单一消费者的消费行为并不会导致消费总量的减少,可多人同时进行消费,或可表述为产品对所有用户开放,且当前使用不影响后续使用的可持续性。[3]

在识别公共产品的过程中,我们面临着一系列挑战。前述公共产品的定义虽基于极端理想环境,但在实际操作中,情境往往更为复杂。非排他性的本质意味着难以将个体消费者排除在外,即便能够排除,成本也相当高昂。然而,随着技术的不断进步,当前技术已能对广播或电视广播进行加密,进而可以将无特殊解码器的个体排除在广播接收范围之外。多种信息商品均展现出公共产品的特性。例如,一首诗可被众多读者阅读,且不会减少其他读者对该"商品的消费",从而体现了其非竞争性的本质。同样地,任何消费者均可使用大多数专利中的信息,而不影响其他消费者对该商品的消费。然而,在特定情况下,作品(知识)本身可能表现出排他性:例如,诗歌创作者可能选择不发表以拒绝与他人分享。版权和专利作为法律机制,通过提供一定时期的垄断来鼓励创造此类非竞争性产品,或按公共产品的术语来说,即为在限定时间内强制执行排他性的法律保障。对公共产品而言,物品生产者的"收入损失"并非其定义的一部分;公共产品是一种物品,其消费不会减少其他任何个体对该物品的消费。[4]

随着技术的发展与法律的变迁,公共产品与私人产品之间的界限逐渐变得模糊,这为界定何者为私人产品或公共产品时带来了显著挑战,例如,知

---

[1] 臧旭恒,曲创. 从客观属性到宪政决策:论"公共物品"概念的发展与演变 [J]. 山东大学学报(人文社会科学版), 2002 (2): 37-44.
[2] 秦颖. 论公共产品的本质:兼论公共产品理论的局限性 [J]. 经济学家, 2006 (3): 77-82.
[3] 郭庆旺,赵志耘. 财政理论与政策 [M]. 北京:中国经济科学出版社, 1999: 101-158.
[4] Demsetz H. The Private Production of Public Goods [J]. The Journal of Law and Economics, 1970, 13 (2): 293-306.

识和信息等资源即面临此类困境。同时，体育赛事虽具备公共属性，但由于场地限制及门票支付要求，其可能转化为俱乐部物品或私人物品，从而进一步加大了界定难度。

2. 政治学视域的公共领域概念

于尔根·哈贝马斯（Jürgen Habermas）于1962年发表的教授资格论文《公共领域的结构转型》中，对"公共领域"的概念进行了深入探讨。他明确指出，当某一事件或场合对所有社会成员开放，并允许对其进行广泛的参与和讨论，而非呈现封闭或排他时，这样的环境即被界定为"公众"。[①] 这里的"公共领域"是我们社会生活的一个领域，可以形成接近公众舆论的东西，保证所有公民都能进入。这种公众概念在公共卫生、公共教育、公众舆论或公共所有权等方面表现明显，他们反对私人健康、私人教育、私人意见和私人所有权的概念。但公共的概念与私人的概念有着内在的联系。当参与公众达到较大规模时，就需要媒介来传播讯息，而广播、媒体和报纸、电视等就作为这样一种媒介在公众参与公众舆论的过程中起到作用。依据哈贝马斯的论述，"公共领域"包含以下结构：

一是公众。该公众是超越个人利益与集体利益，亦不受国家公权力约束而自愿组成的具有一定规模的"公众"。[②] 在深入解析"公众"这一概念时，我们可以观察到其具备以下显著特征：首先，公众需要以公共利益为导向，其讨论焦点应超越个人或集团的私利，聚焦于社会整体的共同利益；其次，公众的讨论与参与应当是自愿的，不应受到公权力的直接管辖或约束，以确保公众意见的独立性和真实性；最后，公众的规模需与所讨论的公共利益范围相适配，其大小应根据公共利益的实际需求来划定。

从上述特征来看，参与公众讨论的个体是超越阶级和身份的，他们共同的目标和动机在于公共利益。无论是资产阶级的文化艺术，还是其他任何形式的公共议题，任何人均有权发表自己的见解和观点。此外，以身体或智力对抗形式参与的体育运动等，也同样展现了公众的广泛参与性和公共性，这些活动不受阶级和身份的限制，体现了公众对公共利益的共同关注和追求。

---

① Habermas, Jürgen. The Structural Transformation of the Public Sphere: An Inquiry into a Category of Bourgeois Society [M]. translated by Thomas Burger, The MIT Press, 1962: 1.

② 陈勤奋. 哈贝马斯的"公共领域"理论及其特点 [J]. 厦门大学学报（哲学社会科学版），2009（1）：114-121.

二是公众舆论。哈贝马斯对于"公共领域"的阐释着眼于政治公共领域而非其他。当公众从"文学艺术"的普遍利益转向对政治权力的讨论时,就形成了政治公共领域。因此,公众舆论的内容如下:(1)批判性的舆论。哈贝马斯将公共领域定义为"参与批判性公共辩论的社会",其必须是对政治权力的批判和监督,而非拥护和赞成;(2)公众精神。需要具备对参与公共事务讨论的信念、权利和义务,未经公众讨论而形成的公众舆论是不可接受的;(3)公众舆论是基于理性的讨论,如果是宣泄情绪等非理性行为则是不可接受的。

三是传播媒介与讨论场所。当一定的规模得以形成后,公众舆论则有赖于传播媒介和公共场所据以表达、传播意见并对公权力予以影响、约束和监督。在传播媒介不够发达的时候,一般会通过剧院、宴会、咖啡馆乃至于街头演讲集会,而在现代社会则表现为新闻媒体、报纸期刊、广播等。

哈贝马斯的"公共领域"虽然关注对政府为主体的公权力的批判,并指出是"参与批判性公共辩论的社会",但是其公共领域理论仍然可以运用到体育赛事中。体育赛事作为多人参与的集会形式,具备公共领域的三个要素,后文将从体育赛事的角度予以详细分析。

3. 知识产权视域的公有领域概念

无论是作为信息还是作为符号,知识在某种程度上总是具有公共性的,特别是在信息化时代,知识创造、传播与消费都具有显著的公共产品的特征。在知识产权领域,公有领域包括所有未涵盖在知识产权专有权范围内的作品、专利和商标等。这些内容可能是已经过了保护期、被没收、明确放弃或可能根本不适用知识产权制度的,也可能是一些对知识产权的限制等,如著作权的合理使用(权利的限制)等。

知识公共领域与财产权有关联,尽管知识公共领域一词直到 18 世纪中叶才开始使用,但其概念可以追溯到古罗马时期的财产权制度,他们将所有不能归入私人所有权的东西定义为 res nullius、res communes、res publicae 和 res universitatis。[①] 其中 res nullius 意指尚未被占有的东西;res communes 和 res publicae 则指的是人类共同享有的事物,如空气、阳光等;res universitatis 则指的是所有公民共有的东西。随着世界上第一部版权法《安妮法》(Statute of Anne)的颁布,知识产权的公有领域仍然未出现,而是使用诸如 publici juris

---

① Foures-Diop A S. Les choses communes (Première partie) [J]. Revue Juridique de l'Ouest, 2011, 24 (1): 59-112.

或 propriété publique 等术语来描述版权法未涵盖的作品。① 直到 19 世纪中叶的法国,"落入公有领域"被指代版权保护期限的终结,此时公有领域被作为知识产权领域的负面空间,知识产权期限届满被称为"落入公有领域的深渊",而版权制度则是"从公有领域的海洋中伸出私人权利的小珊瑚礁"。② 当通过财产制度为知识产权制度寻求正当性时,这种观念更为强烈。依据约翰·洛克的理论,财产权的正当性来源于"将劳动结合到被人发现的无主物品上",如对无主荒地的开垦或无主橡子的收集,可见,"劳动"在洛克财产理论中具有中心地位。③ 适用到知识产权领域,与洛克笔下的活命主义者一样,基于体面生活或者从现代经济中获得繁荣发展,创作者将对所有人享有的公共领域中的事物添加劳动,把所发现的东西从散落各地、非个人化的世界带入个人的、有用的财产世界,从而享有财产权利。④ 从财产权角度看,洛克为私人财产与无主物品划分了明确的界线,而其中的无主荒地和无人拥有的橡子就是财产公共领域,依上帝的指令归属于全体上帝子民,并使得人人都可以通过劳动获取并划归个人所有,目的是实现全人类的幸福和发展。在这个意义上,知识公共领域就等同于公共财产,版权作品就等同于私有财产。

在现代知识产权制度中,越来越多的学者开始关注不断扩张的知识产权保护对公有领域的侵蚀。其主要从人权和发展权出发来反对知识产权强保护对健康权、生命权、言论自由、环境保护、知识获取以及发展权等的阻碍。总的来说,知识产权视域的公共领域问题实际上是无形财产的边界问题,也是个人利益和公共利益的平衡。

(二) 体育赛事的公共属性

1. 体育赛事作为公共产品的公共属性

(1) 从"公共产品"到"准公共产品"

从体育运动到体育赛事的演变过程中,其公共产品的特性经历了显著的压缩,并随着技术的进步,逐渐由纯粹的公共产品向准公共产品转变。对狭

---

① Torremans, Paul. Copyright Law: A Handbook of Contemporary Research [M]. Edward Elgar Publishing, 200: 134-135.
② Torremans, Paul. Copyright Law: A Handbook of Contemporary Research [M]. Edward Elgar Publishing, 2007: 137.
③ 洛克. 政府论(下)[M]. 叶企芳, 译. 北京: 商务印书馆, 1964: 22.
④ 罗伯特·莫杰斯. 知识产权正当性解释 [M]. 金海军, 史兆欢, 寇海侠, 译. 北京: 商务印书馆, 2019: 132.

义的体育运动而言，其本质上属于个人自我满足的需求，并不具备转化为消费产品的直接可能性。

在古罗马时期，体育运动主要源于战争实践，如马拉松赛跑、武士间的决斗和田径竞技等。这些运动虽然主要用于实现个人精神的满足，但在无形中也为观众带来了精神上的满足。当时，体育运动被视为一种理论上的公共产品。其特性体现在：一方面，体育运动不具备排他性，即理论上任何人都可以观看并享受其带来的精神刺激和兴奋感；另一方面，体育运动不具备竞争性，即任何观众的观赏行为都不会影响到其他观众的利益，消费者之间不存在竞争关系。因此，在那个时期，体育运动主要是作为面向市民的精神活动而存在的，而非作为消费产品。

然而，随着战争的加剧和体能在战争中的重要性日益凸显，以及俘虏间生死决斗对市民精神需求的激发，为了满足市民的观赏需求和提供更好的观赏体验，斗兽场或生死角斗场等场所得以建立。通过修筑"罗马广场"，贵族们能够更好地观看生死决斗。在这个过程中，城邦发现市民的热情并未因物理隔绝而减弱，便从中发现了售卖入场券的商机。这一转变使得体育运动在物理上具备了排他性，即通过围墙围起来的有限空间来限制消费者的进入。同时，购买了门票的消费者在消费该产品时，并不会损害其他消费者的利益，因此构成了不完备的公共产品，可称为"俱乐部产品"。这一过程形成了公共产品与私人产品的混合，为后续体育场馆的发展奠定了基础。

随着技术的演进，特别是广播电视的兴起，体育赛事逐渐打破地域限制，呈现出回归纯公共产品的趋势。广播电视节目在经济学中被视为典型的公共产品。在电视发展初期，由于采用无线传输方式，只要家庭配备收视天线，即可接收电视信号。这意味着任何消费者都能通过收视天线观看体育赛事，且一人的观看并不妨碍其他消费者的收视体验，个体消费与总体消费量保持一致。

当体育赛事回归纯公共产品属性时，体育场馆的门票收入并未出现显著下滑，因为现场观看与通过广播电视观看的体验各有千秋。随着电视媒介技术的不断进步，有线电视技术和无线信号加密技术的出现改变了电视媒体的使用模式，使得收费问题不再是技术上的难题。尽管通过公共电视台播出的节目仍属于公共产品范畴，但收费电视台通过向用户收费的模式削弱了其公共性，因为这种做法试图排除不支付费用的消费者，并通过加密技术阻止其他广播组织进行免费转播并提供给消费者。

现代社会，跨国交流日益频繁，从而吸引了众多消费者关注体育赛事。随着现代产业的蓬勃发展，广告在市场营销中的核心地位越发凸显。第二次世界大战后，体育赛事转播权的兴起，使得广播组织开始重视利用比赛间隙播放广告，通过免费转播体育赛事并出售广告时段，实现了可观的广告收益。随着技术的不断进步，广播组织间的竞争日益激烈，从而推动了创新的体育赛事节目制作方式的出现，使消费者能够享受到与现场观看相媲美的沉浸式体验。

然而，体育赛事作为一度被视为纯公共产品的存在，其高昂的组织和制作费用若继续沿用公共产品的供给方式，将不可避免地导致"搭便车"现象的出现，即其他广播组织无偿盗播信号以获取巨额利益。这一趋势导致消费者逐渐从付费观看转向盗播体育赛事，严重损害了版权方的合法权益。

因此，亟须通过法律手段确立新的排他性权利，体育赛事转播权便应运而生。这一权利以法定的垄断形式确立了新的排他性，将体育赛事节目转化为"准公共产品"乃至私人财产，从而有效保护了版权方的合法权益，维护了市场的公平竞争。

（2）作为准公共产品的体育赛事

作为一种准公共产品，体育赛事尽管存在私人产品的倾向，但其公共属性依旧显著。由于体育赛事无法完全私人产品化，而是呈现出公共产品与私人产品的混合特征，因此我们称之为"准公共产品"。在此过程中，私人产品化的趋势实际上是对其公共属性的某种侵占。

作为"准公共产品"，体育赛事不仅承载着公共产品的公共利益，也包含着私人产品的个人利益。其公共属性即体现为公共利益（经济利益）的一部分。在现代社会，这种经济利益主要体现在以下三个方面：

首先，体育赛事应满足消费者对产品的消费需求。其作为私人产品的一面要求通过排他性方式排斥其他消费者，并从中获取经济利益以实现个人利益的增长。而作为公共产品的一面，体育赛事应确保消费者能够较为便捷地获取消费产品，无论是古罗马时期的"斗兽场"或武士决斗的精神刺激，还是现代社会从体育赛事中收获的精神收益，都应被视为社会公共利益的一部分，即让消费者以较低的成本获得精神满足。

其次，体育赛事需要广泛且多元地被观众所知晓。公共产品的非竞争性要求个体消费与总量消费等同，即理论上应为所有消费者提供同等的消费机会，不得存在歧视和差别对待。体育赛事正逐步实现这一目标，从最初的实体场馆到纸媒体传播，再到广播技术与光电缆传播，旨在让更多的消费者获得消费产品。同时，具有创新性的体育赛事节目制作技术，使得远隔千里的消费者也能获得与现场观众同等的体验。此外，体育赛事的公共属性还要求避免歧视与差别待遇，禁止对消费者进行区别对待与价格歧视。

最后，提供小众运动的体育赛事产品也是符合准公共产品属性的一部分。由于小众体育赛事的消费者无法充分享受到信息技术发展带来的消费水平提升，特别是在女性体育赛事中，因缺乏关注与收益而面临减少甚至停止提供的困境。对于这一方面，英国BBC通过"提升民众对商业频道较少报道之小众运动的兴趣与参与"，并强制转播符合公共利益、保障弱势群体的活动，如残疾人奥林匹克运动会，这体现了其作为公共产品属性的重要方面。

2. 体育赛事作为公共领域的公共属性

（1）体育赛事公共领域的特征

根据哈贝马斯对公共性的界定，体育赛事活动具备公共群体、公共信息与公共场所"三要素"，因此其具有公共性特征，是典型的公共领域。[①]

一是平台的公共性：公共领域。哈贝马斯在论述公共领域时指出，人们对公共空间的探讨正是源于对古希腊体育活动场所的研究。在古希腊，城邦间的体育活动是政治、经济和文化交流的平台。在这个过程中，体育活动成为与近代沙龙、宴会、咖啡馆、剧院等媒介空间相似，并对公共事务进行讨论的公共平台。在古希腊的集体宗教活动中，体育以竞技大会形式出现，帮助人们形成集体认同感及城邦价值感。[②] 在现代社会也是如此，在体育场馆的现场集会中，观众通过标语、呐喊与特定的动作来激发共同意识、传输共同利益，体育赛事活动成为文化和符号表达的场所。同时，奥运会等体育赛事亦成为传播公平、正义与和平的盛会，橄榄枝、和平鸽等文化符号渲染的正是这种公众舆论。此外，体育赛事还常常成为慈善捐助的公共平台，在此进行公共讨论，并形成公共舆论。

二是竞赛的公共性：公共精神。更高、更快与更强是奥运会体育赛事的口号与理念，亦反映出体育赛事的公共精神。观众在观看体育赛事活动时，从激烈的对抗中获得精神愉悦和放松的同时，也可以领悟到个体独立人格和

[①] 王盈盈，甘甜，王名. 体育型倡导：基于公共性的概念界定与案例分析 [J]. 中国非营利评论，2021（2）：137-156.

[②] 于华. 从宗教节日到体育盛会：从公共空间视角对古代奥林匹亚竞技会的再解读 [J]. 成都体育学院学报，2008（10）：10-13.

价值观，以及对拼搏、奋斗、竞争与不确定的胜负结果的感受，从而塑造个人精神。而团体合作则能够塑造公共精神，例如，在国际性赛事特别是奥运会中，国家的金牌数量以及国家间的竞争，常常会激发观众的团结和民族情结，激发斗志与拼搏精神，从而形成公共精神。

三是利益的公共性：公共利益。公共领域可用于讨论公共利益而非私人利益。在体育赛事运动参与的主体方面，运动员跨越不同阶级而以纯粹的自然身体参与体育运动。中世纪时代，运动的变迁基本上是源自农工大众，这也是现代世界上的许多主要竞赛拥有农工背景的原因，包括足球、橄榄球、棒球和板球等。很多运动都是源于劳动，无论是早期的劳动如滑雪，还是现代工业劳动如自行车，所展现的都是健康、公平、竞争与追求卓越的共同信念，且不受政治权力与利益团体的干预。在体育赛事的受众方面，早期的体育活动往往主要提供给聚集在城镇的劳动工人，是工人的消费品，而不会因个人素养或财产不同而有供给差别。此外，将体育赛事作为慈善活动，更是公共利益的重要体现。

（2）作为公共领域的公共利益

学者姜欣、张德胜认为体育赛事的公共性利益包括以下内容。[①]

首先，必须强调体育赛事的独立性，即其不受政治权力与利益集团的操控。随着公众精神需求的提升及国民经济的蓬勃发展，广播电视的职能已从单纯的舆论宣传转向娱乐与宣传并重的传播模式。体育赛事作为公共领域的一部分，其公共利益不应被政府的公权力所控制，同时，其私人利益导向也易使之为达到追求收视率、广告收入等目的而过度播放热门项目，如足球、乒乓球、篮球等，进而受到利益集团的干预。因此，在传播大众娱乐的同时，体育赛事还应对冷门、收益不高但有需求的赛事保持必要关注，并制裁网络新媒体等私人企业在竞争中的垄断行为。

其次，观众应享有平等的服务权益。不论地区发展水平、消费能力如何，公众都应获得平等的体育赛事观看服务。在供给体育赛事观看服务时，应消除一切形式上的差别待遇与歧视。平等的观念不应受阶层、地域、民族等因素的影响而有所差异。在实质平等概念的指导下，需要对偏远、消费水平低的地区提供必要的支持。随着版权时代的到来，高昂的版权费用导致消费者剩余不断减少。央视等传统媒体免费传播体育赛事的空间被压缩，而腾讯、

---

① 姜欣，张德胜．互联网+背景下的中国体育电视：传播变革、公共性与公共利益［J］．武汉体育学院学报，2017（6）：24-28．

乐视等网络媒体在支付高额版权费用后，必定会进行足够的商业开发。因此，收费体育赛事直播的时代正在来临，会员会费制、赛场收费制等成为其主要的收费方式。

再次，体育赛事应满足不同层次和口味的观众需求。在多元文化时代，允许并满足多元的观看需求和口味是平等理念的重要体现。而体育赛事承担着构建多元体育文化的重要使命。在传统广播电视时代，公权力的公共服务导向维护了平等理念。然而，在网络媒体时代，逐利倾向与版权制度可能会对平等理念造成损害。因此，体育赛事的公共利益之一便是关注小众体育、残障体育以及电子竞技等，推动构建多元体育文化，促进各文化间的交流与和谐。

最后，体育赛事不应盲目迎合多数观众的品位，而应致力于培养民主精神。而提高观众的文化品位、培养民主精神是体育赛事作为公共领域的重要价值之一。这一观点与哈贝马斯的公共领域理论具有相似之处，并在其政治公共领域理论的基础上，进一步强调了平衡少数人利益和多数人利益以及民主价值的重要性。

3. 体育赛事作为公有领域的公共属性

（1）体育赛事传播中的公共性表现

知识产权的私权属性与公共利益的潜在冲突在体育赛事知识产权的传播过程中同样显著。知识产权的私人权利与公有领域的界限，正如公共产品与公共领域的界限一样，处于动态模糊的状态，且随着经济社会技术的演进而不断变化。然而，从一般视角审视，基于公权力授权模式，我们可通过国际条约及各国知识产权法中的列举法对体育赛事进行界定。

1967年7月14日签署的《建立世界知识产权组织公约》第2条第8款详细列举了知识产权所包含的权利，主要涵盖以下八个方面：第一，文学、艺术与科学作品的相关权利；第二，艺术家表演及唱片、广播节目的相关权利；第三，与发明相关的人类一切活动领域的权利；第四，科学发现的相关权利；第五，与工业品外观设计相关的权利；第六，与商标、服务标记、商品名称及标志等相关的权利；第七，制止不正当竞争的权利；第八，由于工业、科学、文学或艺术领域的智力活动而产生的一切其他权利。若某一权利未在上述范围内，则其通常可被视为归属于公共领域。不过，各国的法律法规存在差异，且国际条约亦赋予各国扩展知识产权范围并限制公有领域的权利。此外，当保护期限届满或放弃知识产权时，该权利亦将进入公有领域。

就体育赛事而言,在多数国家中,其大概率属于知识产权的公有领域。至少从我国当前的知识产权法律体系来看,体育赛事并不在知识产权保护的范围之内。然而,随着体育赛事的不断发展,其公共属性与私人属性呈现出融合的趋势。尽管体育赛事本质上属于公有领域,但在其传播过程中,逐渐融入了知识产权的元素,形成了一种"公有领域中延伸出的私人权利小岛屿"。体育赛事的传播过程实质上是公有领域知识产权化的过程,但其依然无法完全脱离公有领域的本质,因此,体育赛事成为一个兼具公共属性和私人属性的复合体。其公共性主要体现在体育赛事本身的公共性上。

一是产权模式:公益性特征。公益产权模式的主体是非营利性组织,其要求非营利性组织必须坚持公益性宗旨,以及资产和利润的非分配原则。[1] 在体育赛事的组织和资金融资中,产权模式可以分为官方主办的政府组织管理模式、私人举办的市场组织管理模式以及政府与市场共同举办的混合组织管理模式,但即使是私人投资模式也很难改变体育产权的公益产权模式,而且越是大型体育赛事,越离不开公共部门和非营利部门的投资。以奥运赛事为例,其组织者大多是政府部门,且资金投入来源于国家。因为奥运传播对国家形象、经济社会发展、文化传播和环境提升具有重大意义,所以其成果为所有国民共享,并且一旦供给社会,就将无法排除他人的消费,且前者的消费也不会损害后者的消费,具有非排他性和非竞争性。在不同的体育赛事中,公私投资占比也是不同的,并且也与各国的监管和批准政策有关。重大体育赛事的成败对国家形象和举办城市的发展具有重要意义,因而会得到政府的大力支持,即使是与私人部门合作,政府的参与力度与监管强度也会根据体育赛事的重要性而变化。完全私人投资的体育赛事一般出现在市场经济高度发达的国家,其最大的特点是市场化和商业化,1984年的洛杉矶奥运会即创造了完全由私人投资奥运会的历史。但是其产生的问题和优势一样多,因此体育赛事作为公共产品的供给完全依靠市场化是行不通的。国际奥委会也表示,由政府参与准备的奥运会的优势远远多于其弊端,其反对完全由私人部门出资举办奥运会。[2]

二是传播手段:公共性技术。在现代体育赛事的传播过程中,科学技术发挥着重大作用。从最初的纸媒体时代,通过报刊加以传播,到随着广播技术的发展,广播信号承载着向全球所有能够接收广播的地域传播体育赛事,

---

[1] 王菲. 我国非营利组织"公益产权"研究 [J]. 山东行政学院学报,2012 (4):40-42.
[2] 豪格·普鲁斯. 奥运经济学 [M]. 黄文卉,译. 北京:北京体育大学出版社,2008:21.

广播信号则是典型的公共产品。而至电视时代，体育赛事广播收听转变为体育赛事的电视收看，并且随着互联网与通信技术的发展，全球各地能够随时随地接收到体育赛事的信息，更勿论 5G 技术与 VR 技术，使观众足不出户即可身临其境般地观看体育赛事。在一定程度上说，若没有现代技术的发展和介入，现代体育赛事与体育文化就不会风靡全球，成为规模宏大的文化事件。[①] 在现代体育赛事的发展变革中，无论是运动场地、运动配件、训练条件、交通安全还是体育赛事的制作与传播，都被烙上了现代科技的印记。正是借助科技的力量，现代体育赛事才成为世界文明体系中的一抹亮丽风景，而体育赛事的巨大需求又反过来成为科学技术的巨大引擎。因此，体育赛事的公共性得以体现。

三是传播内容：大众文化产品。从宏观来看，经过一个多世纪的努力，体育赛事以一种至高无上的信念将人们集聚在一起，连通不同的文化形态，成为当今世界独一无二的具有巨大能量的文化形态。现代运动体现的是工业文明时期人类的生存与生活方式，以及文化特性。以现代奥运的兴起观之，科技带动下的生产力的提高为其提供了必要的物质条件，文艺复兴、宗教改革与启蒙运动三大变革，为现代奥林匹克扫清了思想障碍，资产阶级的教育改革实践则为其奠定了现实基础。经过一个世纪的发展，现代体育运动已经成为具有独特内涵的文化产品。从微观来看，运动的文化价值是人们与生俱来为追求欢乐欲求的满足而产生的，通过运动具有的身体活动、强健体魄的本质，进而追求人际互动的价值创造，并借由参与或观赏运动来获得乐趣及欲望的满足。体育赛事作为文化产品可以为公众提供精神层面的休闲效益。休闲效益乃是个人接受运动产业的产品或服务过程及服务之后，可以帮助个人改善身心状况或满足个人主观的感受。休闲效益可分为心理效益、生理效益、社交效益及教育效益四个层面。人们不一定可从运动中获得丰富的生活，但运动一定可以提供娱乐效果的文化内容。

（2）体育赛事传播中的公共利益

体育赛事作为公有领域的一面所具有的公共利益，是设置知识产权公有领域的意义再现，具体包括以下内容：

一是社会文化权利。保护公有领域就是保护社会的文化权利，依据《世界人权宣言》的规定，"人人有权自由参加社会的文化生活，享受艺术，并分

[①] 杜利军. 北京奥运会的科技需求 [J]. 中外科技信息, 2002 (8): 18-19.

享科学进步及其产生的福利"。① 知识产权保护的个人私权,将会限制社会公众对智力创作成果的使用,从而损害社会公众的文化利益。② 体育赛事传播过程中形成的知识产权,需要尊重社会公众的社会文化权利,这主要包括两方面,一是对体育赛事节目的获取。传播过程中的体育赛事形成了较高的知识产权保护标准,这会损害社会公众获取体育赛事的权利,增加获取的成本和难度,甚至会造成差别和歧视。二是对体育赛事节目的再创作。保护公有领域是保护创作之源,任由私人对知识进行垄断和独占,将会减损公众创作的源泉。对体育赛事节目而言,再创作既是满足文化创作的权利,又是言论自由的表现。

二是表达自由。我国《宪法》规定,"公民有言论、出版、集会、结社、游行、示威的自由",表达自由是各国普遍认可的宪法赋予的权利,知识产权领域的表达自由包括戏仿创作、新闻报道、商标戏仿、广告宣传等。③ 在体育赛事的传播过程中,对知识产权的保护不得有损公众的表达自由。我国于2022年修改的《体育法》第52条则规定,"未经体育赛事活动组织者等相关权利人许可,不得以营利为目的采集或者传播体育赛事活动现场图片、音视频等信息"。该条款在一定程度上限制了对体育赛事的再表达。因此,体育赛事的公共属性需要允许公民表达自由,保障公民的戏仿创作、评论、交流和学习等。我国著作权法规定了合理使用制度,以确保对知识产权领域专有权的"接触权",即对创作和分享社会财富的参与权。合理使用制度中的个人学习、欣赏、评论、报道、传播、科学研究等皆是表达自由的一部分。

三是公共知识的分享权。任何创作都建立在已有知识的基础上,除了已有的知识以外,还包括公共技术的发展和利用。知识和技术属于公众而非私人,是站在前人肩膀上进行创作而生,必须允许公众对公共知识的分享和接触。在体育赛事的创作过程中,比赛规则、赛事技巧、裁判规则、体育场馆、拍摄技术、剪辑习惯、机位设置、观众喜好、观看体验等内容,都深刻影响着体育赛事节目的创作。确保对公共知识的分享和接触,就意味着对体育赛事的获取和再创作,这能够保障正当利用创作素材的权利,并促进社会文明的进步。

---

① 参见《世界人权宣言》第27条第1款。
② 胡开忠. 知识产权法中公有领域的保护 [J]. 法学, 2008 (8): 63-74.
③ 吴汉东. 知识产权领域的表达自由:保护与规制 [J]. 现代法学, 2016 (3): 3-15.

二、体育赛事领域财产话语的引入

(一) 19 世纪初的财产观念转变

19 世纪末,财产概念出现重大变化,新的财产概念取代了旧有的财产概念,其是非物质性的,无实体的,不是通过支配有体物的权利构成,而是由有价值的利益组成。① 在此之前,19 世纪初的财产被理想化地定义为对物的绝对支配,也就是说,脱离了物就很难讨论财产权。同样地,利用财产的定义就可以推导出其为对物的控制。这种法律概念和法律逻辑,既方便了公众直观地理解财产,同时又便于法院处理财产纠纷和矛盾。但是在法院裁判的个案中,却出现了相当多的例外情形,逐渐开始在个案中对这两种情形进行规避解释,一是财产权对应的无体物,二是对财产权绝对支配的限制。在观念未转变时,大家还普遍认为财产权是源于对有体物的绝对控制而形成的,当出现了一些无形的利益时,如隐私、未公开的私人信件等,仍然需要对其进行财产化保护,从而涉及对财产概念的重新理解。新的财产概念的目光从财产与财产权的关系转移到了人与人之间的法律关系上面,韦斯利·纽科姆·霍菲尔德(Wesley Newcomb Hohfeld)则推动了概念的转变。在布莱克斯通时代,财产与财产权混合在一起,无论是指物本身还是支配物的权利,财产(财产权)只有与物相联系才能存在,霍菲尔德则反对财产(财产权)与物存在任何联系,认为不管有没有有体物存在,财产都是存在的。② 19 世纪财产观念的转变,使得人们对知识产权这一类无形财产权利的理解更深了,同时也开始注意到财产范围扩张所带来的对权利进行限制的必要性。财产观念的转变实际上是法律概念和法律思维的转变,是围绕财产、财产权、物、价值等彼此的关系而展开的。

1. 罗马法时期到 18 世纪末的古典自由主义

在英美法系中,财产的概念是模糊不清的,它有时候指的是所有权的客体,也即物本身,有时候指的是财产权本身,英国《牛津法律大辞典》对"property"的解释即为如此。③ 在不同的场合,如在对财产进行事实描述时,

---

① 王战强. 十九世纪的新财产:现代财产概念的发展 [J]. 经济社会体制比较,1995 (1):35-40.

② Hohfeld W N. Fundamental Legal Conceptions as Applied in Judicial Reasoning [J]. The Yale Law Journal,1917,26 (8):710-770.

③ 戴维·M. 沃克. 牛津法律大辞典 [M]. 北京:光明日报出版社,1988:729.

是物本身，而在法律意义上则为财产权，也即占有、使用、转让等权利。在罗马法时期，由于没有权利的概念，现代人认为是权利的东西，对他们而言就是物本身，此处的物自然仅限于看得见、摸得着的有体物，而不包括现代社会的债券、账户等，更勿论知识产权了。在权利概念出现之后，财产与财产权的关系短暂地厘清了，也即财产是财产权的客体，财产权则是建立在财产上的权利，但在英美法系后续关于财产法的发展中，又混淆了这一关系。英美法系财产法将财产分为"属人财产"（personal property）与"实产"（real property），依据诉讼请求之结果进行分类，前者无法请求返还而仅能请求损害赔偿，例如债权人债权的实现，而后者则可以请求返还特定物之财产。① 可以看出，英美法系中的财产法再次将权利（债权或损害赔偿请求权）与实体物放在一起。托马斯·C.格雷（Thomas Gray）在其著作《财产的解体》一文中指出，英美法系财产法只调整与有体物有关的问题，所谓调整的诉体物问题实际上还是建立在有体物上的权利之上。② 此时，财产法体系仍然能够解决关于有体物及有体物延伸出来的债权等权利问题，彼时仅仅是物权和债权不分。这在以有体物为主要有用物的时代仍然能够维持运作下去，但若是在基金、股权乃至于知识产权等完全与有体物无关的无形有用物出现时，则无可避免地会出现逻辑漏洞。彼时的德国人虽继承了罗马法传统，但却及早地从罗马法中关于财产和物的绝对关系中脱离出来。前述所言，罗马法中也区分有体物和无体物，无体物包括类似现代的权利，而权利依托于有体物，因此其不是指现代的知识产权、股权等无体物。在德国民法典之中，将有体物的财产权利归类为物权，物权的领域不再存在无形财产的问题，而将建立在无体物上的财产归类为债权，在于其充分认识到以后会出现新形式的财产。英美法系中的财产法则包括德国民法典的物权和债权两种类型。

  托马斯·C.格雷之"财产解体"实际上是建立在这样一个逻辑上：早期人对抽象概念的认识不足，而仅能从实体物中联想和想象，因此建立的财产体系无法脱离物而存在，财产和财产权时常混淆在一起。而到了资本主义阶段，传统财产权的概念更加牢固了，这是因为资本主义制度战胜奴隶制度必须依靠财产制度，有体物财产权的直观性，使得财产权成为一种本能的道德权利，而这也成为资本主义战胜封建主义的无穷动力。③ "私人财产神圣不可

---

① 劳森，拉登. 财产法 [M]. 施天涛，等译. 北京：中国大百科全书出版社，1998：19.
② 高新军. 论财产权的解体 [J]. 经济社会体制比较，1994（5）：21-26.
③ 高新军. 论财产权的解体 [J]. 经济社会体制比较，1994（5）：21-26.

侵犯"成为"伟大"的口号和宣言，拥有了对财产的有体占有，就能够实质性排斥国王等封建领主的占有。这是18世纪古典自由主义鼎盛时候的经济现实的反映。彼时的财产大多数是个人享有的房产、土地和工具等有形物，对该物享有财产权利被作为反对封建领主意识形态的工具，这也是自由主义者所倡导的对国家以及公权力的防备以及个人自由平等之实现。但这个现象在19世纪末发生了变化，彼时对人类有用的物不再只是有体物，而是更多地包括了有用的无体物，股票、债券、账户、保险单等构成了现代商业公司的无形财富，承载价值的商业信誉等也成为重要的无形资产。英美法系关于财产的观念已经得以"解体"，但解体后的财产观念是怎样的呢？是将财产法构建的基础从有用的有体物扩展到有用的有体物和无体物吗？显然并不是如此简单。

2. 从布莱克斯通到霍菲尔德的财产概念转变

布莱克斯通将财产概念定义为对物的绝对支配，包括财产与有体物的对应关系以及绝对的权利，主要有两个方面的内容：一是财产是物自身，二是财产是对物的支配权利。正如前文所述，在布莱克斯通时代，即使法院发现了需要保护的无形的利益，也会将其模拟为未来所拥有的物。[①] 在这个意义上，存在两个问题：一是布莱克斯通时代无形物的地位不像现在这样显著，二是布莱克斯通仍然混淆了权利和权利客体。显然，经济社会的发展使得布莱克斯通的理论出现了偏差，法院也逐渐发现某些无形的东西比有体物更值得保护。在此之前，也有对布莱克斯通财产概念的批判，但真正使物在财产法上变得无关紧要的是霍菲尔德提出的权利分析理论。霍菲尔德更加明确地分析了财产法律关系的内容，也即从基本的8个法律关系入手，假定一个人拥有财产，则可以表述为这个人具有"right""privilege""power""immunity"，而不拥有财产的人则是"no-right""disability"，只需要承担"duty"与"liability"。霍菲尔德的法律关系组可以运用在无形的物上，例如行动权中的探视权，也可以是知识产权，一个人拥有了知识产权，就可以拥有排他性的使用权利、使用或不使用的特权（自由），以及可以创设新的法律关系的权力（例如授权他人使用），其他人就没有使用的权利，不能干涉他人使用的义务，当然也就无权授权他人使用了。由此可见，霍菲尔德的财产概念实际上与大陆法系中的请求权体系类似，权利可以类比为请求权，权力则是形成权。权

[①] 王战强. 十九世纪的新财产：现代财产概念的发展［J］. 经济社会体制比较，1995（1）：35-40.

利、特权、权力、豁免可以统称为法律利益，而义务、无权利、无权力、责任可以统称为法律负担，所有法律概念和关系都可以表达为基本概念的组合。[①]

自布莱克斯通至霍菲尔德，财产的概念经历了显著的变革。传统上，财产与物的紧密关联逐渐减弱，转而聚焦于人与人之间的法律关系。物的核心地位显著下降，导致有体物与无体物的界限逐渐模糊。至此，财产观念实现了全面的转型，涵盖了从汽车、机器、土地等实体资产到商标、商业秘密、股权、基金等无形资产的广泛范畴。这种财产观念的自由化、开放化和无边界化，为体育赛事的私有化、体育赛事节目的财产化和版权化提供了坚实的理论基础。然而，财产概念的过度扩张亦带来了概念上的"帝国主义"风险，任何有价值的利益均可能被纳入财产范畴，从而不断拓宽财产的外延，从本研究主题的角度出发，这无疑对公共性构成了潜在的侵犯。

(二) 体育赛事财产话语的引入

体育赛事的财产化是确保其相关权利得以有效保护的重要基础。最初，体育赛事作为公共娱乐活动，并不具备营利性质。然而，随着商品经济的蓬勃发展，体育赛事的观赏价值被转化为一种商品形态，观众需要支付相应费用才可以享受观赏权，从而推动了体育赛事的财产化进程。尽管现代体育赛事的财产内容被纳入知识产权范畴，但其并非一开始即被视为无形的知识财产。事实上，它经历了从公共性到私人财产，再到兼具公共与私人性质的知识产权话语的演变过程。这一转变，从古老的露天武士决斗到物理"隔绝"的围墙，再到法定财产权利的明确，均伴随着技术与观念的变革。技术的中立性意味着其发展并非始终对私人化有利，例如，无加密广播使更多消费者能够观看体育赛事，也为观众提供了轻易获取赛事内容的途径。然而，观念的变化通常对私人利益具有积极影响，这一点从体育赛事经历从公共产品向具有私人性质的财产权利的转变中可见一斑。在此过程中，体育赛事组织的"场所权"发挥了过渡作用，即在技术发展带来的私人拍摄传播体育赛事可能降低门票收入与独家转播权权利金的情况下，实施基于场地财产权或独家使用权的救济措施，以维护私人利益。然而，随着新的传播方式不断涌现，"场所权"逐渐无法应对新的挑战，进而引发了关于体育赛事节目财产话语的深

---

① 王涌. 私权的分析与建构：民法的分析法学基础 [M]. 北京：北京大学出版社，2020：28-49.

入讨论，并最终促成了体育赛事节目版权化，实现了对赛事"财产权"的有效保护。

1. 场所权

体育赛事通常在特定的专用场地中进行，这些场地的进出通常会受到围墙和场馆门的严格管理。这些界限不仅用于明确体育赛事的特定区域（如足球场或游泳池），而且也是实现场地物理隔离、控制更广泛区域入口的重要手段，实际排除非授权人员进入场地的可能性，以及赋予场地拥有者或经营者相应的入场控制权，是构成"场所权"的核心要素。控制入场的权利是一种多样化的权利，通常以接受特定个人或团体在场内合法逗留的条款和条件来实施。此类权利直接基于财产权，特别涵盖了使用财产的权利以及排除他人使用财产的权利。

体育设施的所有权明确区分为公众所有和私人所有两大类别，在使用权上，则分为所有者自用和对外租赁两种方式。普遍情况下，公众所有的体育场馆常被租赁给赛事组织者私人使用。赛事组织者在此情境下通常享有独家使用权，这一权利允许他们依据实际需要，将观众、记者和媒体"限制"在场地之外，并设定相应的条款和条件，以确保观众、媒体及广播机构能合法进入场地。体育赛事组织者的排他性使用权，既可以源于体育场馆的产权（即赛事组织者作为产权持有者），也可以源自与体育场馆所有者签订的专属使用合同。无论是基于产权还是合同，排他性的来源都并非关键。核心要素之一在于，存在一种基于产权的排他性机制，且这种排他性权利具备通过合同进行转让的灵活性。[1] 多个国家的司法实践都承认体育赛事组织者的排他性权利的存在，并在判决中普遍提到"house right"。[2] 确保实现排他性的关键因素之一在于合同的精准起草，这涵盖了体育场馆所有者和体育赛事组织者（当两者并非同一实体时）之间，以及体育赛事组织者与观众之间的法律关系。另一核心要素在于对场地实施有效的控制。对于在开放的公共场所举办的体育活动（如马拉松、山地自行车赛等），仅凭财产权或独家使用权来达成对该区域的全面控制可能存在一定难度。因此，在开放的公共场所举办此类活动时，通常需要向体育赛事组织者授予行政许可，以此作为实现（相对有

---

[1] Adam Lewis, Jonathan Taylor. Sport: Law and Practice [M]. Bloomsbury Professional, 2014: 1119.
[2] German Federal Supreme Court (BGH), 8 November 2005, KZR 37/03 ("Hörfunkrechte"); Dutch Supreme Court (Hoge Raad), 23 October 1987, NJ 1988, 310 (KNVB v NOS); Hoge Raad, 23 May 2003, NJ 2003, 494 (KNVB v Feyenoord); Danish Supreme Court U2004 2945 H and U 1982 179 H.

限的）事实排他性的一种手段。

（1）场所权的内容

体育赛事的"财产化"概念，不仅体现了其蕴含的经济价值，更在法律层面上确保了赛事组织者对体育赛事享有"排他性的占有权"。在体育广播尚未普及之前，赛事组织者最直接的方式是通过管理比赛场所来"占有"体育赛事。他们禁止未购票者入场观赛，并与入场观众签订协议，防止其向场外实时传递赛事信息，这也是多数观赏性体育赛事的通用做法。

"场所权"源自场地所有者对场所的排他性使用权，这一点已在英国及多个欧盟成员国的司法判例中得到了确认，即体育赛事组织者拥有"场所权"。然而，需要明确的是，场所权指的是对比赛场地的财产权，而非对比赛观赏价值的财产权。因此，当比赛在公共场所进行（如马拉松比赛）或他人在赛场外拍摄比赛（如使用无人机或高架设备拍摄）时，"场所权"的适用范围便会受到一定限制。

"场所权"的衍生，其核心驱动力在于体育赛事公共产品商业化的趋势。它利用排他性权力，对原本具有"非排他性"特性的公共产品消费施加限制，通过稀缺性"门票"的售卖来获取收益，并推动商业化进程。但应当注意的是，"门票"仅为"场所权"的外在表现，而非其本质。其权利基础并非物理性的"围墙"，而是基于观念的转变。其保护形式亦呈现多元化，涵盖票务规则、契约行为等。

如前所述，尽管无人机拍摄或架设高台相机可能突破"场所权"的限制，但此类行为至少应被视为不道德。特别是在无形财产观念的背景下，赛事主办方或体育场所管理方明确禁止他人拍摄或传播体育赛事相关信息或画面。从一种合理行为到不合理行为的观念转变，实际上反映了从有形财产到无形财产的观念变迁。公众开始正视体育赛事"信息"所蕴含的某种财产权利，尽管当前尚无法通过知识产权的框架来明确界定，但"场所权"的概念已在一定程度上承担了这一角色。

与知识产权相比，"场所权"在法律未明文规定的情况下，似乎更能使人信服其为一种财产权利。这源于对场所的租赁、管理、安全保卫、观看服务以及体育赛事组织的前期巨大投资。通过"门票""观看规则""票务契约"以及"持证进场的审核"等手段，构建了一种明显的财产权正当性。相较之下，知识产权的正当性基础相对薄弱，这不仅体现在历史地位上，也反映在公众的基本认知中。人们通常被教育未经许可取得他人之物为盗窃，而较少意识到未经许可复制他人作品同样构成侵权。在加入"未经许可进入管制场所"的前提后，前者被视为入室盗窃，而后者则更多聚焦于未经许可或无视警告进入私人场所的行为。

"场所权"的表现形式的内涵也融合了"有形"和"无形"，并且从以"门票"的有形形式向"契约"的无形形式转变。1740 年以前，在英国观看赛马比赛通常是免费的。但随着大批的底层观众涌入赛场，上层阶级开始推动看台的建造并提高门票价格，以限制观赛人数。[①] 随着门票收入的日益增长，体育赛事组织者开始建造专用于体育比赛的场馆。19 世纪 30 年代，大量体育场馆开始在英国涌现，如谢菲尔德的海德公园、曼彻斯特的贝尔维和休姆赛场等。对体育场馆的投资反过来又加强了体育赛事"付费入场"的商业模式，1842 年前后，不仅体育比赛，门票也已经成为各类现场活动的主要收入来源。[②]

在探讨体育赛事节目在版权语境下的权益保护时，我们首先需要明确的是，若不考虑对体育场馆所有权的直接控制，体育赛事主办方在未经授权的情况下，并不享有对体育赛事内容的任何法定绝对财产权利。然而，随着电子、互联网等现代技术的迅猛发展，体育赛事的复现及对外传播对传统的门票收入模式带来了显著冲击。因此，为了维护体育赛事的合法权益，防止未经授权的信息传播，我们亟须依托"场所权"创设新的法律机制。

具体而言，这一机制主要包括以下三种形式：首先，制定票务规则，即在门票上增设相关条款，明确观众在观看体育赛事时不得从事拍摄、传播等行为。以国际足联 2018 年俄罗斯世界杯为例，每张观众入场券均附有通用条款，对拍摄比赛及违约行为的处罚作出了明确规定。即使是免费的公益赛事，也会通过免费取票并在其上附加契约文字或场馆公告的方式，对观众的行为进行限制。其次，对持证人员实施特殊约定。例如，在 2018 年平昌冬奥会中，国际奥委会制定了针对注册人员的数字和社交媒体指南，对注册人员在比赛场地、新闻发布场地携带设备、拍摄内容和发布形式等方面进行了明确的限制或禁止。最后，通过体育场馆的管理章程，明确规定了观众进入体育场馆观看比赛时需要遵守的一系列义务和守则。这些规定旨在确保体育赛事

---

① Borsay P. The English Urban Renaissance: The Development of Provincial Urban Culture c. 1680-c. 17601 [J]. Social History, 1977, 2 (5): 581-603.

② Adrian Harvey. The Beginnings of A Commercial Sporting Culture in Britain, 1793—1850 [M]. Ashgate Publishing Limited, 2004: 246.

的顺利进行，维护体育场馆的秩序，并防止未经授权的赛事信息传播。

(2) "场所权"向"财产权"的过渡

实际上，鉴于"门票"形式之外的其他基于场所权所构建的权利并非绝对的财产权利，而是契约关系，其仅对与赛事主办方等主体签署合同的相对方具有约束力，对第三方则无直接约束力。若第三方在体育场馆之外设置高清相机进行录制并传播，当前法律框架下似乎缺乏直接的请求权基础来制止此类行为。由于体育赛事主办方并不享有法定权利，因此其主要通过契约进行约定。然而，在社交媒体等新兴媒体的冲击下，以及大众创作时代的兴起，传统媒体独占的通路优势已不复存在。因此，在法律上明确界定相关利益方的权利义务关系，尤其是契约当事人的履约能力，显得尤为重要。

假设独家转播方单方面要求赛事主办方保障独家转播的权益，但主办方却无力或无权制止他人未经授权的传播行为，那么体育赛事在互联网时代的商业化将难以实现。在缺乏法定权利（请求权基础）的背景下，如何有效制止第三方未经许可的传播行为，并推动"场所权"向"财产权"的过渡，成为一个亟待解决的问题。"场所权"虽蕴含对实体物的控制权利基础，但并不能被称为现代意义上的财产权，更无法与无形的知识产权相提并论。在此过程中，赛事主办方作为契约的甲方，采用多种权利方式以履行契约约定，即阻止第三方传播体育赛事。这些方式包括但不限于：

一是以运动员的肖像权主张禁止拍摄并传播体育赛事。也即以侵害运动员的肖像权为由禁止场外人进行拍摄，而如果运动员与赛事主办方并没有明确的肖像权专属授权合同，则对于他人拍摄体育赛事进而传播的行为，赛事主办方即失去制止的正当性。特别是在学生赛事等小型体育赛事中，几乎都欠缺赛事主办方与运动员的肖像权或其他运动权能的契约。

二是"放映权限"。在日本学说和判例上，通常将运动员的肖像权和运动场所及其附带设施的管理权合并解释，称之为"放映权限"。不过，此权利的法理基础仍类似于债权契约，通常很难直接对第三方主张。[①] 不过有日本学者认为，若第三人故意侵害此种债权利益，从而具备侵权法之不法行为要件（第三人明知赛事主办方和转播方之间存在转播契约，而在主观上具有侵害此种债权的故意，且损害后果严重。例如，在场馆外架设高性能摄像机，现场放送赛事内容），则可以主张损害赔偿，但是否具有排他禁止权，仍无法

---

① 李扬. 体育赛事相关财产权问题漫谈（兼与日本学说比较）[EB/OL].（2015-10-09）[2024-07-08]. https://mp.weixin.qq.com/s/EjIMWr_hKLNoEpc_2JPLDA.

保证。

三是规约赋权。与契约不同，在一些体育场馆的管理章程或者赛事章程的约定上面，也存在设立权利的内容，但这种非法定的权利能否经得起考验，往往依靠观众的自觉以及对体育场馆的控制来实现。例如，我国台湾地区"新北市各区运动场馆及附属设施使用管理要点"规定，"经核准使用各场馆设施者，应遵守下列规定：……（6）申请使用各场馆设施未获核准前，不得在各传播媒体、宣传海报发布使用场地名称，未经申请不得录像或实况转播"。"高雄市立体育场场地管理自治条例"第15条，也有"除新闻报道外，大众传播事业机关、团体或个人作现场录音、录像或实况传播，应先经体育场馆同意，并缴纳费用后为之"的规定。因此，若赛事主办方在这些场馆安排赛事，则可在租用场地时，要求体育场馆管理者出面制止未经同意的转播行为。但如果赛事所在地为公共场所，或没有相关规约，则会欠缺相关执行上的权利。

2. 财产权

为了避免观众流失，体育赛事组织者更迫切地将体育赛事包装成一种稳定的、可受保护的私有财产，以阻止他人对赛事观赏价值的剽窃。[①] 与许多知识产权客体或其他无形财产权客体的情况类似，要让法院认可一种"空气中的画面"是可被占有的财产并非易事。其中最著名的案例应该是1937年发生在澳大利亚的"维多利亚公园赛马及娱乐场地公司诉泰勒"案。被告人泰勒的房产毗邻原告方的赛马场，于是泰勒许可广播公司2UW在自家院中架设起5米高的观测台，由专人通过望远镜观察并播报现场赛况，从而导致赛马场内的观众人数急剧下降。原告称被告行为侵犯了其财产权及著作权，要求法院禁止被告架设观测台播报其赛场内的赛马活动。澳大利亚高等法院的五位法官最终以3∶2的投票驳回了原告的上诉，且五位法官都发表了各自的意见。同意驳回上诉的莱瑟姆法官认为：

"赛事画面（spectacle）不构成财产。赛事画面不能被'占有'（按照该词通常的意义）……即使有这样一个法律原则去阻止某人通过描述他人制造的赛事画面获利或造成该人损失，后者的权利也只能被比喻为'财产'。对该比喻能否构成非法挪用将取决于现有的法律原则。而法律原则本身不能建立

[①] 本部分讨论的是对"体育赛事"本身享有的财产权，而非对经过拍摄或其他方式制作的"体育赛事节目"享有的财产权。

在这样一个比喻上。"① 由此可见，澳大利亚高等法院不赞同体育赛事的观赏价值可以被认定为一类财产。②

但美国法院的观点则与保守的英、澳普通法相反。早在 1918 年的 INS 案中，美国最高法院便将"新闻消息"认定为"准财产"。该院认为，虽然新闻消息不能受到版权法保护，但可以将其认定为一类"准财产"，以供其创造者对抗相同行业中的竞争者。收集者为收集该新闻消息付出了努力和代价，挪用这些成果、造成收集者的损失以及他人获利，构成不正当竞争行为，衡平法将给予救济。③

随后，在 1932 年的"鲁道夫梅耶电影公司诉百代新闻公司"案中，纽约州最高法院颁布禁令，禁止被告未经授权转播拳击比赛，认为这一行为将侵犯赛事组织者的财产权，但法院并没有公布判决的具体内容。④ 在 1934 年的 A. E. 纽顿案中，被告纽顿在收听其他经主办方授权的电台赛事广播后，未经美国职业棒球大联盟的许可，擅自在其电台节目中详细转述了其中一场比赛的赛况。随后在联邦通信委员会对纽顿个人电台的续牌审查中，有人对其续牌提出异议，称纽顿的上述广播行为违反了美国 1934 年《通讯法》第 325 条 (a) 的规定，即未经许可转播其他电台的节目。联邦通信委员会认为，纽顿的行为"有违公平交易"，构成"事实上的欺诈"以及"不正当利用他人的劳动成果"。⑤

值得注意的是，在电台转播的语境下，美国法院及联邦通讯委员会保护的不是体育赛事的画面，而是对"体育赛事赛况的描述"。这一观点在随后的司法判决中得到了延续。在 1937 年的"二十世纪体育俱乐部诉广播新闻服务"案中，被告试图未经授权转述原告对体育赛事的实况报道，法官认为：被告通过盗用原告广播的实质性内容，无须付出任何成本便从该广播获得利

---

① High Court of Australia, 1937. Victoria Park Racing & Recreation Grounds Co Ltd v. Taylor [1937] HCA 45, (1937) 58 CLR 479.

② 澳大利亚议会随后通过了《1956 年广播电视法》，禁止电视台（但不包括广播电台）利用场外设备播放在澳大利亚举办的需要付费入场的体育赛事或其他娱乐活动的全部或部分。广播电台则与赛场所有人达成了和解协议。参见：Richardson M, Trabsky M. Radio and the Technology of the Common Law in 1930s Australia: Victoria Park Racing v. Taylor Revisited [J]. Griffith Law Review, 2011, 20 (4): 1020-1037. 同样地，英国至今也不认可体育赛事本身是一项"财产"。

③ US Supreme Court, International News Service v. Associated Press, 248 U.S. 215 (1918).

④ Supreme Court of New York State, Rudolph Mayer Pictures, Inc. v. Pathe. News, Inc., 235 App. Div. 774, 255 N. Y. Supp. 1016 (1932).

⑤ Garrett R A, Hochberg P R. Sports Broadcasting and the Law [J]. Ind. LJ, 1983, 59: 155-193.

益。这一行为违反了美国最高法院在 INS 案中的判决,但法院回避了讨论赛事组织者是基于何种财产权享有对其赛事描述的垄断权,仅指出该赛事是私人活动,想要观看必须支付入场费。原告为组织该赛事付出了大量的时间、人力及金钱,其有权通过授予独家播出权收回投资。而被告的行为构成了对原告财产权的非法挪用。法官同时指出,原告也采取了适当的措施保留其权利,包括在门票销售合同中载明:"非经主办方授权,本票购买者或持有者不得拍摄或播出赛事影片。"① 这说明,即使在有合同约束的情况下,美国法院依然倾向于将体育赛事本身认定为一种"财产"。

1938 年的"匹兹堡运动公司诉 KQV 广播公司"案是美国法院对体育赛事授予普通法上的财产权保护的决定性案例。被告 KQV 广播公司是匹兹堡的一家广播电台,其在没有任何授权的情况下,全程实况转播了匹兹堡海盗队的棒球比赛。但海盗队在这之前已将其赛事转播权授予 NBC 电台,二者因此提起诉讼,要求法院禁止 KQV 广播公司未经授权的转播行为。法院认为:"由于球队创造了该比赛,且球队对比赛场地和场内新闻的传播均享有控制权,并有权在赛事发生后的合理时间内控制该新闻的使用……KQV 盗用了海盗队就其赛事相关的新闻、报道及描述所享有的财产权",构成不正当竞争。"② 当被告试图援引"维多利亚公园赛马及娱乐场地公司诉泰勒"一案进行抗辩时,法官认为:英国普通法上没有相同的限制不正当竞争的规则,这不影响本案的判决,由此奠定了美国法就盗用体育赛事内容与其他普通法国家的不同裁判规则。③ 在之后的类似案例中,多数法院都认可这一判决,认为体育赛事组织者就赛事广播享有财产性权益,可以受到普通法的保护。④ 除了美国在普通法上将体育赛事认定为一种"准财产"外,法国、保加利亚、希

---

① Supreme Court of New York State, 20th Century Sport. Club v. Transradio Press Service, 165 Misc. 71 (1937).

② US District Court for the Western District of Pennsylvania, Pittsburgh Athletic Co. v. KQV Broadcasting Co., 24 F. Supp. 490 (1938).

③ High Court of Australia, Victoria Park Racing & Recreation Grounds Co Ltd v. Taylor [1937] HCA 45, (1937) 58 CLR 479 (1927).

④ 其他相同观点的案件:US Court of Appeals for the Seventh Circuit, Johnson-Kennedy Radio Corp. v. Chicago Bears Football Club, Inc., 97 F. 2d 223 (1938); Supreme Court of New York State, Madison Square Garden Corp. v. Universal Pictures Co., 255 A. D. 459, 7 N. Y. S. 2d 845 (1938). 但在 1990 年的"WCVB 电视台诉波士顿体育协会"案中,第一巡回法院又认可了地区法院的裁定——体育赛事组织者无权阻止其他电视台转播在公共街道上举行的马拉松比赛。一般理解是该案并未否定体育赛事本身的财产性质,只是当该体育赛事在公共场所进行且未限制公众观看时,它是具有新闻价值的公共活动,不受财产法的保护。

腊、匈牙利、罗马尼亚等几个欧盟国家则通过专门的体育法授予体育赛事组织者独家开发其组织的体育赛事的权利,范围则更广于普通法上的财产权或著作权、邻接权。[1] 例如,《法国体育法》L.333-1 条规定,"体育联盟和体育赛事组织者是体育赛事开发权的所有者",也即开发体育赛事项目获得的商业利益都是专属于体育联盟和体育赛事组织者的财产。

三、体育赛事节目领域版权话语的引入

无论是前述"场所权"还是其他财产权利,都不能完全避免未经许可的体育赛事传播。因体育赛事自身的公共性,在日益增加的体育产业需求和体育赛事商业化的大趋势下,体育赛事节目版权化逐渐被纳入公众讨论的空间。在体育赛事商业化的历程中,体育赛事产业的商事主体无时无刻不在寻求将体育赛事的公共性变为一种私人性,而最好的办法则是将其纳入"知识产权"财产权利的话语,因其可以对抗任何未经许可的利用行为,只要其未进公共领域且属于知识产权法的保护范围。事实上,体育赛事组织者并非体育赛事节目版权化的主要推手,而是独家转播商迫切要求能有一种权利阻止其他主体转播体育赛事节目,但无论如何,体育赛事组织者作为合同的缔约方,同样也应具备实现合同相对方独家转播利益的能力,而体育赛事节目的版权化对他们都是有利的。体育赛事版权话语乃是体育赛事商业化的必然要求,但过度商业化则会导致公共性的丧失,其既具有产业化的正面效应,也具有过度私人化的负面效应。

(一)体育赛事节目版权话语引入

1. 体育赛事节目的诞生及其市场变局

随着技术的发展,电视转播在 20 世纪 30 年代悄然登场。"二战"结束时,全美只有 7000 台电视机;但到 1950 年,全美已经有 400 万台电视机,商业电台数量也从 1945 年的 9 个增加到 1950 年的 98 个。[2] 激增的观众数量及同行竞争迫使电视台推出更加多元化的节目。1939 年 5 月 17 日,NBC 电视台首次通过电视转播了普林斯顿大学与哥伦比亚大学的棒球比赛,但由于现场

---

[1] Van Rompuy B, Margoni T. Study on Sports Organisers Rights in the European Union [J/OL]. Social Science Research Network, 2014: 60. https://ec.europa.eu/assets/eac/sport/news/2014/docs/study-sor2014-final-report-gc-compatible_en.pdf.

[2] Kevin G. Quinn. Sports and their Fans: the History, Economics and Culture of the Relationship between Spectators and Sport [M]. McFarland & Company, 2009: 201.

只使用了一台摄像机,摄影师只能来回追逐投球手和接球手的动作,拍摄效果差强人意。① 主持人戏称:"希望每个击球手都能打中球,因为那是唯一能拍清楚的东西。"②

直到 20 世纪 60 年代,ABC 电视台的制作人罗恩·阿利奇利用制作综艺节目的经验,创造性地使用九台摄像机同时拍摄,即在球场边线放置加速的车载摄像机,用手持摄像机拍摄关键镜头,同时在球场放置多个户外话筒捕捉现场声音,并使用分镜画面和慢动作回放。他制作的"周一晚橄榄球"最终吸引了每周数百万的观众,成为 ABC 电视台有史以来最受欢迎的节目之一。这一制作模式也开创了体育赛事视听节目现代化制作的先河,将单纯的体育赛事拍摄转型为精良的节目创作,为体育赛事视听节目的版权保护奠定了独创性基础。③ 时至今日,体育赛事节目不仅拥有最佳的拍摄角度、清晰的画质、慢动作回放、解说及字幕等优势,还逐渐加入了 3D、VR 等技术辅助,以提升观众的观影体验。体育赛事节目不断提升的制作水平使其迸发出极大的商业潜力,尤其是在新冠疫情暴发后,观众无须到比赛现场,便能在家中获得良好的观赛体验,从而更加凸显出体育赛事节目远程播出的优势。

2. 体育赛事节目的版权化

随着电视广播的出现及节目制作水平的提升,体育赛事组织者开始就体育赛事寻求另一种财产权保护——体育赛事视听节目的著作权保护。④ 首先,除少数预先编排的舞蹈类体育赛事外,世界各国都认为体育赛事本身不属于作者的独创性表达,不构成著作权法意义上的作品。体育赛事视听节目是来自体育赛事,但又区别于体育赛事的另一种财产权客体。可能由于早期的体育赛事视听节目过于依赖于专业的团体及设备,也可能由于当时人们已经适应了"无形财产"这类客体,所以体育赛事节目的财产属性甚少受到质疑。目前,大多数国家均给予体育赛事视听节目以著作权或邻接权保护,而这主要取决于该国对体育赛事节目的独创性认定。

以美国、欧盟国家为首的大多数发达国家认为:体育赛事节目的拍摄需

---

① 1939 年,美国第一次电视转播体育赛事,在 NBC 播出 [EB/OL]. (2021-05-20) [2024-07-08]. https://www.xcar.com.cn/bbs/photo/96507743/0.htm.

② Garrett R A, Hochberg P R. Sports Broadcasting and the Law [J]. Ind. LJ, 1983, 59: 155-193.

③ Bublick Ariel Y. Are You Ready for Some Football: How Antitrust Laws Can Be Used to Break Up DirecTV's Exclusive Right to Telecast NFL's Sunday Ticket Package [J]. Fed. Comm. LJ, 2011, 64: 223-246.

④ 本书不讨论体育赛事节目可能享有的著作人身权。

运用多台摄像机捕捉细节镜头，体现了摄影师的拍摄技巧、角度选取、画面剪辑等方面的独创性，符合作品最低限度的独创性要求，因此体育赛事视听节目应当作为视听作品保护。① 1965 年 9 月 1 日，美国国家曲棍球联盟（NHL）、职业棒球大联盟（MLB）、国家橄榄球联盟（NFL）的代表在版权法修改的听证会中呼吁：体育赛事组织者为举办体育赛事投入了大量人力及财力，必须依靠门票收入和转播费来收回投资。但由于直播的电视节目不符合美国《版权法》对作品的定义，有线电视可以未经许可任意转播体育赛事节目，这不仅损害了体育联盟的转播权，还减损了体育联盟的门票收益。同时，体育联盟还提出：美国国会在 1961 年的《体育广播法》中授予职业体育联盟打包出售其赛事广播权的权利，但在缺乏版权保护的情况下，职业体育联盟的上述法定权利无法实现。因此，为了保障体育赛事的转播权交易，体育赛事节目必须获得版权保护。这一要求很快得到了国会的支持。此外，美国 1976 年的版权法还修改了对直播节目的固定性要求，该法规定，"正在被传输的包含声音、画面或声音和画面的作品，如果在传输的同时固定了该作品，则该固定构成版权法目的上的'固定'"②，以保护现场直播的体育赛事节目。③

除了将体育赛事节目作为作品进行保护外，也有通过著作邻接权来保护体育赛事节目的例子。④ 意大利在其著作权法中为体育赛事组织者创设了一项新的邻接权——体育赛事视听权，确定体育赛事节目制作者享有视听制品制作者的权利。而根据意大利《著作权法》第 78 条之三的规定，影视图像、视听影像以及序列动态图片等作品的制作者享有复制权、向公众提供权及销售、分配、出借、出租等权利。我国在较长的一段时间内也将体育赛事节目作为录像制品，给予其著作邻接权保护。

(二) 体育赛事节目版权化的成因

体育赛事的财产化不存在预设的道路，相反，其是时代、技术及商业发

---

① 瑞典除外。瑞典上诉法院在一个冰球比赛案中判决冰球比赛的录制品不属于具有独创性的作品。Court of Appeal of Southern Norrland of 20 June 2011, n. B 1309-10.

② 美国《版权法》第 101 条。

③ US Court of Appeals for the Second Circuit, National Basketball Association v. Motorola, Inc., 105 F. 3d 841, 846 (1997).

④ 英国版权法也未区分著作权和邻接权，而是通过著作权保护体育赛事节目。德国则是将体育赛事节目按照独创性程度分为"电影"和"活动图像"，分别给予其著作权保护或邻接权保护。但实际上授予体育赛事节目著作权人或邻接权人的权利大同小异。

展裹挟下的产物。随着体育赛事观赏方式的不断进化，投资人付出的资金、技术、时间成本越来越多，商业化成为体育赛事组织生存发展的唯一路径。即使是有悠久历史以及全球受众的奥林匹克运动会，在坚持非商业化时也几近破产。从 1984 年奥运会转播权首次商业化转让开始，到 2020 年转播权收入在国际奥运会收入中占比高达 73%[1]，体育赛事商业化呈现出必然性的趋势。

而体育赛事的商业化必须以体育赛事的财产化为支撑。如前所述，为了保障自身的经济利益，体育赛事组织者开始寻求对体育赛事的财产权保护。体育赛事的门票收入可以通过场所权以及合同来保护，但随着广播和电视的出现，体育赛事内容必须被单独认定为一项"财产"，从而禁止他人在体育赛场之外使用体育赛事内容。在广播时代，对体育赛事的描述被美国法院认定为一种"准财产"，通过反不正当竞争法进行保护；摄影及电视制作技术开创了体育赛事节目的时代，使体育赛事的观赏价值能够以视听作品的形式获得版权保护。而随着互联网时代的到来以及内容传播方式的多样化，体育赛事节目的著作权也一路扩张，从而确保了体育赛事权利人对体育赛事财产的控制权。时至今日，体育赛事的财产权仍主要表现为各国版权法授予的著作权或邻接权，部分欧洲国家甚至专门创设了体育赛事组织者的"开发权"。在全球保护的背景下，体育赛事的财产化、权利化将是不可逆的。

从实用角度出发，体育赛事的财产化对本国体育产业的发展具有一定的激励效应。据统计，英超、西甲等联赛转播利益持续升高，2026—2029 年，英超联赛国内及国外转播权的价值高达 42 亿美元。[2] 在赛事交易全球化的潮流下，我国对体育赛事节目的法律保护将决定我国体育产业的发展潜力。2019 年，美国职业篮球联赛（NBA）在中国的观众达 5 亿人，腾讯为此花费 15 亿美元购买了 NBA 2020—2025 年在中国地区（不含港澳台）的独家数字媒体权。相较之下，我国本土的优质体育赛事内容较少，仍有较大的发展空间。国务院 2019 年印发的《体育强国建设纲要》提到：要实现我国体育综合实力和国际影响力的大幅提升，使体育产业成为国民经济的支柱性产业；提高我国体育文化的感召力、影响力、凝聚力，传承发扬中华体育精神。而要实现这一目标，我国必须坚持保护体育赛事的财产权，发挥体育赛事财产化

---

[1] 李宪铭, 邱裕新, 吴培协, 等. 古代奥运会的起源与运动赛会商业化机制价值之探讨 [J]. 运动知识学报, 2007 (4)：276-282.

[2] 5 大联赛转播权价值：英超 42 亿第一 & 比法甲多 35 亿, 西甲 22 亿第二 [EB/OL]. (2024-05-23) [2024-07-08]. www.163.com/dy/article/J2T56IM90529AQIE.html.

的激励效应,以促进我国本土体育产业的发展。

(三) 体育赛事节目版权化的效应

商业化是经济社会文化发展的必然要求,体育赛事作为公共产品,在供给上存在公共供给、私人供给以及混合供给三种方式,就公共部门供给而言,容易出现激励性不足、效率低下的情况,而私人供给时,消费者搭便车行为会导致私人部门无法从公共产品的产生中获得报酬,如果私人组织不能从他们生产的公共产品中获得所有收益,那么他们自愿生产公共产品的动力就会不足。因此,体育赛事的财产化以及体育赛事节目的版权化实际上是解决体育赛事的供给问题,以满足社会公众的体育赛事产品需求,而商业化则是一个必然的过程。因此,体育赛事节目版权化确实实现了知识产权制度的激励效应,促进了体育赛事产品的供给,同时也带动了体育相关产品的发展,例如健身、运动服装、运动设备等,最重要的是它实现了广泛的社会效应,提升了公众的身体健康水平以及国际运动赛事的竞争力。

法律的侧面都是利益平衡的艺术。在承认体育赛事财产化的必然性及其激励效果的同时,也必须认识到财产权的天然扩张趋势及其负面效应,过度私人化的直观表现就是体育赛事公共性的丧失带来的消费者福利减损。美国体育赛事财产扩张的例子告诉我们:财产权具有天然的扩张趋势。体育赛事权利人作为财产权扩张的直接受益人,会尽其所能影响立法、司法、行政;而相关的立法、司法以及监管部门也有扩张财产权的惯性,以强化自身影响及地位。公众的权利往往被忽视。放任体育赛事财产权的自由扩张,可能造成观赛途径减少、观赛成本增加、合理使用空间压缩,从而引发资源垄断及寒蝉效应。与欧美等地的情况不同,我国体育赛事节目的保护现状较为特殊。由中央电视台主导的赛事购买确保了公众通过电视免费收看重大体育赛事节目的权利。但考虑到我国年轻观众主要通过互联网消费观看体育赛事内容,电视免费节目对上班族和学生而言是"中听不中用"。而在互联网领域,日益精细的权利划分使得公众不仅要付费收看体育赛事节目,而且合理使用体育赛事节目的空间也被完全压缩。我国的互联网网民数量仍在持续增长,未来将有越来越多的观众通过互联网观看、分享体育赛事节目,在这一层面上来说,保护体育赛事权利人的财产权固然重要,但体育赛事的公共性也不能被抛弃。对此,我国在加强对体育赛事的法律保护的同时,还需要考虑如何保障公众通过互联网免费收看重大体育赛事及合理使用体育赛事节目的权利。

第二章
体育赛事节目法律保护的全球经验

第一节 体育赛事的法律保护

一、体育赛事的可版权性分析

（一）对抗性体育赛事本身不能获得版权法的保护

版权法是保护人类创作成果的法律，如文学、艺术等方面的作品，以促进人类的文化进步。一般来说，对抗性的体育比赛是一个单纯的事实，没有创作的成分，不符合版权法保护的要件。如篮球比赛、足球比赛、游泳比赛等赛事的过程与结果都具有高度的不确定性。因此，对于体育赛事本身，各国法院较为一致地认为其不属于作品，运动员的表现也不属于表演。

在1986年的"巴尔的摩金莺诉美国职业棒球运动员协会"的案件中，美国第七巡回法院认为，棒球比赛由于缺乏足够的艺术价值，不属于版权法的保护对象。[1] 1997年，在"国家篮球协会诉摩托罗拉公司"的案件中，美国第二巡回法院认为，篮球比赛不符合美国《版权法》第102条（a）款的规定，不是版权法意义上的作品。[2] 同年，在加拿大的一个案件中，法院裁定足球比赛与舞蹈编排的概念不符，原因是足球比赛大部分是一系列随机事件。尽管体育赛事的主办者可以享有版权为由阻止任何未经授权的人广播、拍摄或记录赛事，但对抗性体育运动本身则未必可以享有版权保障。[3]

欧盟法院在2011年对"英超联赛案件"的判决中明确表示：[4] 体育赛事

---

[1] Baltimore Orioles, Inc v. Major League Baseball Players Association, 805 F.2d 663 (7th Cir. 1986).
[2] National Basketball Association v. Motorola Inc, 105 F.3d 841 (2d Cir. 1997).
[3] FWS Joint Sports Claimants v. Canada (Copyright Bd.), [1992] 1 F.C. 487, 501 (C.A).
[4] Premier League v. QC Leisure and Murphy v. Media Protection Services Ltd, [2012] 1 CMRL 29.

本身，特别是足球比赛，在任何情况下都不能被列为欧盟版权法意义上的作品。因为它们不是《关于信息社会版权及相关权利的指令》（2001/29/EC）意义上的"作者自己的智力创造"。欧盟法院认为，要被归类为作品，有关主题必须具有独创性，即它是作者自己的智力创造。根据欧盟法院的意见，体育赛事受制于比赛规则，没有为版权法促进文化进步的目的留下"创作"的空间，因此被排除在版权法保护之外。

（二）表演性体育赛事本身有可能获得版权法的保护

倘若将篮球、足球、拳击等归类为对抗性的体育赛事，相对应地，花式滑冰、自由体操等则可归类为表演性（审美型）的体育赛事。这是因为这类运动以美感和艺术成分来决定胜负。2022年的北京冬奥会中，日本花样滑冰选手羽生结弦在场上翩翩起舞，让无数观众为之动容。比赛中，羽生结弦通过编排好的有一定难度的动作、姿势和表情等展示了一定的思想情感，像这样一套给观众带来美感的动作编排具有获得版权法保护的可能性。1999年，英国法院指出，可在观众席前表演的行为作品属于《1988年版权、外观设计及专利权法令》第1（i）条所界定的"戏剧作品"。[①] 受上述裁决及英国判例法传统的影响，审美型的体育赛事因其本身可被视为能够在观众席前表演的行为，属于戏剧作品而得到保护。相比之下，在加拿大《版权法令》中，戏剧作品则被界定为"任何朗诵、舞蹈编排作品或默剧、布景安排或演出形式"，但是一些兼具表演性的运动赛事，如自由体操、花样滑冰等，则可能因具有独创性而成为版权意义上的舞蹈作品。[②] 因此，这类表演性的运动赛事有可能构成戏剧作品或舞蹈作品，从而获得版权法的保护。

二、体育赛事法律保护的依据

体育赛事本身虽不必然是版权法保护的对象，但并不表示体育赛事的转播、节目的制作播放等也不在版权保护之列。世界知识产权组织（WIPO）指出，通信技术的进步彻底改变了体育转播报道，使全球数十亿人能够参与到重大体育赛事壮观和激动的场景中。版权及相关权，尤其是与广播组织有关的权利，是体育与电视及其他媒体之间关系的基础。对大多数体育组织而言，电视、广播和互联网平台等媒体，购买转播体育比赛和相关节目的权利而支

---

① Norowzian v. Arks Ltd（No. 2）[1999] All ER（D）1214.
② FWS Joint Sports Claimants v. Canada（Copyright Board）[1992] 1 F. C. 487（C. A.）.

付的费用,也是他们资助大型体育赛事、翻新体育场馆和促进基层体育发展的资金来源。电视台和媒体机构花费巨资来获得顶级体育赛事直播的专有权。广播公司通过向其他媒体机构出售其独家镜头获得版税,使他们能够投资于昂贵的组织和技术基础设施,这些基础设施涉及向全球数百万球迷广播体育赛事。那么,体育赛事转播及其相关权利归属于谁?事实上,在大部分国家,这些权利义务关系并没有法律规定,一般认为由体育赛事组织者拥有,并根据各自体育市场及商业机制来签订相关授权合同。

(一) 依据一:体育赛事组织者的章程

虽然世界各国大多都认可体育赛事组织者应当享有体育赛事的相关权利,但多数国家都未以法律形式来明确体育赛事组织者的这些权利。为了回应对其权利来源的质疑,体育赛事组织方试图通过章程来"宣示"其对体育赛事享有的一切权利。例如《国际足联章程》明确了体育赛事的权利归属,国际足联、洲足联以及会员协会享有其管辖下的赛事的原始权利,且不受任何限制,权利内容包括财产权利、版权、市场开发和推广权利等。[①] 虽然体育赛事组织者的章程效力得到了不少国家和地区法院的认可,但仍有观点认为体育赛事组织章程并不具有法律效力。体育组织章程是指由体育组织自主制定的、具有一定约束力的规则。由于拥有广泛的会员基础,所以体育组织的章程在其行业领域内具有一定的普遍性和权威性,加上与之相配套的制裁措施,使得体育组织的章程具备一定的法律特征。但由于体育赛事组织不具备立法主体资格,所以其设定的规范不具有普适效力。

首先,不符合权利法定原则。体育赛事组织者享有的"许可他人观看比赛的权利"是一种财产性利益。[②] 而财产权根据其性质的不同,又可以划分为绝对权和相对权。绝对权是指权利人可以请求一般人不得侵害其权利,如物权、知识产权等;相对权是指权利人仅能请求特定人不得侵害其权利,并请求其为该权利内容的行为,如债权。[③] 体育赛事组织者的权利则兼具绝对权和相对权的内容。虽然体育赛事组织者是通过与他人订立合同(即债权)获得

---

① 《国际足联章程》第71条第1款:
国际足联、其会员协会以及各洲际足联为由其管辖的各项赛事和竞赛所产生的所有权利的最初所有者,且不受任何内容、时间、地点和法律的限制。这些权利包括各种财务权利、视听和广播录制、复制和播放版权、多媒体版权、市场开发和推广权利以及无形资产权如徽章和版权。

② 本书暂不讨论体育赛事组织者可能享有的著作人格权。

③ 王泽鉴. 民法总则 [M]. 北京:北京大学出版社,2009:95.

比赛收益,其对比赛场所享有的物权是其获得债权收益的前提。试想如果体育比赛在开放的无主之地进行,而体育赛事组织者无法阻止围观者免费观看、拍摄等"搭便车"的行为,则其不可能获得门票或拍摄收益。因此,体育赛事组织者合同债权的实现,必须依靠一定的绝对权基础。[①] 而绝对权较之相对权的重要区别,在于其创设要求更为严格。由于绝对权需要全体社会成员共同遵守,因此只有国家法定的立法主体,方能创设具有绝对效力的权利类型。例如物权、知识产权等,都只能由国家立法机关通过法律的形式设定,而不得由私人约定产生。体育赛事组织者的权利具有绝对权的性质,因此必须由国家立法机关通过法律创设。

其次,国际体育组织在性质上属于非政府间国际组织,不具有创设国际法的法律资格。国际体育组织通常由多国民间团体联合组成,具有一定的"国际性"。但与由各国政府联合建立的联合国不同,国际体育组织通常根据特定国家的国内法设立,受该国法律约束。以国际奥委会为例,《奥林匹克宪章》第15条规定,国际奥委会的性质是一个"国际性、非政府、非营利性、无限期的组织",从法律地位上来看,国际奥委会在其章程中已明确承认其属于"非政府间的国际组织",而不属于国际法主体,所以其单方制定的章程必然不可能具有国际法效力。

有观点认为,由于国际奥委会具有较高的国际地位,且其章程受到各国政府的普遍认可,所以应当认为其章程具有国际习惯法的效力。[②] 但国际奥委会的例子不能代表所有国际体育组织的情况。当前的国际体育组织数量庞大,不同组织间的影响力、公信力也差异巨大,那么应当如何界定某一国际体育组织的章程是否构成国际习惯法?由于没有制约、协调各体育组织章程的机制,各体育组织的章程可能随意制定规则,从而可能导致各组织的规则制定权失控,损害公共利益。即使将体育组织章程认定为国际习惯法,其在各国国内的实施也取决于该国对国际习惯法的态度,因此其章程实施效果具有较大的不确定性。

最后,国内体育组织属于社团法人,在国内法上同样不具有立法资格。比如,《社会团体登记管理条例》第2条规定,社会团体是指中国公民自愿组成,为实现会员共同意愿,按照其章程开展活动的非营利性社会组织。其法

[①] 除了比赛现场的收益之外,制作完成的体育赛事节目也属于一种无形资产,也需要获得著作权或邻接权等绝对权的保护。

[②] 卢兆民,董天义. 国际奥委会的法律属性 [J]. 体育文化导刊, 2008 (2): 51-52, 59.

律地位相当于社团法人。① 体育组织的内部章程不同于国家立法机关或行政机关颁布的法律法规，仅能规制该组织的内部成员，对其他社会成员则不具有约束力。而体育赛事的相关权利需要具有绝对权的效力，因此体育赛事组织者制定的内部章程不能作为其享有相关权利的法律依据。

(二) 依据二：体育赛事组织者拥有的场所权

场所权（house right）本身并不是一项独立的法定权利，而是法律工作者在实践中用于指代某部分财产权利的称谓。② 一般而言，场所权是指场所的所有人或控制人限制他人进入该场所的权利。③ 场所权来源于场所所有人对场所享有的排他性使用权利，是体育赛事组织者享有一切赛事相关权利的基础。现代的体育赛事通常在全封闭或半封闭的场所举行，如田径赛场、游泳馆等。体育赛事组织者通过行使场所权，可以与入场观赛的观众或媒体签订合同，获得门票、广告及传播等收益，并限制他们在场所内的行为，如观众未经许可不得拍摄、传播比赛画面等。体育赛事组织者既可能是场所的所有人，也可能仅是该场所的使用人。目前很多大型体育场所都属于政府所有，但体育赛事组织者通过授权使用合同，仍然能够获得排他性地使用该场所的权利。

欧盟多个成员国的法院均在其本国判例中确认了体育赛事组织者享有"场所权"。荷兰最高法院裁定荷兰足球协会（KNVB）有权根据"场所权"禁止无线电广播或要求获得报酬，即可以控制进入体育场的观众，并要求入场人员未经许可不得拍摄比赛。因此，凡在 KNVB 比赛场地内，未经该场地控制者同意，广播该体育比赛的行为都属非法行为。但随后，海牙上诉法院在 KNVB 诉 Feyenoord 一案中澄清，荷兰最高法院承认的"场所权"只属于实际控制场地的俱乐部，而不属于赛事联合会，因此主场俱乐部可以独家行使或开发其主场比赛的权利。上诉法院的这一裁决在之后得到了最高法院的支持。④ 同样地，根据德国联邦最高法院的判例法，体育组织者可以援引"场所权"来保护其体育赛事权益。在 Horfunkrechte 一案中，法院认为职业足球俱

---

① 由于我国的体育赛事组织者通常为具有法人资格的社会团体，所以本书仅讨论法人型的体育团体，不讨论非法人型的基层体育团体。

②③ Van Rompuy B, Margoni T. Study on Sports Organisers Rights in the European Union [J/OL]. Social Science Research Network, 2014: 60. https://ec.europa.eu/assets/eac/sport/news/2014/docs/study-sor2014-final-report-gc-compatible_en.pdf.

④ Hoge Raad, 23 May 2003, NJ 2003, 494 (KNVB v. Feyenoord).

乐部（即体育场的所有人或使用权人）有权根据其室内规则禁止在体育场内对其比赛进行录音或拍摄，场所控制人可以将不遵守规则的观众逐出赛场。[1] 奥地利最高法院也根据《奥地利民法典》规定的财产法正式承认了体育赛事组织者的场所权。且该法院特别强调，场所的租赁者在租赁期内享有与场所所有人同等的场所权，即有权决定进入赛场的主体。[2]

虽然场所权能保证体育赛事组织者对场内的拍摄行为进行控制，但仅以场所权作为体育赛事组织者的权利依据存在一定的漏洞。欧盟最高法院在"欧洲足球联盟、国际足球联盟诉欧盟"案中认可了欧盟总法律顾问 Jääskinen 提交的意见，认为体育赛事组织者依据场所权订立的合同只对合同的相对方有约束力，对合同以外的第三人不产生效力。体育赛事组织者可以阻止赛场内未经授权的拍摄行为，但一旦有合同外的第三人未经组织者授权获得了体育赛事的内容，体育赛事组织者将无法依靠场所权阻止该第三人传播。[3] 如前述"维多利亚公园赛马及娱乐场地公司诉泰勒"案中，针对被告架设观测台播报体育场内赛马活动的行为，法院认为，比赛过程本身不属于财产权和著作权的客体，且没有侵权行为发生在原告的管控场所之内，因而驳回了原告的停止侵权请求。由此可见，仅依据场所权或著作权不能完全控制体育赛事的传播行为。

但此类侵权行为有可能受到反不正当竞争法的规制。在1936年的"美国匹兹堡体育公司诉KQL广播公司"案中，被告在场外架设了观测台并同步讲解比赛过程。宾州地区法院认为，被告此举侵犯了原告对其赛事信息享有的财产权，构成不正当竞争。[4] 由此可见，美国不仅保护体育赛事组织者的场所权，同时也将体育赛事本身作为一种有价值的"信息"加以保护。

(三) 依据三：体育法

法国于1984年7月16日颁布了《关于组织和促进体育运动的第84-610号法律》，对体育组织者做出了具体规定。该法历经几度修订，现已编入《法国体育法典》第 L.333-1 条。《法国体育法典》第 L.333-1 条规定，"体育联盟和体育赛事组织者是体育赛事开发权的所有者"。法国最高行政法院在一个

---

[1] BGH, KZR. 37/03 (Horfunkrechte).
[2] Austrian Supreme Court, 4 Ob 313/76; 4 Ob 26/94, 4 Ob 266/01y.
[3] Jääskinen. Opinion of Advocate General Jääskinen in UEFA, FIFA v European Commission.
[4] Pittsburgh Athletic Co. v. KQL Broadcasting Co., 24 F. Supp. 409 (W. D. Pa. 1938).

关于 L.333-1-2 条解释的案件中认为，根据《法国体育法典》第 L.333-1 条的规定，体育联盟和体育赛事组织者是利用这些权利的"所有人"。然而，这种权利的性质仍不确定，虽然法国最高行政法院将其称为财产权，其他人却将其归类为一种与版权相邻或相关的权利。与邻接权一样，这项权利的主要出发点是奖励体育赛事组织者在组织赛事方面的大量投资，这构成了一种有风险的财务承诺。①

《法国体育法典》并未提供组织者投资组合中"开发权"的详尽清单。根据巴黎上诉法院的说法，该"开发权利"的范围包括"每一项以创造利润为目的之经济活动，如果体育赛事不存在，则这些活动就不会存在"。事实上，法国法院对该权利的解释相当广泛，远远超出了版权或邻接权的基本原理所能证明的范围。在司法判决中特别提到了一些权利，如视听权、赌博投注、比赛摄影等。在 2004 年的一项判决中，该权利被解释为包括对赛事中所拍摄的图像的任何形式的使用。② 法院认为，体育赛事的组织者有权授权记录他们组织的所有活动的图像。随后，法院逐渐将体育赛事的商业开发权扩大到体育视听节目层面，甚至包括同意投注的权利。

2008 年，巴黎初审法院认为，体育赛事的开发权允许体育组织者收取其组织赛事获得的所有利润。由于组织网上投注是一项产生收入的活动，与赛事有直接关系，因此，组织网上投注属于体育组织者的商业开发权。虽然被告提起了上诉，但该裁决在上诉中得到维持，法院澄清说，任何形式的经济活动，如果没有体育赛事本身就不会产生利润，都应被视为对体育赛事的利用。③ 在该案中，法院通过提及预防腐败和体育协会在维护和促进体育道德价值方面的作用，证明了对开发权的这种广泛解释是合理的。这种观点经过司法阐述最终获得《法国体育法典》的认可。根据《法国体育法典》的规定，上述组织者对其比赛的权利包括授权对其比赛进行投注的权利。④ 因此，一旦某些在线运营商获得法律（针对线下活动）允许，他们就可以与体育赛事组织者签订协议，以组织本次比赛的投注。这些协议通常还包括补偿条款，其中博彩运营商的补偿约为参与赌博金额的 1%。该协议还规定了运营商在反欺诈检测和预防方面的合同义务。此外，为防止利益冲突，《法国体育法典》要

---

① See Court of Appeal of Paris decision of 28 Mars 2001 (Gemka Productions SA v. Tour de France SA).
② See French Supreme Court (Cour de cassation-Chambre commerciale) decision n. 542 of 17 March 2004 (Andros v. Motor Presse France).
③ See Paris Court of Appeals, 14 October 2009 (Fédération Française de Tennis (FTT) v. Unibet).
④ 《法国体育法典》第 L.333-1-1 条。

求组织者颁布和实施规定,以避免球员和相关方对他们参加的比赛进行投注。

《法国体育法典》也对体育赛事组织者的商业化权利进行了一定的限制。例如,《法国体育法典》第 20 条规定,法定的某些重大比赛应在免费的公共电视上播出。任何电视台记者都可以对体育比赛进行采访报道,而无须获得组织者的批准。体育赛事联盟可以将与职业联赛组织的比赛有关的音像使用权无偿转让给俱乐部;此类权利由职业联赛代表俱乐部独家销售。目前,此选项仅适用于足球领域。2004 年,法国足球总会将视听开发权授予俱乐部和法国职业足球联盟（LFP）。《法国体育法典》还为销售视听权利提供了一个法律框架。例如,视听权利必须通过招标程序进行营销,招标程序应是非歧视性和透明的,法国职业足球联盟必须在其报价中提供其所依赖的定性（电视曝光率、观众等）和定量（报价量）标准,与电视广播公司之间的协议不能持续超过四年等。

除了法国外,保加利亚也在专门的立法中规定了体育赛事的电视和广播权。《体育教育和运动法》第 13 条（3）款规定,"体育俱乐部依照体育联盟自身设定的规则,拥有其组织的体育赛事的电视及广播权"。希腊第 2725/1999 号法律第 84 条（1）款规定:"体育俱乐部或职业体育组织就其组织的体育赛事授权他人通过任何技术手段或措施广播、电视播出或传播。认证的体育联盟对相对应的国家队比赛和希腊杯比赛享有同等权利。俱乐部能将这一权利转让给联盟。"[①] 匈牙利和罗马尼亚也有类似的规定。

我国体育总局制定的部门规章《体育赛事活动管理办法》于 2020 年 5 月 1 日起施行。该管理办法第 18 条规定,体育赛事主办方和承办方享有体育赛事活动的名称、标志、举办权、赛事转播权和其他无形资产权利,有权进行市场开发并获取收益。[②] 囿于规章的法律位阶较低,本规定的形式意义大于实质意义,里面所提及的体育赛事活动的"名称、标志、举办权、赛事转播权和其他无形资产权利受法律保护",无非是重申了一遍原本就由商标法、著作权法等相关专门法律管辖的领域。至于"主办方和承办方进行市场开发依法依规获取相关收益,任何组织和个人不得侵犯",也不过是重复了一遍《民法

---

① Van Rompuy B, Margoni T. Study on Sports Organisers Rights in the European Union [J/OL]. Social Science Research Network,2014:60. https://ec. europa. eu/assets/eac/sport/news/2014/docs/study-sor2014-final-report-gc-compatible_en. pdf.

② 《体育赛事活动管理办法》第 18 条规定:"体育赛事活动的名称、标志、举办权、赛事转播权和其他无形资产权利受法律保护,主办方和承办方可以进行市场开发依法依规获取相关收益,任何组织和个人不得侵犯。"

典》的精神，即任何民事主体的合法权益都应该受到保护。

2022年6月24日，我国《体育法》修订通过，该法第52条规定："在中国境内举办的重大体育竞赛，其名称、徽记、旗帜及吉祥物等标志按照国家有关规定予以保护。未经体育赛事活动组织者等相关权利人许可，不得以营利为目的采集或者传播体育赛事活动现场图片、音视频等信息。"① 2023年1月1日，修改后的《体育赛事活动管理办法》颁布，新增了"徽记、吉祥物、口号"等保护对象，同时亦排除了未经许可以营利为目的采集或者传播体育赛事视听信息的行为，总体上与2022年《体育法》第52条的内容相协调。② 从上述增加的条文来看，我国似乎借鉴了法国法的模式，通过体育法明确了体育赛事组织者的商业开发权。

不过对于该条文仍存在一些疑义。按照法理分析，法律规范的构成包括三个要件：一是假定条件，也即规范的适用前提；二是行为模式，也即允许、授权或禁止某行为；三是法律后果，即违反该法律规范应当承担的不利后果。在上述条文中，从规范适用的条件来看，指的是"在中国境内举办的重大体育竞赛"，还是任何"体育赛事活动"？从规范禁止的行为来看，条文所述采集或者传播体育赛事活动现场图片、音视频行为需"以营利为目的"，如何解释"以营利为目的"？比如，凤凰卫视的记者进场采集或者传播体育赛事活动的现场图片、音视频，按照《著作权法》的规定应属于新闻报道的合理使用，但凤凰卫视是一家在香港上市的跨国传媒商业机构，他们报道新闻必然是以营利为目的。又如，同为球迷的摄影师买票进场观看体育赛事，用手机随手拍摄了一张照片，后将该照片的原件售卖给某杂志社，这样的行为是否都应禁止？又该如何禁止？这就涉及后续第三个问题：法律后果，即如果违反了该规范，该承担何种法律责任？这一系列的疑义都亟须明确。诚然，法律机制通常是应需求而生的，唯有通过了解体育赛事、体育赛事组织的本质，才能更好地了解体育赛事节目的保护，认知体育赛事节目制作过程中的法律选项，并根据产业需求拟定互惠互利的法律规范，让我国的体育产业往更好的方向发展。

---

① 《中华人民共和国体育法（2022）》第52条。
② 《体育赛事活动管理办法》（2023）第25条规定："体育赛事活动的名称、标志、徽记、吉祥物、口号、举办权、赛事转播权和其他无形资产权利受法律保护，主办方和承办方可以进行市场开发依法依规获取相关收益，任何组织和个人不得侵犯。

未经体育赛事活动组织者等相关权利人许可，任何组织和个人不得以营利为目的采集或者传播体育赛事活动现场图片、音视频等信息。

体育赛事活动主办方、承办方应当增强权利保护意识，主动办理商标、专利、著作权等知识产权手续，通过合法手段保护体育赛事活动相关权益。"

第二节　体育赛事节目的版权保护路径

一、体育赛事节目版权保护的不同要求

由于各国政治经济、社会文化的差异，版权法的发展呈现出具有相同功能却建立在不同理论基础之上的形态。大体来说，世界各国的版权法体系可分为版权体系（Copyright System）和作者权体系（Author's Right System）。

版权体系（Copyright System）的国家承袭英国《安妮法》的传统，由功利主义发展而来，以保护出版人的投资利益为导向，法治的重心在于经济利益，电影作品、录音录像制品、广播节目等都较容易得到版权法的保护。如美国、英国、澳大利亚等国家，它们从经济利益的角度出发，认为版权主要针对财产权而言，目的是投资人能得到相应的回报。

作者权体系（Author's Right System）则源自罗马法，如法国、德国、荷兰等国家强调作品必须是作者精神利益的体现，其版权含有人格权与财产权。他们认为著作权保护的目的在于保障作者的天赋人权，注重确保作者对作品的控制，并以作者的人格权为出发点。由于作者的权利源于自然法，而公司、法人无创作的能力，因此不得作为作者。然而电影及类似电影的作品、录音录像制品的制作人、广播节目的制作人等多半为法人，于是作者权传统的国家另设"邻接权"制度予以应对。

对于体育赛事节目可否取得版权法的保护，不同法律传统的国家有不一样的要求，但核心都在于对作品独创性（originality）的认定。遍览国际条约以及各国的版权法，均未对独创性进行定义，而一般由法院在判决中进行阐释。

（一）国际条约对作品独创性标准并无规定

世界上有关著作权保护最为权威的国际条约或多边协定是《保护文学和艺术作品伯尔尼公约》（以下简称《伯尔尼公约》）、《世界知识产权组织版权条约》（World Intellectual Property Organization Copyright Treaty，WCT）和《与贸易有关的知识产权协定》（Agreement on Trade-Related Aspects of Intellectual Property Rights，TRIPs 协定），我国现已全部加入上述条约或协定。《伯

尔尼公约》明确规定，作品表现形式不影响著作权法的保护。① 公约条文在阐述作品构成要件"独创性"时，并未直接给出解释，而是将"独创性"的判断标准授权给各国根据各自的法律体系自行裁量。公约未明确列举作品的特定类别，这一安排暗示了作品形式的多样性和包容性。据此推断，若各国过于严格地提高独创性标准，将导致部分作品无法获得著作权法的保护，则此举将与公约所倡导的基本精神相悖。TRIPs 协定第 9 条第 1 项明确指出，"会员国需要遵循《伯尔尼公约》第 1 条至第 21 条的条款"，这同样表明 TRIPs 协定在独创性标准上未设具体规定，而是与《伯尔尼公约》保持一致——将相关决定权赋予各成员国。此外，WCT 的第 1 条亦明确指出，作为《伯尔尼公约》的特别协议，在著作权保护要件上，WCT 与《伯尔尼公约》保持一致。

(二) 版权体系的国家对作品独创性的态度

在美国，受著作权保护的作品必须符合"独创性"与"固定性"两个要件，独创性亦为作品受保护的先决条件。至于其意义为何，美国《版权法》并未进行阐释。然而依照其国会立法理由可以知悉此乃有意缺漏，目的在于通过法院建立起独创性之认定标准。在 1961 年的一份立法报告中（Register of Copyright's 1961 Report）②，美国当局将"独创性"与"创作性"视为两个密切关联的概念：第一，"独创性"是指作者自身创作而非仅仅抄袭前人作品，并不要求达到专利法所要求的"新颖性"条件。如果作者独立创作，纵使与前任作品一模一样，亦符合"独创性"要件。第二，作品必须含有可察觉的创意成分③。此建议一出即遭到质疑，认为独创性用语过于模糊。美国权威学者 Melville Benard Nimmer 将"独创性"与"创作性"视为两个不同的要素。他将独创性作为上位概念，在其下分别讨论"独立创作"（independence）及"创作性"（creativity）。在讨论"独立创作"及"创作性"内涵前，首先，必须澄清的是"独立创作"与"创作性"属于不同要件，两者并无关联。不能简单地认为某一作品中"创作性"程度高，我们就允许"独立创作"程度低一点，或是某作品具有较高程度的"独立创作"，我们就同意降低"创作

---

① 《伯尔尼公约》第 2 条第 1 款规定："文学、科学和艺术领域内的一切作品皆受保护，且作品的表现形式不影响著作权法的保护。"
② Copyright Office. Register's Report on the General Revision of the U. S. Copyright Law (1961).
③ Paul Goldstein. Goldstein on Copyright, Aspen Publishers, 2005：75.

性"的要求。"独创性"系指,一旦原告证明他并非抄袭,则独立创作此要件的检验就此为止。其次,则是要探讨原告的作品是否有足够的创意。①。具体到关于体育赛事节目的保护,美国国会于1976年所作的就"'即时制作和录制'的内容是否能获得版权保护"的报告认为,体育赛事节目可以被纳入电影作品范畴当中。该报告直接指出,"当一场美式足球赛由四台摄像机拍摄,一名导演指挥四名摄影师的工作,并且选择向公众发送的电子画面及其顺序时,毫无疑问,导演和摄像师的工作构成创作"。②

英国《版权、外观设计及专利法》(1988)第1条第1款规定,著作权是按照本法而存在于下列类别的作品的产权:(a)原创的文学作品、戏剧作品、音乐作品或艺术作品;(b)声音记录、影片、广播或有线广播节目;(c)已经发表的版本的排印编排。③而对于"原创"或者"独创"的定义,英国《版权、外观设计及专利法》却没有明确规定。

参酌美国、英国国内法的规定可知,独创性为著作权保护的要件是明确的,但独创性究竟如何界定,则应交由司法把握。观察美国的司法实践可知,其独创性标准并不高。1991年的Feist Publications, Inc. v. Rural Telephone Service Co. 案(以下简称Feist案)作出了美国有关独创性判断的里程碑式判决。④ 在判断按字母排列的白页索引目录是否具有独创性时,法院一方面承认长久以来的原则,即"著作权法的独创性,仅作者独立创作,并非抄袭他人"。另一方面加上了新的要件必须具有"最低程度的创作性"。至于创作性的标准为何,法院认为,"所要求的创意程度极低,微量即已足够"。而在"美国篮球协会诉摩托罗拉"案中,美国联邦第二巡回法院认为,由于赛事本身就是不可预料的,因此其不能成为版权法保护的客体。但是经过拍摄后的赛事节目因为存在摄像人员对镜头的构思、导演就播放镜头的选择等,所以是"可版权性"的所在。⑤

英国有关"独创性"的界定也体现在其判例当中。1900年的"Walter v. Lane"案⑥中,法院首次提到了独创性。该案中,原告《泰晤士报》的记者

---

① Melville Bernard Nimmer, David Nimmer. Nimmer on Copyright [J]. Matthew Bender, 2008: 2-5.
② Copyright Law Revision, House Report, No. 94-1476. Section 102.
③ Article 1 (1): Copyright is a property right which subsists in accordance with this Part in the following descriptions of work—(a) original literary, dramatic, musical or artistic works, (b) sound recordings, films or broadcasts, and (c) the typographical arrangement of published editions.
④ Feist Pubs., Inc. v. Rural Tel. Svc. Co., Inc., 499 U.S. 340 (1991).
⑤ National Basketball Assoc. v. Motorola, Inc., 105 F. 3d 841 (2nd Cir. 1997).
⑥ Walter v. Lane. (1900) AC539 (House of Lords).

根据著名政治家罗斯博里伯爵（Earl of Roseberry）的公开演讲内容进行记录、修正后刊登在报纸上。被告出版商约翰·雷恩（John Lane）随后出版了《罗斯博里伯爵的感谢与致辞》一书，书上大部分内容基本逐字抄袭了《泰晤士报》的内容。该案中法院认为，记者是这些记录报告的作者，他们付出的工作涉及相当多的智力技能和脑力劳动，"努力、技巧和时间"足以使其满足"独创性"。① 可见，英国《版权、外观设计及专利法》对独创性的要求非常低，作品中如果体现出了作者的劳动与技艺，即可通过著作权获得保护。②

2011年，在一起体育赛事转播案③中，英国法院和欧盟法院在涉及体育赛事节目的争议中重申了该标准。争议起因为：在英格兰经营小酒馆的Karen Murphy女士认为SKY电视台所播出的英格兰足球超级联赛（FAPL）比赛（简称英超足球比赛），电视费用一年1.2万英镑太贵，她便以1万英镑的价格向希腊的技术厂商取得收视盒及译码卡，在英国境内收看希腊广播公司转播的比赛。这些行为引起FAPL及SKY电视台的不满，于是其便在英国对提供译码的厂商及以译码卡观看的店家提起诉讼，主张被告等以营利目的提供收视盒及译码的行为违反了英国著作权法的规定，同时转换信号过程中的复制行为也侵害了其著作权。英国法院判决被告败诉，被告不服，提出上诉。由于涉及欧盟法律之适用，英国上诉法院转请欧盟法院先认定被告的行为是否有违欧盟法律。与英国法院见解类似，欧盟法院指出，英超足球比赛不是作品。作品必须具有独创性，是作者的智力成果。而足球比赛是受比赛规则限制的，没有任何自由创作的空间。不过，基于"独创性特征"（unique and original），开幕式时播放的视频、英超足球比赛的主题曲、预先制作好的重温片段等则可以受著作权法保护。类似的判决在英美法系的加拿大关于冰球赛事直播节目④、澳大利亚关于板球赛事直播节目案件⑤中都有体现。

（三）作者权体系国家对作品独创性的态度

与我国立法体系相近的大陆法系对作品独创性的要求则相对较高。德国法传统观点认为，一项智力成果要成为《著作权法》的保护对象，需要具有

---

① 原文描述为：The effort, skill and time that spent was sufficient to make them original.
② 卢海君. 版权客体论 [M]. 北京：知识产权出版社，2014：106-107.
③ Football Association Premier League v. QC Leisure [2012] EWCA Civ 1708.
④ National Hockey League v. Pepsi-Cola Canada Ltd [1995] B. C. J. No. 311, 92 DLR 4th 349.
⑤ Corporation v. ONeill [2006] HCA 46 at [121].

一定精神层面的内容、表达形式以及独创性，即抽象的、视觉上、听觉上等思想或审美角度内容是构成一项作品的必要条件。德国最高法院曾经在一则判例中指出："美术作品只有达到一定美学水平时，才能够享有《著作权法》上的保护。"[1] 可见在德国法下要成为作品，仅仅投入技巧、劳力或者平均水准的智力活动是远远不够的。根据德国《著作权法》的规定，具有独创性的作品一方面是作者自己创作出来的内容，另一方面则要求该内容应当展示出特别的想象力。对于什么是"特别的想象力"，德国学者雷炳德认为："虽然独创性作品的认定不需要让人们觉得属于'大师级作品'，但是该作者必须投入比自己作品所属领域内普通智力活动更高层级的创作，该创作应该比一般水平的智力劳动更具有独特性。"[2]

不过在欧盟法的影响下，以往对作品保护要求达到"严格高度"的德国《著作权法》重新审视了对独创性的判定标准。例如，在德国《著作权法》中，成果是否受著作权法保护的标准，不受美学或品质判断基准的影响。德国《著作权法》针对不同的作品适用不同的衡量方式：对于传统的文学或者艺术作品，适用严格的创作高度要求；而对于电脑程序、指引目录、相关产品使用说明书等，则适用"单纯的个性"创作高度要求。相比而言，"单纯的个性"标准并不苛刻要求作品的创作高度达到"社会平均水平以上"。所谓的"单纯的个性"，也就是对于目录等作品的独创性只需要达到一枚"小铜币"的高度即可，与审美无关。德国《著作权法》通过区分保护对象，重新设立了对独创性的评判标准，这一方面扩大了著作权法的保护范围，另一方面也缓解了欧盟法的冲击，适应了新时代对新作品的保护需求。

综上所述，虽然英国法、美国法与德国法关于独创性标准的定义有着不同的侧重点，但在其国内法之中皆能够实现逻辑自洽。由于英国法、美国法未设立专门的反不正当竞争法典，因此其通过对智力成果背后的经济和劳动投入的着重保护来实现对竞争秩序的维护。德国法虽然对独创性持有较高要求，但对于未达到一定独创性高度的"非作品"则适用完善的竞争法体系予以保护。[3]

二、体育赛事节目版权保护路径之一：视听作品

视听作品的概念具有较广泛的内涵。在《著作权法》于 2020 年修改之

---

[1] 李伟文. 论著作权客体之独创性 [J]. 法学评论, 2000 (1)：84-90.
[2] 雷炳德. 德国著作权法 [M]. 张恩民, 译. 北京：法律出版社, 2005：113-117.
[3] 张耕, 孙正樑. 论体育赛事节目的独创性 [J]. 电子知识产权, 2018 (10)：12-20.

前，它涵盖了电影作品和以类似摄制电影的方法创作的作品①。而在现行的《著作权法》(2020) 中，视听作品则进一步扩展为电影作品、电视剧作品以及其他相关作品。其显著特征在于其连续性的影像表现。以电影为例，这一连续性的影像表现是通过导演、演员、编剧以及后续的剪接、配音等多方面的合作努力才得以实现，并最终呈现在公众面前的。因此，现代社会的视听作品凝聚了众多创作者的智慧与心血。然而，随之而来的是其著作权的归属问题。以电影作品为例，除了制作人外，导演、编剧乃至演员是否应被认定为版权人？导演的独特手法、编剧的巧妙构思以及演员的个人特质与表演，均能为视听作品赋予独特的风格。在此情境下，是否应肯定参与者的独创性贡献，并认定参与电影制作的特定个体（乃至全体创作者）为版权人？从权利范围的角度审视，视听作品权利人所能主张的权利内容，一直是国际条约及法律修订中讨论的核心议题。

值得注意的是，尽管体育赛事本身不属于作品范畴，原则上不受版权法的保护，但诸如足球比赛等体育赛事的录像节目，在符合一定条件时，通常可以作为视听作品受到版权法的保护。具体而言，当这些视听节目达到版权法所规定的独创性标准时，即具备成为视听作品的资格。例如，在足球比赛的拍摄过程中，所运用的摄像机数量、选择的不同角度和视角等，通常被认为足以体现独创性，从而受到国际条约及版权法的保护。

(一) 国际条约对于视听作品的规定

1. 国际条约中视听作品的概念

视听作品的概念源自《伯尔尼公约》中的"电影作品"，这两者具有概念上的延续性。《伯尔尼公约》规定的作品类型包括"电影作品和以类似摄制电影的方法表现的作品"。视听作品这一概念则首次在 1989 年通过的《视听作品国际注册条约》中出现，该条约将视听作品定义为由一系列固定的带有或不带有伴音的相关画面组成，能够被看到并在伴有声音的情况下能够被听到的作品。但随着现场直播等技术的发展，这一概念逐渐被用来重新界定'以类似摄制电影方法表现的作品'的适用范围，并由此产生了不同的法律含义。在 WIPO 出版的相关版权概念术语表中指出，"视听作品"是文学和艺术作品的非详尽列举中电影作品和以类似摄制电影方法表现的作品的

---

① 以类似摄制电影的方法创作的作品，简称"类电作品"。

简称。① 《伯尔尼公约指南》也认为视听作品是与"以类似摄制电影方法表现的作品"相对应的概念。② 由于《伯尔尼公约》采用了"电影作品"概念，下文仍然沿用此概念，广义上来说，该概念与"视听作品"别无二致。后续的其他国际条约中，都援引了《伯尔尼公约》中的定义，未另行界定视听作品概念。

依照《伯尔尼公约》第2条第1款的规定，"'文学和艺术作品'一词包括文学、科学和艺术领域内的一切成果，不论其表现形式或方式如何……诸如电影作品和以类似电影的方法表现的作品……"③ 因此，《伯尔尼公约》采用了广义的电影作品概念，既包括传统的"电影作品"，也包括通过电视或新媒体等"以类似摄制电影的方法表现的作品"。至于是有声、无声电影，还是纪录片、新闻，无论时间长短，在保护上并无区别。除此之外，《伯尔尼公约》也并未强制要求电影作品固定或不固定，而是交由各国立法自行确定。④ 关于其中固定性的要求，1967年的斯德哥尔摩修正案会议中曾展开讨论。当时广播技术开始蓬勃发展，电视节目的播送出现了"先预录在影片上再播送"和"现场直接广播"两种方式，对前者而言，是已经固定于载体上，而对后者而言，则可以认为是未固定于载体上而通过广播信号进行播送，例如体育赛事直播节目，但就呈现给观众的体验而言两者并无差别。如果坚持视听作品的保护以固定在载体上为前提，则无法保护现场节目的广播。最终会议的一致结论产生为上述第2款的规定。

TRIPs协定直接援引《伯尔尼公约》的规定，其第9条第1款规定了TRIPs协定与《伯尔尼公约》的关系，要求缔约方遵守《伯尔尼公约》第1

---

① 刘春田. 中国知识产权评论 [M]. 北京：商务印书馆，2006：576.
② 保护文学和艺术作品伯尔尼公约指南 [M]. 刘波林，译. 北京：中国人民大学出版社，2002：15.
③ 《伯尔尼公约》第2条第1款规定："文学和艺术作品"一词包括文学、科学和艺术领域内的一切成果，不论其表现形式或方式如何，诸如书籍、小册子和其他文字作品；讲课、演讲、讲道和其他同类性质作品；戏剧或音乐戏剧作品；舞蹈艺术作品和哑剧；配词或未配词的乐曲；电影作品和以类似摄制电影的方法表现的作品；图画、油画、建筑、雕塑、雕刻和版画作品；摄影作品和以类似摄影的方法表现的作品；实用艺术作品；与地理、地形、建筑或科学有关的插图、地图、设计图、草图和立体作品。
④ 《伯尔尼公约》第2条第2款规定："本同盟各成员国得通过国内立法规定所有作品或任何特定种类的作品如果未以某种物质形式固定下来便不受保护。"

条至第 21 条及其附录的问题。① TRIPs 协定援引《伯尔尼公约》条文的重要意义在于适应技术的发展而对相关保护客体和权利作出补充,以弥补《伯尔尼公约》的滞后性。但就"视听作品"的概念定义而言,TRIPs 协定并未作出相应补充而是直接援引,因此 TRIPs 协定的"视听作品"概念与《伯尔尼公约》并无不同。而根据 WCT 第 3 条的规定,WCT 也是援引《伯尔尼公约》第 2 条至第 6 条的规定,② 因此,WCT 对于"视听作品"的概念,仍然适用《伯尔尼公约》的前述规定。此外,欧盟 2006/115/EC《出租及出借权指令》第 2 条第 1 款 C 项所定义的"影片"系指有声或无声的电影作品、视听作品及动画。③ 由此可见,欧盟关于电影或视听作品的概念涵盖范围较《伯尔尼公约》更广泛,其不只包含有声或无声的电影,还包含由电视台所生产的影片、录影带或动画,至于是否应以固定性为前提,则并未提及。

2. 国际条约中视听作品的作者和权利归属

在国际视域下,关于视听作品著作权归属的立法模式,可归纳为以下三种,现以电影作品为例进行阐述。首先,电影著作权模式,即电影作品的著作权归属于电影制作人和原始著作权人,而不涉及导演、剪辑师和摄影师等个体。对于独立于电影本身的作品,如剧本、对话和音乐等,其著作权归属于其他创作者,电影制作人如需使用,则需要通过签署契约取得相应的著作权授权。其次,共同著作权模式,此模式下的电影作品通常被视为由多数创作者共同创作完成。至于共同著作权人的具体确定方式,则由各国的国内法予以规定。在电影作品的使用过程中,电影制作人仍需要获得共同著作权人的许可或授权。最后,法律授权模式,该模式下的电影作品被视为多个作品的集合,依据法律授权,电影制作人获得的是对电影作品的使用权。

《伯尔尼公约》第 14 条之二针对视听作品的作者及其权利归属进行了明确规定,内容涵盖以下要点:首先,关于电影作品的作者归属,第 2 款第 1 项明确指出,电影著作的著作权归属问题由各国国内法自行决定。无论选择

---

① 《TRIPs 协定》第 9 条(与《伯尔尼公约》的关系)规定:"一、各成员应遵守《伯尔尼公约》(1971)第 1 条至第 21 条及其附录的规定。但是,对于该公约第 6 条之二授予或派生的权利,各成员在本协定项下不享有权利或义务。二、版权的保护仅延伸至表达方式,而不延伸至思想、程序、操作方法或数学概念本身。"

② 《世界知识产权组织版权条约》第 3 条(对《伯尔尼公约》第 2 条至第 6 条的适用)规定:"缔约各方对于本条约所规定的保护应比照适用《伯尔尼公约》第 2 条至第 6 条的规定。"

③ 2006/115/EC 欧洲议会及理事会 2006 年 12 月 12 日于知识产权领域的出租、出借权及特定著作邻接权保护指令(修正版本),Official Journal L 37627/12/2006 P.0028-0035。

何种立法模式,均不能违背《伯尔尼公约》的原则。在两国法律规定不一致时,外国电影作品的著作权保护问题需要依据保护国(即进口国)的法律规定执行。其次,关于推定作者授权利用作品,第2款第2项之规定主要适用于未采用电影著作权模式和法律授权模式的国家。根据该条款之规定,对电影制作有所贡献的个体可被视为电影作品的作者,且若无相反或特别约定,应推定这些作者不反对电影制作人为推广电影而利用其作品,包括字幕和配音的制作。但值得注意的是,此推定原则仅限于缔约国法律所认可的"对电影制作有贡献的人",并不适用于本身享有著作权的作者(包括电影作品著作权人及剧本、台词、音乐作品作者等)。此外,该推定还仅限于使用权的推定,不涉及权利转让,且不影响电影制作人与作者之间的法律关系。再次,关于推定同意的形式要求,第2款第3项明确指出,该形式要求由电影制作人的法人或住所(自然人)所在地的缔约国法律确定。然而,存在一项例外规定,即缔约国需要明确该推定原则的形式必须以书面契约或具有相同效力的其他书面形式确定。最后,对于电影作品创作有贡献的作者,其地位与权益亦受到《伯尔尼公约》的保障与尊重。[①]

推定原则之适用,除《伯尔尼公约》第14条特别指明的电影作品作者外,依据本条第3款之规定,不适用于专为电影著作而创作的剧本、台词及音乐之作者,以及电影之主导演,即若某国内法将电影著作之作者界定为参与电影制作的全体人员,但未明确规定剧本、台词、音乐及主导演等是否适用推定原则时,前述四类人员均有权就电影作品独立主张其权益。此外,对于布景设计、服装设计、摄影及剪辑等工作人员,以及演员,若其国内法认定其为电影作品之作者,则同样可适用前述推定原则。《伯尔尼公约》斯德哥尔摩文本(1967)已明确规定,所有缔约国均须纳入此推定原则,但各缔约国仍有权自主规定上述参与电影创作的著作人的收益或报酬。[②]

3. 国际条约中视听作品的著作权

《伯尔尼公约》第14条之二规定,"电影作品著作权人享有与原作者同等的权利,包括前一条提到的权利"。由此可知,电影作品的著作权人享有《伯尔尼公约》第14条规定的权利,包括改编、复制以及发行经过改编或复制的作品,公开表演、有线传播与无线广播权。

TRIPs协定增加了电影作品的出租权。其规定的出租权的保护客体仅限于

---

① 参见《伯尔尼公约》第14条之二。
② 参见《伯尔尼公约指南》第14条之二说明15、16。

计算机程序、电影作品①和录像制品。就电影作品而言，其享有的出租权具有一定的限制，若其出租行为导致出现广泛的复制情形，侵害了权利人的复制权，则缔约方可以不保护该出租权。由此可见，TRIPs 协定规定视听作品出租权的目的，主要仍是防止大量未经授权的复制行为。

WCT 第 6 至 8 条规定了电影作品的发行权、出租权和向公众传播权②。广义上的发行行为包括出卖、出借、出租电影作品的原件或复制件的行为。WCT 第 6 条所承认的发行权，仅限于以移转所有权的方式向公众提供电影作品原件和复制件，尚未规定出借权，出租权则规定在第 7 条中。WCT 的出租权与 TRIPs 协定类似。第 8 条则规定了电影作品的公开传播权，该条款所规定的公开传播权内容较为广泛，主要包括两方面：一是补充《伯尔尼公约》的规定，对所有作品类型的著作权人赋予一般性的"公开传播权"。《伯尔尼公约》中除了无线广播权之外，只针对有限的作品类型才另外提供公开传播的专有权。二是除了任何有线或无线形式的公开传播之外，该条的"公开传播权"也包含了使公众在其各自选定之时间或地点直接获得作品的权利，也即我国规定的"信息网络传播权"，其涵盖了互联网网播、点播等行为。

4. 国际条约中视听作品的邻接权

（1）表演者权

《保护表演者、音像制品制作者和广播组织罗马公约》（以下简称《罗马公约》）中关于表演者的保护规定为第 7 条第 1 款，包括以下内容：一是表演未被固定的部分，表演者享有禁止未经许可录制其表演，以及广播和公开传播其表演的权利；二是表演已经固定的部分，表演者享有禁止未经许可复制、录制有表演的录像的权利。对于录制在录像制品的部分，表演者的禁止权之复制权的前提是，原版的录制未经表演者同意；制作复制品的目的超出表演者同意的范围；违背第 15 条（属于"合理使用"）的目的。

---

① TRIPs 协定第 11 条规定，至少就计算机程序和电影作品而言，一成员应给予作者及其合法继承人准许或禁止向公众商业性出租其有版权作品的原件或复制品的权利。一成员对电影作品可不承担此义务，除非此种出租已导致对该作品的广泛复制，从而实质性减损该成员授予作者及其合法继承人的专有复制权。就计算机程序而言，如该程序本身不是出租的主要标的，则这一义务不适用于出租。

② 《世界知识产权组织版权条约》第 8 条（向公众传播权）规定，在不损害《伯尔尼公约》第 11 条第（1）款第（ii）目、第 11 条之二第（1）款第（i）和第（ii）目、第 11 条之三第（1）款第（ii）目、第 14 条第（1）款第（ii）目和第 14 条之二第（1）款的规定的情况下，文学和艺术作品的作者应享有专有权，以授权将其作品以有线或无线方式向公众传播，包括将其作品向公众提供，使公众中的成员在其个人选定的地点和时间可获得这些作品。

TRIPs 协定第 14 条第 1 款规定了表演者权，但仅限于固定在录音制品上的表演，内容包括禁止未经许可将表演录制为录音制品和复制录制品，以及无线广播和公开传播现场表演。TRIPs 协定规定的表演者权有以下特点：首先，将表演者的现场表演录制在录像制品上，也即视听作品的固定行为以及复制该录像制品的行为并不在 TRIPs 协定保护的范围之内；其次，表演者享有无线广播及公开传播的权利，前提是必须以现场表演为限，而不包括已经录制在录像制品上，并对该录像制品进行无线广播或公开传播。因此表演者对于录制下来的表演，并不能因视听作品的公开上映或公开播送而主张享有权利；最后，TRIPs 协定未规定表演者的出租权，因此出租录像制品无须征得表演者的同意。

《世界知识产权组织表演和录音制品条约》（WIPO Performances and Phonograms Treaty，WPPT）赋予表演者的权利，仅限于录音制品，也即已固定在录音制品上的表演，而不包括固定在录像制品上的表演。其权利内容包括复制、发行、出租以及向公众提供等。[①]

欧盟 2006/115/EC《出租及出借权指令》对于表演者的保护程度高于 WPPT，在未固定的表演部分，不分声音或视听表演，一律赋予录制权和无线广播及公开传播权，在已经固定的表演部分，只有无线广播及公开传播报酬请求权是限于录制在录音制品上的表演，表演者的发行权、出租及出借权则同时包含固定在录音制品和录像制品上的表演。

（2）录像制作者权

国际条约中关于录音制作者权的规定较多，例如《保护录音制品制作者防止未经许可复制其录音制品公约》《罗马公约》与 WPPT 等，在彼时录像技术还并未普及，公约大多不包含对录像制品的规定。涉及录像制品邻接权保护的国际条约主要是 2012 年缔结的《视听表演北京条约》（以下简称《北京条约》）。《北京条约》未采用录像制品这一术语，而是称其为"视听录制品"，具体指的是"活动图像的体现物，不论是否伴有声音或声音表现物，从中通过某种装置可感觉、复制或传播该活动图像"[②]，《北京条约》对"视听

[①] 《世界知识产权组织表演和录音制品条约》第 10 条（提供已录制表演的权利）规定，表演者应享有专有权，以授权通过有线或无线的方式向公众提供其以录音制品录制的表演，使该表演可为公众中的成员在其个人选定的地点和时间获得。

[②] 《视听表演北京条约》第 2 条（定义）：

……（b）"视听录制品"系指活动图像的体现物，不论是否伴有声音或声音表现物，从中通过某种装置可感觉、复制或传播该活动图像。

录制品"制作者的权利保护规定是第 12 条：一是在未订立任何相反合同，并且表演者同意将其表演录制在"视听录制品"中，则表演者的复制发行、出租、提供已录制表演的权利以及广播和向公众传播的权利归"视听录制品"制作者所有，或由其行使，或向其转让；二是此种同意或转让应采用书面形式；三是表演者有获得报酬的权利。《北京条约》该条款规定"视听录制品"的制作者享有或行使一系列权利，这可以禁止未经其许可的相关传播行为。

（3）广播组织权

《罗马公约》第 3 条对"广播"进行了定义[①]，指的是"供公众接收的声音或图像和声音的无线电传播"，因此其既包括声音的传播，也包括图像和声音结合的传播，传播组织则仅限于无线广播组织，仅涉及无线广播信号的保护，这主要受限于公约制定时的技术条件。《罗马公约》规定的广播组织权包括第 13 条规定的广播组织的转播权、录制权、复制权以及向公众传播权。同时第 15 条还规定了复制权的例外，包括私人使用的复制、实时报道中为少量引用而复制、为教学科研目的而复制以及广播组织为了播放广播节目而采用自己的设备的短暂录制。

《关于播送由人造卫星传播载有节目的信号的公约》（以下简称《布鲁塞尔公约》）详尽地界定了广播组织权的相关内容，旨在维护著作权人及邻接权人的合法权益，有效防范信号盗播问题。公约第 1 条对核心概念进行了明确阐释，其中"起源组织"被定义为决定信号所承载节目内容的人或法律实体，而"播送者"则指决定将接收信号向公众或特定公众群体传播的人或法律实体。因此，该公约所指的广播组织，就是负责发射广播节目信号并向公众传播信号的实体，且包括卫星广播在内的广播形式均被纳入国际保护范畴。

公约以保护"起源组织"为核心，对信号与节目内容进行了区分，明确其保护对象为信号本身，而广播节目仅是信号所承载的内容。公约采用了禁止权立法模式，其第 2 条第 1 款要求缔约方采取必要措施，禁止播放者播放非授权信号，特别是针对以下两种情形：一是地面广播组织信号意外被卫星接收并传输至其他非授权地面广播组织进行播放；二是卫星发送的信号被非预定接收的广播组织接收并播放。此外，公约第 3 条还列举了不适用的具体情形，第 4 条则规定了合理使用的条款。

[①] 《保护表演者、音像制品制作者和广播组织罗马公约》第 3 条：
……（六）"广播"是指供公众接收的声音或图像和声音的无线电传播；（七）"转播"是指一个广播组织的广播节目被另一个广播组织同时广播。

TRIPs 协定部分采纳了《罗马公约》的规定。该协定第 14 条第 3 款[①]规定了广播组织享有禁止权,包括禁止未经广播组织许可的录制、复制和以无线广播方式转播以及将其电视广播向公众传播的行为。而若缔约国未规定前述禁止权,则应允许所广播的客体(也即所传播的原作品)的版权所有人阻止前述行为的发生。TRIPs 协定与《罗马公约》第 13 条相吻合。

《世界知识产权组织保护广播组织条约》草案由 WIPO 在 1998 年提出,旨在通过增强广播组织者的权益,以应对信息技术等新型技术快速发展所引发的广播节目盗播现象日益加剧的挑战。该草案针对广播组织权的客体、主体及内容进行了相应的扩展。在广播信号方面,草案明确指出广播组织权保护的客体为信号而非节目,此举在保留《罗马公约》关于无线广播信号的原有规定的同时,也纳入了有线广播信号。在广播组织方面,草案同样涵盖了无线广播组织和有线广播组织,并明确指出对于广播组织的定义并不以行政机关的批准为必要条件。

然而,对于网络广播组织是否应纳入广播组织的范畴,草案在讨论过程中产生了较大的分歧。鉴于网络广播问题的复杂性,许多国家的代表团认为,需要另行制定相关法律以解决网络传播的一系列问题。依据《世界知识产权组织保护广播组织条约有关保护网络广播问题的非强制性附录》(SCCR/14/2)第 2 条第 1 款[②]的解释,所谓广播组织须是在计算机网络上进行广播的行为,是网络与传统广播的结合。[③] 在权利内容方面,《世界知识产权组织保护广播组织条约草案》的规定非常全面:一是该草案保留了《罗马公约》已有的四项权利,并在权利内容上进行了扩充;二是该草案增加了《罗马公约》和 TRIPs 协定所未规定的部分权利,包括发行权、录制后播送的权利和提供已经录制下来的广播节目的权利。所以,该草案大大提升了广播组织权的保护水平。

---

① 《与贸易有关的知识产权协定》第 14 条 [对表演者、录音制品(唱片)制作者和广播组织的保护] 规定:"……三、广播组织有权禁止下列未经其授权的行为:录制、复制录制品、以无线广播方式转播以及将其电视广播向公众传播。如各成员未授予广播组织此类权利,则在遵守《伯尔尼公约》(1971)规定的前提下,应给予广播的客体的版权所有权人阻止上述行为的可能性。"

② 参见 SCCR/14/2 第 2 条第 1 款:以有线或无线的方式,通过计算机网络,利用能为公众中的成员基本同时获取载有节目的信号,播送声音,或图像,或图像和声音,或图像和声音表现物,供公众接收的行为。

③ 胡开忠,陈娜,相靖. 广播组织权保护研究 [M]. 武汉:华中科技大学出版社,2011:119.

(二) 国外对体育视听作品的保护经验

1. 美国体育视听作品保护的经验

随着电视广播的出现及节目制作水平的提升，体育赛事组织者开始就体育赛事节目寻求更稳定的法律保护模式，也即将其作为视听作品进行版权保护。以美国为首的大多数发达国家认为：体育赛事节目的拍摄需要运用多台摄像机捕捉细节镜头，这体现了摄影师在拍摄技巧、角度选取、画面剪辑等方面的独创性，符合作品最低限度的独创性要求，因此体育赛事视听节目应当作为视听作品获得保护。但在体育赛事电视节目的发展初期，是否应赋予体育赛事节目著作权保护、赋予何种权利等，都曾面临不少争议。例如，虽然美国普通法已经确立了将体育赛事的内容视为财产进行保护的规则，但是随着节目制作水平的提升以及体育赛事转播权交易的普遍化，普通法保护已经难以满足体育赛事权利人的要求，权利人开始寻求对体育赛事节目的成文法保护。为此，美国国会在1976年的《版权法》修订过程中对作品固定性要求作了修改，明确"边录边播"也符合版权法上的"固定"要求，同时立法历史表明，体育赛事节目可以作为作品获得版权保护。

（1）体育视听作品是否符合作品的独创性及固定性要求

为获得版权保护，体育赛事组织者要解决的首要问题是体育赛事节目是否符合作品的独创性要求。1965年9月1日，美国职业棒球联盟（MLB）、美国国家曲棍球联盟（NHL）、美式足球联盟（AFL）的代表在版权法修改的听证会中呼吁：体育赛事组织者为举办体育赛事投入了大量人力及财力，必须依靠门票收入和转播费来收回投资。但由于直播的电视节目不符合《版权法》对作品的定义，有线电视可以未经许可任意转播体育赛事节目，这不仅损害了体育联盟的转播权，还减损了体育联盟的门票收益。同时，美国国会在1961年的《体育广播法》中授予职业体育联盟打包出售其赛事广播权的权利，但在缺乏版权保护的情况下，职业体育联盟的上述法定权利无法实现。因此，为了保障体育赛事的转播权交易，体育赛事节目必须获得版权保护。

体育联盟的这一要求最终得到了国会的支持，并没有引起太大争议。美国《版权法》第102条虽然规定了作品的独创性与固定性要求，但与我国纠结于体育赛事节目的独创性高低不同，美国版权法不设立邻接权制度，其作品的独创性门槛较低。1976年，国会在其公布的《版权法修改报告》中认为，"当一场美式足球赛由四台摄像机拍摄，一名导演指挥四名摄像师的工作，并且选择向公众发送的电子画面及其顺序时，毫无疑问，摄像师和导演的工作构成创作"，即认可了体育赛事节目拍摄的独创性。但修改前的《版权法》的固定要求则可能会阻碍直播中的体育赛事节目受到保护，因为从技术层面看，边录边播的体育赛事节目并不构成"已固定"的作品。为解决这一问题，1976年《版权法》专门对"直播"作出了特殊规定，"正在被传输的包含声音、画面或声音和画面的作品，如果在传输的同时固定了该作品，则该固定构成《版权法》目的上的'固定'"，[1] 以保护体育赛事直播新闻报道、现场表演等直播中的作品。

（2）体育视听作品的版权归属

在确定体育赛事节目可以获得版权保护后，业界对体育赛事节目的版权归属也曾产生过争议。根据美国《版权法》的规定，版权应属于"事实上创造了该作品，即将思想固定为有形表达"的一方。一般认为，在无相反约定的情况下，体育赛事节目的版权人是主场球队。在1975年的国会听证中，美国国家广播协会（NAB）代表约翰·森莫也在发言中认可：球队或联盟是版权人，但广播者购买了赛事的播出权。[2] 然而，1976年的《版权法》规定了有线电视转播其他电视节目时具有法定许可，由此产生了可观的版税收益，这使得广播者不甘心"分毫不取"。

于是，NAB在1979年向美国版税法庭提出：赛事节目的制作者（通常是特定广播组织）也应当获得体育赛事节目的部分版税收入。版税法庭拒绝了国家广播协会的要求，认为立法历史表明，体育俱乐部是赛事节目的版权人，除非有相反的合同约定，否则俱乐部应当获得所有版税收入。但在该案的上诉中，联邦上诉法院虽然维持了版税法庭的裁决，也即认可了体育俱乐部是赛事节目的版权人，但同时也认可了广播组织对赛事节目作出了"最低标准"的贡献，可就体育赛事节目享有部分版权利益，并要求版税法庭重新评估利益分配。该法院称，"任何看过ABC周一晚美式足球赛的人都知道……广播员的点评以及即时慢动作回放极大地提高了体育赛事的质量。同样，汇编和剪辑广播节目所付出的努力也可以构成著作权所保护的利益"。最终，广播组织在版税法庭的指引下与体育联盟达成和解，约定将通过合同解决利益分配

---

[1] UNITED STATES, 1998. 17 U. S. C. § 101.

[2] SUBCOMMITTEE ON COURTS, CIVIL LIBERTIES, AND THE ADMINISTRATION OF HOSUE COMMITTEE ON THE JUDICIARY OF JUSTICE OF U. S. CONGRESS, 1975. Copyright law revision: hearings before the Subcommittee on Courts, Civil Liberties, and the Administration of Justice of the Committee on the Judiciary, House of Representatives, Ninety-fourth Congress, first session on H. R. 2223.

问题,但版税收入依然归属于体育联盟,这相当于再度认可了体育俱乐部的版权人地位。[1] 而在实践中,联盟往往会通过合同要求球队及赛事节目的录制者转让其版权。例如,根据 NHL 和 CBS 电视台、Fox 电视台的协议,NHL 将取得由二者录制的赛事节目的版权,由此避免潜在的权利归属争议。

2. 欧洲体育视听作品保护的经验

在欧盟成员国中,通常将足球比赛的视听记录归类为电影作品。虽然电影作品的创作涵盖了众多作者的参与,包括电影导演、剧本作者、改编作者以及音乐作者等,但在实际操作中,这些作者的经济权利往往根据法律规定或通过合同协议的形式,被转让给电影制片人,并按照双方协商的费用进行支付。对体育赛事节目而言,其版权的财产权利通常由体育赛事的组织者持有。若拍摄工作由第三方机构(如广播公司或专业制作公司)承担,则相应的财产权利将以合同的形式授权给体育赛事的组织者(或相关俱乐部、联合会)。对于任何形式的复制、发行或向公众传播视听作品的行为,均需要事先获得权利人的明确授权。任何未经授权的复制、发行或向公众传播的行为,都将构成对版权的侵犯,须承担相应的法律责任。

在 2011 年欧盟法院(EJC)关于 Football Association Premier League Ltd and Others v. QC Leisure and Others[2](FAPL v. QC Leisure)一案作出的裁判中,欧盟法院宣布 FAPL(负责管理英超联赛并组织英超联赛的拍摄)不能对英超比赛本身要求版权。法院经过审慎考量后认为,"版权保护的核心要素在于作品的独创性,这源于作者个人的智力创作。而体育赛事,特别是受比赛规则严格约束的足球比赛,其本质属性并不符合欧盟版权指令中对作品智力创作的界定,因此不能被视为可归入版权保护范畴的智力创作。这是因为此类赛事缺乏为达到版权目的而设定的创作自由空间"。[3] 同时,法院认同"体育赛事因其所蕴含的独特性,以及在一定程度上展现的独创性特征,具备转化为与作品保护相当的可保护客体之潜力。基于这一认识,我们认为体育赛事应获得适当的法律保护,其具体的保护形式和范围应由各国的国内法律规定予以明确和规范"。[4] 因此,欧盟成员可通过邻接权或其他类似形式对体育

---

[1] U. S. Court of Appeals for the District of Columbia Circuit, 1982. National Association of Broadcasters v. Copyright Royalty Tribunal: 675 F. 2d 367, 378 (D. C. Cir. 1982).
[2] EJC Football Association Premier League Ltd and Others v. QC Leisure and Others C-403/08, October 4, 2011 (sport events) (Par. 97-99).
[3] 判决书第 355 至 358 段。
[4] 判决书第 359 段。

赛事予以保护。

尽管体育赛事本身并不受欧盟版权法的直接保护,然而,针对体育赛事所制作的视听作品,却可依据欧盟版权法被视为电影作品并享受相应的保护。欧盟法院强调,作者在创作过程中拥有"自由和创造性的选择",这些选择涉及生产过程的多个方面和不同阶段。特别是在某些司法管辖区,如英国,通常要求作品以有形形式存在。例如,《英国版权法案》(1988)明确规定,电影被定义为通过任何媒介记录、能够基于任何媒介并通过任何手段获取、保存的动态图像。[1]

在体育赛事转播领域,转播组织的转播信号享有明确的法律保障,其权利范畴涵盖了录制权、对录制品的复制权以及通过无线方式重播和公共电视转播的权益。此外,转播信号中包含的图像等内容,亦受到邻接权的保护。基于此,欧盟明确区分了信号与其所承载的内容,并确认信号本身可作为独立对象进行保护。即便在法院认定播放的体育赛事不具备作品保护资格,亦无法作为邻接权客体得到保护的情况下,转播信号依然享受法律保护。欧盟《出租及出借权指令》在遵循《罗马公约》基本原则的同时,进一步扩大了其保护范畴,要求授予转播组织专有权利,包括但不限于对转播的录制、有线或无线传播,以及通过电缆和卫星技术进行的传播。

在 FAPL v. QC Leisure 案中,欧盟法院发现适用转播权可以不要求作品固定下来,体育赛事直播节目的转播既可以取得版权的相关权利,也可以与体育赛事节目视听作品一起保护体育赛事组织者和广播组织的权利。欧盟法院依据《出租及出借权指令》第 7 条的规定,认为体育赛事转播商有权授权或禁止未经许可固定其转播的广播行为,无论广播是有线或是无线传播,抑或是电缆或卫星传输。根据《出租及出借权指令》第 8 条的规定[2],体育赛事的

---

[1] 哈泽尔·卡提,基思·霍金森,周红. 评英国《1988年版权、外观设计和专利法案》对精神权利的保护 [J]. 环球法律评论,1990(2):70-73.

[2] 欧盟《出租及出借权指令》(Directive 2006/115/EC of the European Parliament and of the Council of 12 December 2006 on rental right and lending right and on certain rights related to copyright in the field of intellectual property) 第 8 条(对公众的广播和交流)规定:"1. 成员国应向表演者提供授权或禁止以无线方式广播和向公众传播其表演的专属权利,除非该表演本身已经是广播表演或根据固定物制作;2. 成员国应规定一项权利,以确保在为商业目的出版的录音制品或该录音制品的复制品被用于无线方式的广播或向公众进行任何传播时,使用者支付单一的公平报酬,并确保这一报酬在相关表演者和录音制品制作者之间共享。成员国可以在表演者和录音制品制作者之间没有协议的情况下,规定他们之间分享这种报酬的条件;3. 成员国应规定广播组织拥有授权或禁止以无线方式转播其广播节目以及向公众传播其广播节目的专属权利,如果这种传播是在公众可以进入的地方进行的,则需要支付入场费。"

转播商就其获取的体育赛事节目，亦有权向公众转播。

尽管欧盟尚未设立统一的法律制度来专门保护体育赛事，但在现行法律框架内，体育赛事组织者的投资仍能得到妥善保护。在知识产权制度的范畴内，虽然体育赛事本身不构成作品，但通过录制、传播及网络传播等方式，体育赛事活动仍受到版权及相关权益的保护。此外，欧盟还借助"场地使用权"内的所有权和合同制度，使体育赛事组织者的投资回报获得保障。

三、体育赛事节目版权保护路径之二：邻接权

（一）邻接权的概念与意义

邻接权（neighboring rights）起源于作者权体系的国家，即保护表演者、广播组织者、录音录像制作者等主体的权利。依 WIPO 出版的"版权与邻接权法制相关用语定义"，邻接权定义包括以下内容：一是表演者对其表演的固定、广播或公众传播的权利；二是广播组织对其广播的再广播、固定或复制的权利；三是录音制品的制作者复制录音制品、出版发行其录音制品的复制品的权利。[1] 在遵循作者权传统的国家体系中，这些权利通常被视为对他人作品的利用，进而将该既有作品通过多样化的形式（如表演、录音录像等）进行诠释和传播的行为。邻接权的形成并非基于自然人的个性体现，亦不构成版权保护的核心对象。尽管邻接权与版权在性质上存在差异，但二者之间也有着显著的关联。若以版权作为更广泛的范畴来定义，则邻接权可以被视为版权体系下的一个分支或子概念。

创设邻接权的核心目的在于弥补作者权体系中版权在纯粹财产利益保护方面的不足。由于表演者、录音制品制作者及广播机构等对既有作品进行的新颖诠释，以及其对文化发展的显著贡献，他们应得到相应的保护。1957 年 3 月，联合国科学与文化组织联合伯尔尼同盟，在摩纳哥召开专家委员会，并通过了《摩纳哥草案》。该草案的附属解说书对邻接权创设的意图进行了明确阐述，并提出了以下三个基本方针：一是确保人类精神创作活动的艺术作品能够广泛普及，并符合公众利益；二是推动版权及其相邻接权利的法律体系实现有序且有机的发展；三是促进文学、艺术作品的作者与作品的解释者及

---

[1] 越来越多的国家对表演者、录音录像制作者、广播组织者的传播投入提供权利保障，其中包括：表演者禁止他人未经其同意，将其表演加以固着、直接广播或对公众传播的权利；录音物制作者授权或禁止他人重制其录音物、输入或散布未经其授权而重制的录音物的权利；广播机构授权或禁止他人就其广播加以再广播、固着或复制的权利。

传达者之间建立起积极的合作关系。

(二) 邻接权保护的特殊性

1. 邻接权保护不以独创性为要求

在探讨版权法保护的核心要素时，独创性的存在无疑占据了至关重要的地位。这一要素不仅满足了精神权利说的要求，即作品必须源自人的创造性活动，更重要的是，它明确了作者与作品之间的紧密联系，从而确保了作者对作品所享有的财产权的合法性。然而，在邻接权保护的对象，即表演者的表演、录像制品以及广播组织者的传播等方面，是否同样需要满足独创性的要求，以及作品与制品的区分标准是基于独创性的高低还是有无，这是学界普遍关注且存在争议的问题。

经过深入研究和探讨，我们认为邻接权制度的保护并不以作品的独创性为必要条件。尽管邻接权人在对既有作品进行重新诠释时，不可避免地会融入个人的思想及人格特质，如表演者在诠释歌曲时，会带有自己独特的唱腔、表情及情感，从而使得同一首歌曲因不同表演者的表达而呈现出不同的效果。但是，我们保护表演者的表演，主要是基于其对于人类社会的价值，而非其独创性的高低。对录音录像制作者等而言，亦是如此，我们更关注其投资的经济回报，而非其制作过程中的艺术性高低。

邻接权制度作为版权制度适应技术发展的产物，不仅为现有技术提供了法律保障，更为版权法迎接未来技术挑战提供了法律弹性空间。邻接权制度作为一个开放的体系，仍在不断的发展和完善中，对版权法的发展具有特殊且重要的意义。简而言之，它能为那些由人们独立完成但未达到版权法保护所要求的独创性标准，却与作品密切相关的成果提供必要的法律保护。

2. 邻接权保护与版权保护的关系

《罗马公约》(1961) 的第一条即指出，对表演者、录音制品制作者和广播组织者的保护不会影响对文学艺术作品的保护。[①]《罗马公约》可以说是为我们指明了版权与邻接权各司其职、互不干扰的关系。后续的国际条约，如

---

① 《罗马公约》第1条规定，本公约给予之保护将不变动也绝不影响文学和艺术作品的版权保护。因此，本公约的条款不得作妨碍此种保护的解释。

《保护录音制品制作者禁止未经许可复制其录音制品公约》[①] 以及 WPPT（1996）均作出依据本条约对表演者、录音制品制作者以及广播组织者等邻接权人的保护不得违背、抵触与损害对文学艺术作品的版权保护。TRIPs 协定第 2 条第 2 款规定也明确指出，TRIPs 协定的第 1—4 部分不得违背《巴黎公约》《伯尔尼公约》《罗马公约》以及《关于集成电路的知识产权条约》的规定。

通过上述国际公约条文可以明确，当表演者、录音制品制作者、广播组织机构以及出版物的版式设计者等邻接权人未涉及使用他人作品时，邻接权与版权为两个截然不同的概念，两者之间并无直接联系。然而，通常在邻接权人使用他人作品，如表演、录制等情形中，版权与邻接权之间的权利关系便显得错综复杂。尽管如此，从立法的角度来看，这两类权利仍然保持着清晰的界限。例如，1985 年的《法国版权法》第 15 条第 1 款明确指出："邻接权之行使不得侵犯著作权，本法规定亦不得解释为对著作权人权利的任何限制。"同样地，《日本版权法》第 90 条也规定了邻接权与版权的关系，即"本章（邻接权章）之条款不得解释为影响作者的权利"。至于在实际执行中如何确保这两类权利独立行使且互不干扰，则需要由司法机构根据具体案件进行裁决。

（三）邻接权保护的经验

1. 体育赛事组织者的视听权利保护

意大利政府在其《著作权法》中，为体育赛事组织者正式引入一项新的邻接权，并随后颁布了《关于体育和音像权利的实施法令》，以更具体地界定体育赛事视听权的内容及其权属关系。根据意大利第 106/2007 号法令[②]的相关规定，意大利《著作权法》第 78 条之四特别增设了"体育赛事视听权"（DIRITTI AUDIOVISIVI SPORTIVI）这一条目，明确规定，"本法中关于视听制品的条款，将同样适用于体育赛事的视听内容"。[③] 依据意大利《著作权法》第 78 条之三的相关规定，影视图像、视听影像及序列动态图片等制品的制作者，享有明确的专有权利。这些权利包括但不限于：授权对录像制品进

[①] (1) This Convention shall in no way be interpreted to limit or prejudice the protection otherwise secured to authors, to performers, to producers of phonograms or to broadcasting organizations under any domestic law or international agreement.

[②] 该法令授权政府修订关于通过广播、电视、其他电子通信网络向公众传播和提供体育赛事的法规。

[③] 十二国著作权法编译组. 十二国著作权法 [M]. 北京：清华大学出版社，2011：283

行直接或间接、部分或整体的各类复制行为；授权对制品进行各种形式的销售或分配；授权对制品的原件或复制件进行出借和出租；授权向公众提供制品的原件或复制件①。在体育赛事节目的制作过程中，节目制作人无须证明该节目符合著作权法对于作品的规定，仍可依法利用邻接权保护体育赛事节目，以确保节目权益不受侵害。

依据9/2008号《关于体育和音像权利的实施法令》的规定，体育赛事视听权的涵盖范围已有所扩大。其有效期限为自体育赛事发生之日起的50年内，具体涵盖以下方面：②

①不论以何种方式或形式，临时或永久地，对现场或事先录制的体育赛事节目进行固定或复制；

②向公众传播体育赛事节目的录制件、固定件和复制件，并在公众自主选择的时间和地点提供点播服务；

③通过任何形式（含销售）发行体育赛事的录制品、固定件或复制件；

④提供体育赛事节目的录制件的出租和出借服务；

⑤对体育赛事广播的全部或部分进行固定、解说或复制，以支持赛事的新广播或重播；

⑥为宣传、广告目的使用体育赛事的图像，或将其与赌博、投注等活动结合，并用于相关活动的运营；

⑦以存档为目的，存储体育赛事的固定图像。

《关于体育和音像权利的实施法令》第3条还规定：比赛的组织者（即主场俱乐部）和联赛的组织者（即体育联盟/协会）是体育赛事节目视听作品的共同所有者。③ 这一规定将体育赛事录制品的权利直接授予了体育赛事组织方，④ 而非该录制品的制作人，这与意大利《著作权法》规定的录音录像制作者的邻接权相冲突。于是，该法令第4条（6）款又规定：体育赛事节目的录制品的所有权属于体育赛事的组织者，必要时这一规定优先于意大利《著作权法》第78条之三的规定，也即意大利《著作权法》第78条之四中的体育视听权将剥夺录像制作者对由其首次固定的体育赛事节目的邻接权，并将

---

① 十二国著作权法编译组. 十二国著作权法［M］. 北京：清华大学出版社，2011：283
② Legislative Decree No. 9 of January 9, 2008 on the Regulation of Ownership and Sale of Sports Broadcasting Rights and Relative Distribution of Resources, Italy.
③ Legislative Decree No. 9 of January 9, 2008 on the Regulation of Ownership and Sale of Sports Broadcasting Rights and Relative Distribution of Resources, Italy.
④ 本书暂不讨论主场俱乐部与体育联盟之间的权利划分。

该权利分配给体育赛事的组织者。由于该规定与欧盟的指令相冲突，受到了不少批评。批评者认为，依据欧盟标准的著作权及邻接权制度，体育赛事的授权录制者及传播者已经具备充分的法律手段制止体育赛事节目的非法传播，没有必要为体育赛事组织者专门设定一项"体育赛事视听权"，并造成与欧盟法律的冲突。①

2. 体育赛事录像的法律保护

欧盟多数成员国可以为体育赛事录像提供邻接权保护。欧盟《出租及出借权指令》要求成员国为影片的首次固定者提供邻接权保护，并将影片（films）界定为"有伴音或无伴音的电影作品、视听作品或连续图像"。② 与版权不同，获得邻接权保护的影片无须具有独创性。如果该影片具有独创性，那么其将受到著作权和邻接权的双重保护。影片制作者的权利存续期间为50年，自影片合法发行或传播之日起算。③ 其权利范围包括：①授权或禁止他人以任何方式、任何形式，直接或间接、临时或永久、全部或部分，复制影片的原件或复制件④；②授权或禁止他人以有线或无线方式向公众提供录像的原件或复制件，并使得公众可以在其选定的时间或地点获得录像的原件或复制件⑤；③向公众发行影片原件或复制件的权利。⑥ 显然，在欧盟法的层面上，影片制作者的权利范围小于著作权人的权利范围，影片制作者不享有广播权，无法控制广播电台、电视台对其影片的播放行为。

3. 保护广播组织的广播信号

广播组织就其广播信号享有邻接权的保护。保护信号的主要理由是，广播组织需要向公众传播节目、获得权利和许可证方面的投资回报以及收回运

---

① Van Rompuy B, Margoni T. Study on Sports Organisers Rights in the European Union [J/OL]. Social Science Research Network, 2014: 60. https://ec.europa.eu/assets/eac/sport/news/2014/docs/study-sor2014-final-report-gc-compatible_en.pdf.

② EU, Directive 2006/115/EC of the European Parliament and of the Council of 12 December 2006 on rental right and lending right and on certain rights related to copyright in the field of intellectual property.

③ 英国是特例。英国法只认可影片的著作权（不是邻接权），但在某些情况下影片也可能构成戏剧作品。

④ EU, Directive 2001/29/EC of the European Parliament and of the Council of 22 May 2001 on the harmonization of certain aspects of copyright and related rights in the information society.

⑤ EU, Directive 2001/29/EC of the European Parliament and of the Council of 22 May 2001 on the harmonization of certain aspects of copyright and related rights in the information society.

⑥ EU, Directive 2006/115/EC of the European Parliament and of the Council of 12 December 2006 on rental right and lending right and on certain rights related to copyright in the field of intellectual property.

营成本。基于这一假设，广播组织被授予传输广播信号供公众接收的邻接权，即使信号所承载的内容不是受版权或邻接权保护的作品，也存在对广播信号（电影或视听作品或移动图像）传输的邻接权。

广播组织的权利范围包括禁止他人固定、复制其广播内容，或是通过有线方式转播其广播信号，而不论广播的内容是否受著作权保护。"广播组织"一般是指通过有线或无线方式传输声音或图像和声音供公众接收的组织。《罗马公约》将"广播"定义为"通过无线方式，使公众接收声音或音像的传播"。欧盟《出租及出借权指令》扩大了《罗马公约》中广播组织者权的范围，授予广播组织者固定其广播内容的独占性权利，且将广播的范围扩大为涵盖一切有线或无线方式的传播行为，包括有线电视或卫星电视。同时，《出租及出借权指令》还要求授予广播组织者传播、转播及发行的权利。《欧盟著作权指令2001》进一步将广播组织的复制权扩大为涵盖电子临时复制行为，并增添了一项新的权利——在网上提供相关录制品的权利（making available online）。[①] 此外，欧盟法院还在一项判决中确认，广播组织的邻接权涵盖所有在线转播行为，包括流媒体播放。[②] 如此一来，广播组织者的邻接权基本涵盖了一切传播行为。任何未经授权在另一电视频道或互联网上使用电视广播的行为，都将被视为侵犯邻接权，权利人可以申请禁令及要求赔偿。

在体育赛事节目受保护的情况下，广播组织通常会获得体育赛事联盟或赛事组织者的独家许可，基于双方的合同协议成为广播该赛事的机构。任何未经授权在另一电视频道或互联网上使用电视广播的行为，都将被视为对邻接权的侵犯。

四、体育赛事节目版权保护的合理限制

（一）合理使用制度对体育赛事节目版权的限制

合理使用是版权法的一个概念，即允许人们在某些情况下，无须征求著作权人的同意，就可以使用受著作权保护的已发表的作品。由于版权制度的根本目的在于促进文化的进步，因此在赋予权利人独占权利，作为激励其创作动力的同时，亦应顾及公众利用该作品的需求，以促进社会文化整体发展。合理使用原则需求取下列两项因版权法治而生的风险之间的平衡状态：一方

[①] EU, Directive 2001/29/EC of the European Parliament and of the Council of 22 May 2001 on the harmonization of certain aspects of copyright and related rights in the information society.

[②] ECJ, Case C-607/11, ITV Broadcasting Ltd v. TV Catchup Ltd.

面，若不保护权利人的独占权利，将削弱其创作动力；另一方面，若赋予权利人过度的保护，又将降低其他人获得作品的能力。因此，在保障专有权利的同时，亦须以合理使用作为实现版权法治目的之重要机制。体育赛事节目的版权保护也是这个道理。如今，体育赛事已经不只是参赛队伍之间为了争夺胜利的单纯体育竞技，在体育产业发达地区，体育赛事也扮演着社会公共活动、凝聚社会公共利益的角色。进行赛事报道的新闻机构属于商业机构，而投入大量人力、时间、经济成本的体育赛事组织者同样也属于商业机构。

在体育赛事的视听权授权过程中，一旦体育赛事组织者将相关权利授予某一媒体机构，通常情况下，未获授权的媒体机构将被限制对体育赛事内容进行报道。然而，意大利《关于体育和音像权利的实施法令》第 5 条所定义的"新闻报道权"（Diritto di cronaca）为权利专属与新闻自由之间确定了明确的平衡点。该法令第 5 条第 1 项和第 2 项明确指出："新闻媒体享有对职业联赛中每一场比赛进行报道的权利，同时，这一行为不得侵犯视听权权利人对视听权的正常行使。"这一规定确保了新闻媒体的报道自由，同时也维护了体育赛事视听权权利人的合法权益。[①] 后续条款规定了更多操作性细节，如"符合下列条件可以进行对赛事集锦的播放：（1）在新闻报道中播放；（2）在比赛结束 3 小时后、48 小时内进行播放；（3）每一场比赛的集锦最多播放 3 分钟"。[②] 只要新闻媒体遵守上述规则，那么其通过文字描述、视频集锦等方式报道比赛的行为仍会被认为是在"新闻报道权"范围内实现新闻自由。

在英国，自《安妮法》颁布开始，合理使用的概念即由英国衡平法院（equity courts）的法官以"法官造法"的机制，依循版权法的立法目的"鼓

[①] 原文：Agli operatori della comunicazione e' riconosciuto il diritto di cronaca relativo a ciascun evento della competizione.

2. L'esercizio del diritto di cronaca non puo' pregiudicare lo sfruttamento normale dei diritti audiovisivi da parte dei soggetti assegnatari dei diritti medesimi, ne' arrecare un ingiustificato pregiudizio agli interessi dell'organizzatore della competizione e dell'organizzatore dell'evento.

[②] 原文：E' comunque garantita alla concessionaria del servizio pubblico, limitatamente alle trasmissioni televisive, e alle altre emittenti televisive nazionali e locali la trasmissione di immagini salienti e correlate per il resoconto di attualita' nell'ambito dei telegiornali, di durata non superiore a otto minuti complessivi per giornata e comunque non superiore a quattro minuti per ciascun giorno solare, con un limite massimo di tre minuti per singolo evento, decorso un breve lasso di tempo dalla conclusione dell'evento, comunque non inferiore alle tre ore, e fino alle quarantotto ore successive alla conclusione dell'evento medesimo, nel rispetto delle modalita' e dei limiti temporali previsti da apposito regolamento dell'Autorita' per le garanzie nelle comunicazioni, sentiti i rappresentanti delle categorie interessate e le associazioni dei consumatori e degli utenti rappresentative a livello nazionale iscritte nell'elenco di cui all'articolo 137 del decreto legislativo 6 settembre 2005, n. 206.

励知识分子组织及创作实用之书籍"而逐渐发展出来。① 此后更是于 1911 年制定的版权法中，明确将合理使用原则规定于该法第 2 条第 1 项第（i）款中，允许"任何人为个人学习、研究、评论、批评，或新闻摘述利用之目的而自任何著作中为合理使用（fair dealing）"，至此奠定了合理使用原则之根基。1991 年，在"英国广播公司诉英国卫星广播有限公司案"中②，英国广播公司（BBC）成功获得 1990 年世界杯足球赛的转播权后，发现英国卫星广播有限公司（BSB）在其节目中擅自使用了 BBC 广播节目的片段。鉴于这些片段时长为 14 秒至 37 秒，且在每场比赛后的 24 小时内，BSB 在节目中重复播放了四次，且明确标明了节目来源为 BBC，BBC 遂对 BSB 提起了版权侵权诉讼。

应对此诉讼时，BSB 提出了基于"合理使用"的抗辩。审理此案的法官在判决中引用了丹宁勋爵在"Hubbard v. Vosper 案"中的观点，即"合理使用的定义并非固定不变……然而，简短的摘录结合长篇评论，可能在特定情境下构成合理使用"。法官进一步指出，BSB 在节目中使用的 BBC 版权材料，在质量和数量上均符合新闻报道的常规需求，且为电视新闻报道所必需的。

此案例在体育赛事转播权的法律适用中提出了一个具有挑战性的议题：一方面，转播商为获取世界杯等重大赛事的独家转播权付出了高昂的成本，这一成本基于其能够独占转播权并确保预期的收视率。因此，版权法需要通过限制未经授权的转播行为来保护独家转播商的经济利益。另一方面，公众通过新闻报道等渠道获取世界杯、奥运会等重大赛事的信息，由于这一信息获取权具有显著的公共利益属性，因此需要在法律框架内得到合理保障。

在新西兰，法院在 2007 年 9 月的一个案件中也遇到类似的问题。③ 原告是新西兰 TV3 免费频道的运营商，它成功地中标了 2007 年橄榄球世界杯的转播权。被告 Sky 公司未经许可向用户观众播放了 TV3 的录像节选。这些录像节选的时间很短，大部分不超过 1 分钟。TV3 要求发布禁令，禁止 Sky 公司在特定新闻节目之外使用这些节选。诉讼中的主要问题是，根据 1994 年新西兰《版权法》第 42 条的规定，Sky 公司对这些片段的使用是否属于为报道时事新闻而进行的合理使用。最终，法院要求广播电视媒体每 24 小时仅能用 3 次其他媒体的运动比赛转播，每次要间隔 3 小时，由于被告使用他人转播都没有超过 1 分钟，因此法院并未具体确定合理使用时长。

---

① 谢爱芳. 保护著作权技术措施的法律问题研究 [D]. 厦门：厦门大学，2007.
② British Broadcasting Corp v. British Satellite Broadcasting Ltd [1991] 3 All ER 833.
③ Media Works NZ Limited & Anor v. Sky Television Network Ltd.

（二）反垄断规范对体育赛事节目版权的限制

从优化营商环境的视角出发，反垄断法与版权保护均致力于维护竞争秩序、推动创新，以及提升市场运行效率，从而确保社会公共利益的实现。这两者在目标上相互协同，但也在特定情境下呈现出一定的冲突性。具体而言，版权法旨在保护版权持有者对其作品享有的独占性权利，根据版权法的相关规定，版权持有者有权自主决定是否许可他人使用其作品。然而，当版权持有者滥用其独家许可权，导致市场出现反竞争现象，进而损害消费者利益和市场秩序时，便触及了反垄断法的底线。

在体育赛事节目版权的行使过程中，这一原理同样适用。当前，体育赛事的转播权已成为体育赛事协会/联盟、体育赛事俱乐部、运动员等主体的重要收入来源。但若将转播权的行使过度集中于某一市场主体，导致公众需要付出高昂的成本来观看赛事，则可能构成权利滥用和限制竞争的行为，进而受到反垄断法规的规制。回顾欧美在此领域的立法实践，其目的均为在反垄断法与版权保护制度之间寻找恰当的平衡点，既充分保障版权持有者的合法权益，又有效预防和制止垄断行为的发生。

1. 体育赛事节目版权的授权模式

在反垄断法的框架下，体育赛事节目的版权授权模式主要包括联合销售和专有销售两种方式。联合销售，即体育俱乐部将其转播权统一委托给体育协会/联盟，由后者代表俱乐部进行权利销售。体育协会/联盟往往采取捆绑策略，将所有转播权打包出售给各成员国的广播公司，并按照与俱乐部事先约定的比例分配销售收益。此模式旨在避免俱乐部间在转播权销售上的不正当竞争，保障小俱乐部免受恶意压价，同时提升体育协会/联盟对各成员俱乐部的管理能力。然而，联合销售亦可能限制消费者的选择权，因广播公司获得所有俱乐部比赛的转播权后，消费者可能被迫购买非意向赛事的转播服务。因此，欧盟委员会对联合销售设定了条件，要求销售过程公开透明、限制转播权授权期限（通常不超过三年），并提供不同套餐供多家广播商竞争。

专有销售则是指被许可人在特定区域内独家享有体育赛事转播权，该模式还涉及权利行使时间、传播平台等多方面的限制。地域独占性的专有销售模式不仅受到权利人的青睐，也对体育赛事广播商具有显著吸引力。从权利人角度看，地域限制减少了权利销售数量，从而提高了销售价格，实现了利润最大化；从广播商角度看，地域独占性确保了其在特定市场的份额和观众基础，并通过广告销售回收投资。然而，专有销售要求广播商对付费电视传输进行加密处理，以及通过用户地理位置判断限制非授权区域的在线内容访问。

近年来，非独占许可模式亦逐渐兴起。在此模式下，体育组织者自主开发赛事转播权，并通过多个平台进行分发。该模式是受美国体育产业的启发，如 NBA 通过自有平台播放比赛或授权特定视频网站播放赛事集锦。然而，此模式需要赛事组织者投资额外的基础设施建设，运营成本相对较高，因此并非所有赛事组织者均愿采纳。

2. 体育赛事节目授权模式的反垄断规制

从法律形式的角度审视，体育赛事转播权利的联合出售行为似乎与《欧盟运作条约》（The Treaty on the Functioning of the European Union，TFEU）第 101 条第 1 款关于横向竞争限制的规定相抵触。该条款明确禁止直接或间接协同交易价格或交易条件等可能引发垄断协议的行为。在"博斯曼案"（Bosman case）之后，体育赛事已纳入欧盟法律的监管范畴，因此，体育赛事转播权利的联合出售行为可能违反 TFEU 第 101 条第 1 款的规定。

然而，TFEU 第 101 条第 3 款亦规定了横向竞争限制的例外情形。经过长期实践与深入讨论，体育组织者对赛事转播权的联合出售被认为符合第 3 款的规定。欧洲足球协会联盟（简称欧足联）亦持此观点，认为在符合一定条件的前提下，联合销售模式并不违反欧盟竞争法。这些条件包括：设立联盟中心以保障视听产品的生产或分销过程的质量；提高转播权销售效率并降低俱乐部的运营成本；尤为重要的是，观众消费者能够从中获益，避免重复购买带来的经济负担。为最大限度地减少对市场竞争的限制，体育赛事协会/联盟可对转播权利的销售方式进行适当调整，如缩短转播权利专有期限、限制其适用范围、采用透明的竞标购买流程，并允许俱乐部对尚未售出的转播权利进行单独销售。

对于专有销售的竞争法问题，则在于欧洲"单一数字市场"规则的推行。欧盟委员会主席容克曾说："数字技术的使用能够打破国界，电信、版权、数据保护等没有在单一市场下适用的必要。"若"单一数字市场"得以全面推行，则体育赛事转播权的基于地域的专有性销售模式将被视为违反欧盟竞争法的行为。在 Football Association Premier League Ltd. and Others v. QC Leisure 案与 Karen Murphy v. Media Protection Services Ltd. 案中，欧洲法院裁定英超联盟通过实施"地域专有性"许可协议，禁止被授权方利用技术手段在非授权特定区域内接收赛事信号，此举构成了 TFEU 第 101 条所明令禁止的限制竞争行为。此类地域专有性授权协议造成了成员国之间的价格差异，被视为权利持有人为实现其利益最大化而实施的价格歧视，并割裂了欧盟内部市场。与联合销售模式相比，专有性销售模式并不符合 TFEU 第 101 条第 3 款所规定的豁免条件。鉴于此，英超联盟在相关判决之后，已对转播权销售合同进行了修订，以符合欧洲法院的判决要求。

欧美等国家大多认为，体育赛事节目的转播权应归属于参赛的主场球队，而非体育联盟，因此早期的体育赛事转播协议是由各个球队单独与电视台协商订立的。[①] 例如在 20 世纪 50 年代后期，美国曲棍球联盟（NHL）有 11 支球队与 CBS 电视台签订了赛事播出协议，两支球队与 NBC 电视台签订了播出协议，克利夫兰队甚至推出了自己的电台。[②] 但随着联盟内各支队伍的转播收益差距过大，为了增加联盟整体收益，体育联盟开始控制旗下所有球队的赛事播出安排，并集中出售所有比赛的转播权。1984 年，美国最高法院在"全国大学体育协会案"中判决：体育联盟限制旗下球队播出赛事的行为违反《反垄断法》的规定。[③] 该规则通过阻止联盟内的成员机构相互竞争，阻碍了独立竞争者的竞争自由，并导致赛事转播的价格升高以及产出减少，违反了《反垄断法》第 1 条的规定，构成横向限制协议。

在被法院反复禁止集中销售电视转播权后，[④] 美国国家橄榄球联盟（NFL）直接找到了国会，请求通过《体育广播法》，以豁免对美式足球、棒球、篮球和曲棍球四类职业体育联盟的电视广播权集中销售协议的反垄断法限制。国会经讨论后认为，《体育广播法》仅是反垄断法的一个小范围例外，其目的是公平对待国家橄榄球联盟与其他职业体育联盟，保障联盟内弱队的生存，以确保体育联盟的长久存续，从而保护公共利益。尽管美国司法部认

---

① US Court of Appeals for the Ninth Circuit, 2017. Ninth Inning, Inc. v. DirecTV, No. 17-56119.

② The Committee on Interstate and Foreign Commerce of the 93rd Congress, 1973. H. R. Rep. No. 93-483.

③ US Supreme Court, 1984. National Collegiate Athletic Association v. Board of Regents of University of Oklahoma, 468 U. S. 85.

④ US District Court for the Eastern District of Pennsylvania, 1953. United States v. National Football League, 116 F. Supp. 319. US District Court for the Eastern District of Pennsylvania, 1961. United States v. National Football League: 196 F. Supp. 445.

为该法将损害公众利益并表示强烈反对,但该法还是迅速通过并生效。[1]

体育赛事转播权的集中销售策略导致转播权价格显著上升,进而促使大型电视台,尤其是付费频道,在体育赛事节目的播出渠道中占据主导地位。这一现象进一步提高了体育赛事节目的观看成本。以 NBA 为例,美国观众若欲在线观看 NBA 的赛事,则需要购买每月 30 至 50 美元的"联盟通"服务,但此服务仅涵盖大部分赛事,并不包括本地球队的比赛。依据法律及合同的规定,本地球队的赛事由当地广播公司独家播出,因此观众通常需要额外订阅付费电视服务以观看本地球队的比赛。尽管卫星电视、互联网播出不受《体育广播法》的直接管辖,但体育赛事权利人在这些领域往往沿用免费电视的垄断销售模式,此举对消费者权益构成显著损害。

2019 年,一些观众提起集体诉讼,控告国家橄榄球联盟(NFL)和 DirecTV 的协议违反《反垄断法》第 1 条及第 2 条的规定,美国公众的主要主张在于,体育联盟享受着巨额公共补贴,又从广播协议中获得大笔收益,却不保障公众收看比赛的权利。二审法院认为:由于 NFL 和 DirecTV,以及 NFL 和各支球队之间的协议内容是就卫星电视做出的安排,因此不适用《体育广播法》。NFL 与球队间的协议禁止单独播出行为,将限制各球队之间的竞争以及与 DirecTV 的竞争,构成对节目数量的直接限制,这违反了反垄断法的规定。[2] 国家曲棍球联盟(NHL)、职业棒球大联盟(MLB)也都曾被消费者控告违反《反垄断法》的规定,但都在开庭前与消费者达成了和解,同意提供给消费者单一球队全赛季的节目套餐,并降低赛事节目的价格。[3]

与美国对四大职业体育赛事的反垄断豁免类似,欧盟也同意豁免体育联盟集中出售旗下所有赛事转播权的反垄断责任,但规定联盟必须保证观众能

---

[1] Nathaniel Grow. The enduring power of the Sports Broadcasting Act [C] // Micheal A. Mccann. The Oxford handbook of American sports law. New York: Oxford University Press, 2018: 329-344; US Court of Appeals for the Seventh Circuit, 1996. Chicago Professional Sports Limited Partnership and WGN v. National Basketball Association, 95 F. 3d 593. 但其适用也存在诸多限制,首先是仅适用于这四类职业体育赛事,而不包括大学体育赛事或其他体育赛事。其他赛事的播出协议仍旧适用全国大学体育协会案订立的反垄断法规则;其次是该规定仅适用于"赞助播出"电视,也即通过广告赞助向公众免费提供的电视节目,以及通过有线电视、卫星电视转播上述信号,但不包括点播电视、有线电视、卫星电视以及互联网播出。除此之外,该规定仅适用于联盟与无线电视台订立的协议,但不包括联盟内部的协议。

[2] US Court of Appeals for the Ninth Circuit, 2017. Ninth Inning, Inc. v. DirecTV, No. 17-56119.

[3] US District Court for the Southern District of New York, 2017. Garber et al. v. Office of the Commissioner of Baseball et al., No. 1; 12-cv-03704; US District Court for the Northern District of California, 2015. Robert Gary Lippincott Jr. v. DirecTV Inc. et al., No. 2; 15-cv-09965; US District Court for the Southern District of New York, 2015. Thomas Laumann, et al. v. National Football League, et al., 12-cv-1817 (SAS).

够从集中销售中获益,避免观众因重复购买而增加不必要的支出。此外,欧盟还建议体育联盟通过限制许可的期限和范围、确保竞标过程透明,以降低因垄断销售可能导致的不良影响。[1] 同时,欧盟早在1989年便提出要保障观众免费收看重大体育赛事活动的权利。欧盟当时的《电视无国界指令》[2] 规定:成员国可以采取一定措施,确保辖区内的广播者不独占播出被该国认定为对社会具有重大影响的活动,以避免剥夺该成员国内较大一部分公众通过免费电视的现场直播或延迟播出关注这些活动的可能性。《视听媒体服务指令》第14条延续了这一规定。《视听媒体服务指令》第15条则规定,成员国必须确保对于本国内由特定媒体独家播出的高公众关注度的活动,所有联盟媒体都可以在公平、合理、非歧视的基础上,对该活动进行简短的新闻报道。对此,欧盟的多个成员国均列出了其认为对本国公众有重大影响的体育赛事节目清单。例如,意大利的重大体育赛事节目包括夏季和冬季奥运会、足球世界杯决赛、欧洲冠军杯决赛以及有意大利国家队参加的所有官方足球比赛等。奥地利的这项节目清单更长,涵盖多项橄榄球及板球比赛,体现出浓厚的本国特色。[3]

第三节 反不正当竞争法对体育赛事节目的补充保护

一、体育赛事节目反不正当竞争法保护路径概况

近一个多世纪以来,对反不正当竞争行为的禁止一直被视为知识产权保护的一部分。《巴黎公约》规定,"第1条(2)工业产权的保护对象有专利、实用新型、工业品外观设计、商标、服务标记、厂商名称、货源标记或原产地名称,以制止不正当竞争"。"第10条之二(1)本联盟国家有义务对各该国国民保证给予制止不正当竞争的有效保护。(2)凡在工商业事务中违反诚信原则的竞争行为构成不正当竞争行为"。根据《巴黎公约》的规定,成员国

---

[1] 张惠彬,刘迪琨. 体育赛事转播权的法律规制与运营模式:来自欧洲的经验及启示 [J]. 天津体育学院学报, 2018, 33 (2): 122-130.

[2] 该指令在2007年后更名为《视听媒体服务指令》。

[3] Hylton J G. The Over-protection of Intellectual Property Rights in Sport in the United States and Elsewhere [J]. J. Legal Aspects Sport, 2011 (21): 43.

必须对违反诚信的不正当竞争行为提供法律救济。在履约过程中，目前主要有三种立法模式：①专门立法模式，如中国、奥地利、日本、丹麦、比利时、韩国、西班牙等国家；②基于一般的侵权法原理、司法案例和商业秘密法，特别是法国、意大利和荷兰。③上述两种方法的结合，比如美国、英国通过普通法的假冒之诉（Passing Off）规制虚假陈述损害商誉的行为；美国还通过商标法扩展到各类混淆、淡化行为的处理，以及在州层面出台了商业法、消费者保护法等法律来提供立体化的保护。

在体育赛事节目的保护领域，反不正当竞争法为体育赛事组织者提供了一种有效的救济手段，以确保其免受不正当竞争行为的侵害。这些不正当竞争行为包括但不限于未经许可擅自盗播权利人的节目，以及通过隐性营销手段即搭便车的方式在各类商品/服务宣传中误导消费者，混淆其产品和服务来源，以获取与体育赛事相关的商誉。鉴于体育赛事的商业利益具有极强的时效性，例如奥运会的赛程通常仅持续20天左右，版权或其他知识产权的执法程序可能无法及时有效地应对此类非法行为。实际上，体育赛事组织者向法院提起诉讼所需要的时间往往远超赛事的持续时间，而在这一过程中，侵权者可能已经实现了其追求的商业利益。此外，由于在不同国家寻求版权保护需要证明节目是否符合版权法的独创性要求，这常常使得版权保护路径面临诸多阻碍，因此，反不正当竞争法为体育赛事组织者提供了一种新的、更为合适的保护渠道。

在法律适用层面，反不正当竞争法扮演着补充性的角色。具体而言，原告在面临版权侵权问题时，固然可以同时提起版权侵权与反不正当竞争之诉，然而，在版权法已有明确规定的情境下，应优先适用版权法。当版权法未能涵盖相关情形时，反不正当竞争法方可作为补充手段加以适用。同时，版权法与反不正当竞争法在适用上存在一定差异。体育赛事组织者若要获得版权法的保护，需要遵循一系列法定程序，如作品的认定等，而反不正当竞争法则无此类前置要求。此外，版权法在制止侵权行为方面展现出较为严格的保护力度标准，而反不正当竞争法在认定侵权时还需要考量竞争关系的存在，因而对于不正当竞争行为的判定存在一定的不确定性。从全球范围来看，各国的反不正当竞争法在保护体育赛事方面并未设立特定的规定或保护标准，保护形式和力度也因国家法律体系的不同而有所差异。这一现象在成文法国家和普通法国家中尤为显著，前者对于反不正当竞争行为的规制更为严格，而后者对于此领域的干预则相对较少。

二、体育赛事节目保护中反不正当竞争法的适用

(一) 判例法国家中反不正当竞争法的适用

在美国，对不正当竞争行为的规制主要体现在各州的普通法，以及联邦的商标法、版权法和虚假广告法规等相关领域。不正当竞争行为主要包括通过欺骗性或不正当商业行为对企业造成经济损害的侵权行为，主要分为两大类：①不公平竞争，指那些旨在使消费者混淆产品来源的侵权行为（也称为欺骗性贸易行为）；②不公平的贸易行为，包括所有其他形式的不正当竞争。不正当竞争的两个常见例子是商标侵权和盗用（misappropriation），而在盗用问题中经常涉及形象权。在 1918 年的 INS 案中，美国最高法院将体育类"新闻消息"认定为"准财产"。该院认为，虽然新闻消息不能获得版权法保护，但可以将其认定为一类"准财产"，以供其创造者对抗同行业中的竞争者。收集者为收集该新闻消息付出了努力和代价，挪用这些成果、造成收集者的损失以及他人获利，构成了不正当竞争行为，衡平法将给予救济。[①] 随后，在 1932 年的"鲁道夫梅耶电影公司诉百代新闻公司"案中，纽约州最高法院颁布禁令，禁止被告未经授权转播一场拳击比赛，认为这一行为将侵犯赛事组织者的财产权，但法院并没有公布判决的具体内容。[②] 在 1934 年"A.E. 纽顿案"中，被告纽顿在收听其他经主办方授权的电台赛事广播后，未经美国职业棒球大联盟的许可，擅自在其电台节目中详细转述了其中一场比赛的赛况。随后在联邦通信委员会对纽顿个人电台的续牌审查中，有人对其续牌提出异议，联邦通信委员会认为，纽顿的行为"有违公平交易"，构成"事实上的欺诈"以及"不正当利用他人的劳动成果"。[③]

需要强调的是，在电台转播的特定背景下，美国法院及联邦通讯委员会所保护的对象并非体育赛事的画面本身，而是"对体育赛事赛况的详尽描述"。这一立场在后续的司法裁决中得到了进一步的确认。具体而言，在 1937 年的"二十世纪体育俱乐部诉广播新闻服务"一案中，被告未经原告许可，擅自转述了原告对体育赛事的实时报道。对此，法官认定：被告通过无偿盗用原告

---

① Supreme Court of New York State. 20th Century Sport. Club v. Transradio Press Service, 165 Misc. 71 (1937).

② Supreme Court of New York State. Rudolph Mayer Pictures, Inc. v Pathe. News, Inc., 235 App. Div. 774, 255 N.Y. Supp. 1016 (1932).

③ Robert Alan Garrett, Philip R. Hochberg. Sports Broadcasting and the Law [J]. Indiana Law Journal, 1984, 59 (2): 155-193.

广播的核心内容,直接从该广播中获益。这一行为违背了美国最高法院在 INS 案中的裁决精神。尽管法院在此案中未深入探讨赛事组织者基于何种具体的财产权对赛事描述享有排他性权利,但明确指出,该赛事为私人性质的活动,观众需要支付入场费用方可观看。鉴于原告为组织赛事投入了大量的时间、人力和资金,其完全有权通过授予独家播出权的方式回收投资。被告的行为构成对原告财产权的非法侵占。此外,法官亦指出,原告已采取合理措施来维护其权益,例如在门票销售合同中明确规定:"未经主办方明确授权,门票购买者或持有者不得拍摄或播出赛事影像。"[①] 这说明即使是在有合同约束的情况下,美国法院依然倾向于将体育赛事本身认定为一种"财产"。

在 1938 年的"匹兹堡运动公司诉 KQV 广播公司"一案中,美国法院就体育赛事在普通法上享有的财产权保护问题作出了具有里程碑意义的裁决。本案的被告——KQV 广播公司,作为匹兹堡地区的一家广播电台,在未经任何合法授权的情况下,擅自对匹兹堡"海盗"队的棒球比赛进行了全程实况转播。鉴于"海盗"队已将其赛事转播权独家授予美国全国广播公司(NBC)电台,因此,双方联合提起了诉讼,旨在请求法院依法禁止 KQV 广播公司这种未经授权的转播行为。

案情概述如下:原告匹兹堡运动公司,其旗下拥有广大球迷熟知的"海盗"职业棒球队,该球队与其他棒球队伍共同组成了一个棒球联盟。联盟内的比赛在原告的主场"福布斯球场"及联盟其他城市成员的主场轮流进行。"福布斯球场"四周设有高大的围栏和建筑,以确保比赛的顺利进行,公众需要凭入场券方可进入公园观看比赛。此入场券明确载明,持票观众在比赛期间不得发布任何与比赛相关的消息。

原告通过书面形式与 General Mills 公司达成合作,授予其独家权利以转播、描述或报道在原告球场及其他球场进行的比赛。随后,General Mills 公司与 NBC 签订合同,后者通过 KDKA 和 WSW 电台向公众传递比赛的进程描述。然而,被告在未经原告同意的情况下,擅自通过其经营的 KQV 广播电台,对"海盗"队在匹兹堡的比赛进行了转播。被告采取的方式是,派遣人员至原告球场外围的高处,利用围栏外的有利位置观察比赛,并实时进行广播传播。这一行为已严重侵犯了原告的合法权益。

法院判定:鉴于该球队系该比赛的创始者,且对比赛场地及场内新闻的

---

① Supreme Court of New York State. 20th Century Sport. Club v. Transradio Press Service, 165 Misc. 71 (1937).

传播拥有明确的控制权，同时拥有在赛事开始后的合理时间内对该新闻使用权的控制……KQV 未经授权，擅自使用"海盗"队对其赛事相关的新闻、报道及描述的财产权，此行为已构成不正当竞争。① 当被告试图援引"维多利亚公园赛马及娱乐场地公司诉泰勒"一案抗辩时，法官认为，英国普通法上没有相同的限制不正当竞争的规则并不影响本案的判决，由此奠定了美国法就盗用体育赛事内容与其他普通法国家的不同态度。在之后的类似案例中，多数法院都认可这一判决，认为体育赛事组织者就赛事节目广播享有财产性权益，可以获得普通法的保护。

(二) 成文法国家中反不正当竞争法的适用

近年来，在我国《著作权法》修订前，针对体育赛事直播节目在作品认定上的复杂性，我国法院通常将其定性为制品，并采取反不正当竞争保护模式以保护相关权益。在此模式下，已有四起典型案件，包括"央视国际诉我爱聊"案、"央视国际诉华夏城视"案、"央视国际诉动景"案以及"央视国际诉悦体"案。法院在处理这些案件时，将体育赛事直播节目归类为录像制品。然而，鉴于录像制品制作者享有的信息网络传播权无法直接控制网络实时播放行为，法院最终支持了原告提出的反不正当竞争诉求，并依据《中华人民共和国反不正当竞争法》（以下简称《反不正当竞争法》）对网络同步播放的盗播行为进行了有效规制。在"央视国际公司诉华夏公司侵犯著作权及不正当竞争纠纷"一案中②，深圳市福田区人民法院认为，"由于体育赛事直播节目导播在赛事直播节目制作过程中不能起到主导性作用，体现导播选择与表达意志的空间有限，因此体育赛事直播节目应属于录像制品"。然而，福田区人民法院还认为原、被告双方属于体育赛事传播市场中具有直接竞争关系的竞争者，被告华夏公司未经许可擅自播放案涉体育比赛直播节目的行为直接影响了原告央视国际公司本应享有的获取经济利益的机会。基于此，被告华夏公司的行为构成不正当竞争行为。

根据我国《反不正当竞争法》的明确规定，不正当竞争行为系指经营者在从事生产经营活动时，违反本法规定，扰乱市场竞争秩序，进而损害其他经营者或消费者合法权益的行为。与知识产权专门法直接设定权利的做法有

---

① US District Court for the Western District of Pennsylvania. Pittsburgh Athletic Co. v. KQV Broadcasting Co., 24 F. Supp. 490 (1938).
② 参见深圳市福田区人民法院（2015）深福法知民初字第174号判决。

所不同，反不正当竞争法侧重于通过对不正当竞争行为的规范与约束，以实现对相关利益主体的保护。简而言之，反不正当竞争法通过调整竞争行为，采取被动防御的方式来维护法益。一般认为，反不正当竞争法对知识产权专门法起到了补充性的保护作用。对于一项权益或财产利益，欲上升为受知识产权专门法保护的权利，需要满足一系列前置条件。对于那些虽不满足知识产权专属权利构成条件，但确实存在法律保护必要性的客体，反不正当竞争法的附加保护就显得尤为必要。

上述四个案例适用《反不正当竞争法》第 2 条的规定，即一般条款来认定不正当竞争行为。最高人民法院在"山东海带配额"一案中就一般条款如何适用进行了详细阐述。① 最高人民法院明确指出，在适用《反不正当竞争法》第 2 条的规定时，必须满足以下三项条件：首先，反不正当竞争法对案件涉及的竞争行为未作出明确的法律规定；其次，案件涉及的竞争行为必须已经对其他经营者的合法权益造成了实际损害；最后，该竞争行为因违反普遍公认的商业道德而具备不正当性。在体育赛事直播节目的侵权案件中，被告均未经原告授权同意，擅自对赛事节目进行实况转播，此等盗播行为严重损害了原告的合法权益，在赛事传播行业中已被广泛禁止。

尽管《反不正当竞争法》并未将盗播体育赛事节目的行为明确列举为不正当竞争的具体情形，但原告作为同样花费巨额资金从赛事组织者处获得节目播放许可的权益人，被告的行为实质上是通过技术手段破坏了原告体育赛事节目服务的正常运作，从而导致原告节目观众的流失。鉴于此情形，法院依据反不正当竞争法的一般原则，对盗播体育赛事直播节目的行为进行了规制。在此，原告需要承担举证责任，证明"盗播行为的不正当性质"以及"因此行为而遭受的经济利益损失"。

三、体育赛事节目反不正当竞争法保护与版权法保护的比较

（一）反不正当竞争法与版权法的保护条件不同

以我国法律框架为例，著作权法与反不正当竞争法均能为体育赛事节目提供法律保护，然而，两者在保护条件上存在显著差异。就版权法保护模式而言，其关键在于对体育赛事节目的独创性认定。具体而言，赛事节目中的独创性是否达到我国《著作权法》对特定作品所设定的标准，即赛事节目是

---

① 参见最高人民法院（2009）民申字第 1065 号民事裁定书。

否应被归类为"作品"或"制品",此问题在业界及司法实践中均存在显著争议。在学理层面,部分学者主张体育赛事节目应被归类为录音录像制品,其理由在于"机位的设置是技术发展的自然产物,在评估独创性时,不宜单纯以投入经费的多寡或参与制作人员的数量为标准。体育赛事节目的导播在操作过程中遵循既定模式,缺乏显著的创造性空间"[①]。加之"体育赛事"本身不受我国《著作权法》的保护,赛事节目制作者也只能被认定为"录音录像者制品制作者"[②]。也有学者认为,"体育赛事节目是体育赛事的一种表达,并不等同于体育赛事本身,以体育赛事本身是否智力活动成果而判定赛事节目是否受《著作权法》的保护之方法并不可取"[③]。关于体育赛事节目这一表达形式,若欲满足成为作品的"最低限度独创性"标准,"最低限度"应指该节目在内容编排、呈现方式等方面展现出足够的原创性,足以区别于一般的录像制品。实际上,对体育赛事节目的定性,无论是作为作品还是录像制品,不仅涉及名称的区分,更在于其背后所承载的权益存在显著差异。若赛事节目被认定为作品,则依据《著作权法》第10条的规定,著作权人将享有包括发表权、署名权、修改权等在内的17项权利。反之,若仅将赛事节目作为录像制品看待,则其仅享有《著作权法》第42条所规定的复制、发行、出租及信息网络传播这四项权利。

在关于"体育赛事节目是否应被认定为作品"的问题上,学界存在显著的争议。即便假设体育赛事节目符合作品的定义,对于当前泛滥的盗播行为所侵犯的著作财产权类型,以及著作权人能够基于何种具体权利受到侵害向法院提起诉讼,我国现行的《著作权法》也尚未给出明确的法律指引。盗播行为可能涉及信息网络传播权、广播组织权等。信息网络传播权主要聚焦于按需与交互的特性,因而难以有效地规制互联网环境中的实时同步播放行为。同时,广播组织权的适用条件明确要求主体必须为广播电台、电视台,这一限制条件使得PP体育、腾讯体育等互联网赛事节目内容播放平台无法被纳入其保护范围[④]。

关于反不正当竞争保护模式的运用,鉴于《反不正当竞争法》在类型化

[①] 王迁. 论体育赛事现场直播画面的著作权保护:兼评"凤凰网赛事转播案"[J]. 法律科学(西北政法大学学报), 2016(1):182-191.
[②] 周述雅. 探析体育赛事节目之著作权保护[J]. 东南传播, 2017(7):93-95.
[③] 卢海君. 论体育赛事节目的著作权法地位[J]. 社会科学, 2015(2):98-105.
[④] 张志伟. 网络环境下体育赛事节目的著作权法立法保护[J]. 科技与法律, 2018(5):89-94.

条款中未对体育赛事节目盗播行为作出特定规定，法院需要依据一般条款对此类行为进行规范。在适用反不正当竞争保护模式时，法院无须对现行法律进行过度的创造性解释，原告对于"禁止未经授权对体育赛事直播节目盗播"的商业惯例的举证更为简便。换言之，由于反不正当竞争法具备广泛的适用范围，法院无须对法条进行过多创造性解读，因此，尽管当前学术界对于"体育赛事直播节目是否构成作品"存在重大争议，但借助反不正当竞争法保护体育赛事直播节目，不失为一种较为简便且能为赛事节目利益相关方提供一定侵权损害赔偿的救济手段。

（二）反不正当竞争法与版权法的赔偿数额不同

虽然适用反不正当竞争保护模式较为简便，但体育产业界有关人士却认为，"反不正当竞争法对体育赛事的保护仅适用于具有竞争关系的经营者之间就新型侵权行为的补充性保护。虽然反不正当竞争法的保护范围宽泛，但另一方面这也导致了保护力度的欠缺"[①]。换言之，产业界人士认为，反不正当竞争法对体育赛事直播节目的保护只是缓兵之计。视体育赛事节目为作品对体育赛事产业而言究竟有何益处？可以分别从个案分析和整体发展两个角度进行思考。

第一，从个案的损害赔偿额来看，通过反不正当竞争模式保护体育赛事节目并非最全面的方式。

根据图 2.1 的数据分析可知，在反不正当竞争保护模式下，平均获赔数额仅为 17.5 万元，平均获赔比例亦未超过 30%。相较之下，著作权保护模式的平均获赔数额达到 30 万元，邻接权保护模式一审平均获赔数额约 40 万元、一审和二审平均获赔数额更是高达 161 万元。因此，原告通过反不正当竞争保护模式所获得的损害赔偿数额明显偏低。此外，鉴于不法分子盗播赛事节目内容的技术成本极低，形成了业界所谓的"侵权成本低，维权成本高"的现象。这一现象的根源之一在于法院在司法裁判中未明确将体育赛事节目直接认定为可积极对外授权的"作品"。

---

① 拿什么保护你，体育赛事直播节目？［EB/OL］.（2017-07-03）［2024-07-08］. http://www.iprchn.com/cipnews/news_content.aspx?newsId=101040.

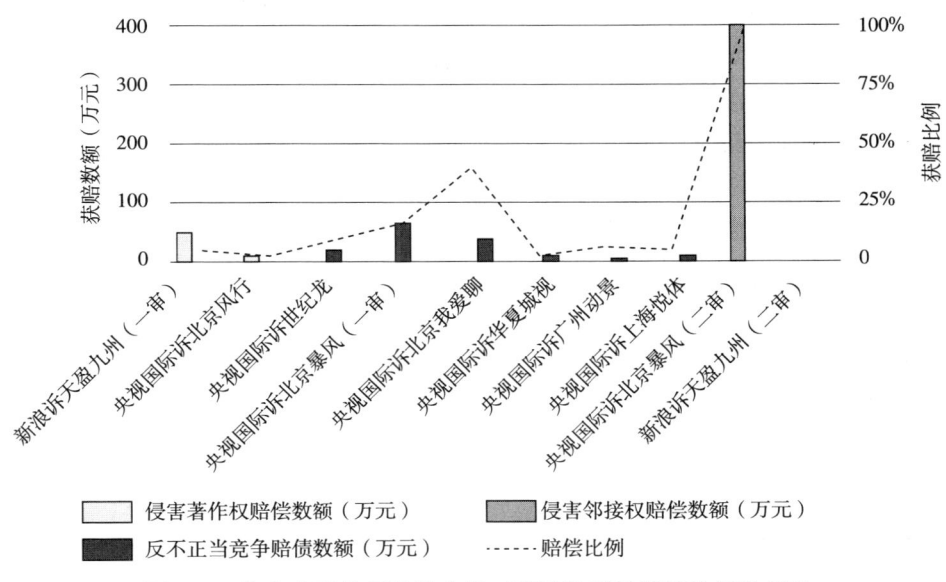

图 2.1　体育赛事节目法律定性对获赔数额及获赔比例的影响

当采用反不正当竞争法来规制体育赛事节目的盗播行为时，由于该法更侧重于竞争行为的不正当性，相关主体的利益往往被界定为"被动保护的消极权益"。这一法律定性在授权交易市场中意味着相关主体难以通过许可、转让等方式来积极创造财富。在诉讼过程中，法院也难以根据实际商业交易中的市场价格来计算损害赔偿数额。

以"美商 NBA 产物股份有限公司诉上海众源网络有限公司、北京爱奇艺科技有限公司侵害著作权与不正当竞争纠纷"一案为例，法院并未将直播节目认定为"以类似摄制电影的方式制作的作品"或"其他类型的作品"，因此，一审法院仅支持了原告美商 NBA 产物股份公司（以下简称 NBA 产物公司）3600 万元损害赔偿请求的 10%，即 360 万元。面对这一判决结果，NBA 产物公司随即提起上诉，强调其自 2007 年订立合同后对其他平台赛事节目内容的授权许可费显著增长，即使以最低标准计算，被告方的侵权获利也远超其请求数额。[①] 因此，将体育赛事节目正式认定为作品是产业界的共识，此举旨在构建一个稳定且可靠的授权市场价格体系，进而为未来的新市场开拓奠定坚

---

① Ives Duran. 北高开审 NBA 维权案，体育赛事直播节目迎来新转机？[EB/OL]. (2018-11-19) [2024-07-08]. https://www.163.com/dy/article/E10LIQJ0051187VR.html.

实的信心基础。

第二，从宏观产业视角审视，单纯将体育赛事及其节目相关权益定性为受保护的民事权益，并不足以实现对体育赛事组织者、体育赛事节目制作者利益的全面保护和持久保护。受保护的民事权益固然可以通过反不正当竞争法获得一定程度的保障，然而，反不正当竞争法对于著作权保护的作用更多地体现为补充和衔接，其保护力度相较著作权法而言，尚显不足。[1] 在体育赛事节目的制作与传播中，借助先进技术的辅助，这些节目已展现出高度的独创性。在此情境下，单纯依赖反不正当竞争法来提供保护，可能并非最为恰当的方式。若此类节目能够被明确地认定为作品，进而获得著作权法的保护，那么其权利人便不再同时享有反不正当竞争法的保护。这一举措旨在确保法律适用的准确性和一致性，以更好地维护体育赛事节目的创作成果和合法权益。法院在"凤凰网赛事转播"案的一审判决书中提到，"新浪公司受到侵害的部分权利已经在本案中获得著作权法赋予的救济，即转播行为已受到我国著作权法的调整，不需要再通过反不正当竞争法来进行调整。因此，法院不支持新浪公司的反不正当竞争诉求"[2]。可见，通过作品著作权保护优先于民事权益的反不正当竞争保护。产业界人士也认为，反不正当竞争法并不适用于非商业用途下的对等式网络盗播行为，即"对体育赛事节目的保护明显不够"[3]。

邻接权保护模式是否为最合适的方案？在"央视国际诉北京暴风"案二审判决中，法院全额支持了原告央视国际公司 400 万元的损害赔偿请求，可见似乎通过邻接权也能妥善保护体育赛事节目。但是将赛事节目定性为作品更有利于商业开发，或者说作品著作权保护模式对时刻变化的技术更具有包容性。例如，目前出现的在电影院中直播体育赛事节目[4]，便超出了录像制品邻接权所享有的 4 项财产权利，但是可以将其纳入著作权项下的"放映权"。在当前的法律框架下，对于移动端软件中采用"可交换的图像文件"（Graphic Interchange Format，简称 GIF 动图）以及"动画模拟"等技术手段对体育赛事节目内容进行展示的情形，可将其纳入"改编权"范畴进行商业化授权

---

[1] 郑成思. 知识产权论 [M]. 北京：法律出版社，2003：264.
[2] 参见北京市朝阳区人民法院（2014）朝民（知）初字第 40334 号民事判决书.
[3] 拿什么保护你，体育赛事直播节目？[EB/OL]. （2017-07-03）[2024-07-08]. http://www.iprchn.com/cipnews/news_content.aspx?newsId=101040.
[4] 牛朝阁. 去影院不是为了看电影 电影院探索影院发展新尝试 [J]. 中国经济周刊，2024 (16)：104-105.

开发。即使在没有明确列出的财产权利项下，作品的著作权仍允许依据"作者享有的其他权利"进行商业化利用。这表明，一旦法定权利内容得以确立并进行对外授权，任何第三方未经授权而实施的相关行为均构成侵权。然而，在邻接权项下，目前却并未设置"其他权利"作为兜底性规定。

综上所述，在全面审视个案分析与产业发展后，将体育赛事节目明确界定为作品，并采纳版权保护模式，具备显著的实际意义。就个案保护层面而言，版权保护模式不仅能够确保损害得到最大程度的赔偿，更能通过其强有力的威慑效应，显著提高盗播行为的违法成本。而且从长远的商业发展视角审视，作品享有的广泛且明确的权利内容，将极大地促进体育赛事节目的后续商业开发与利用。此外，需要明确的是，反不正当竞争法的保护与版权保护并不矛盾，二者是相辅相成的。部分观点甚至认为，反不正当竞争法在一定程度上可视作著作权法的"兜底条款"，即在法律列举无法穷尽之处，起到"弥补不足"的作用，这在立法和司法解释层面均有所体现。[①] 在司法实践中，为增强胜诉的可能性和提高损害赔偿数额，原告往往会选择同时发起版权侵权诉讼与反不正当竞争诉讼。基于此种情况，我们建议采取以版权法保护为核心，并辅以反不正当竞争法保护的策略，以确保体育赛事节目得到全面而周延的法律保障。

---

① 马秋芬，郑友德. 体育赛事节目著作权保护比较法证成 [J]. 华中科技大学学报（社会科学版），2018，32（6）：105-111.

第三章
我国体育赛事节目版权保护的进路

上文已经论证了版权法保护模式在体育赛事节目保护中的重要地位,并确定利用版权法对其进行保护是最具有效率的。在确定版权法保护模式的前提下,接下来需要解决的难题是,体育赛事节目应当归属于我国著作权法上的哪一类客体?

我国体育赛事节目版权保护的关键争议在于其是否符合作品的独创性要求。有学者认为,体育赛事节目的独创性有限,应将其认定为录像制品[①];也有学者认为,网络体育赛事节目的制作已经具有相当高的水平,可以纳入作品的范畴,作为版权法的保护对象;[②] 还有学者认为,体育赛事节目既不能构成作品,也不是录像制品,而应该属于广播组织对其播放的"信号"所拥有的权利。[③] 对体育赛事节目法律性质认定的不同将直接影响到其权利主体的差异。立法将体育赛事节目视为视听作品时,旨在保护作为著作权人的体育赛事组织者以及独占的被许可人(广播组织);将其视为录像制品时,立法则侧重于保护体育赛事节目的录像制品制作者;将其视为广播节目时,受保护的权利主体则为广播组织。不同的保护进路将带来不同的权利保护内容与利益保护倾向,接下来将分别予以详细阐述。

---

① 王迁. 论体育赛事现场直播画面的著作权保护:兼评"凤凰网赛事转播案"[J]. 法律科学(西北政法大学学报), 2016, 34 (1): 182-191; 朱文彬. 体育赛事节目的著作权保护:央视公司诉世纪龙公司侵害信息网络传播权纠纷案评析 [J]. 科技与法律, 2013 (2): 67-72.

② 卢海君. 论体育赛事节目的著作权法地位 [J]. 社会科学, 2015 (2): 98-105.

③ 姚鹤徽. 论体育赛事类节目法律保护制度的缺陷与完善 [J]. 体育科学, 2015 (5): 10-15, 97.

第三章　我国体育赛事节目版权保护的进路

第一节　体育赛事节目作为视听作品的法律保护

一、视听作品的概念诠释与权利归属

(一) 视听作品的概念

我国《著作权法》(1990) 将"电影、电视、录像作品"明确为作品的一个类型[①],《著作权法》(2001) 参照了《伯尔尼公约》,将其修改为"电影作品和以类似摄制电影的方法创作的作品"[②];《著作权法实施条例》(2002) 将之定义为"摄制在一定介质上,由一系列有伴音或者无伴音的画面组成,并且借助适当装置放映或者以其他方式传播的作品"。在《著作权法》(2020) 中,立法者充分考虑了我国技术尤其是互联网、新媒体技术的发展,借鉴国际条约,将"电影作品和以类似摄制电影的方法创作的作品"修改为"视听作品"。[③] 虽然《著作权法》(2020) 未明确规定"视听作品"的含义,《著作权法实施条例》也尚未作出相应修改,但从《著作权法》(2020) 第17条来看,"视听作品"包括电影作品、电视剧作品和其他视听作品。[④] 其中,电影作品和电视剧作品都已被明确定义。

根据《中华人民共和国电影产业促进法》第2条的规定,该法所称电影,是指运用视听技术和艺术手段摄制、以胶片或者数字载体记录、由表达一定内容的有声或者无声的连续画面组成、符合国家规定的技术标准、用于电影院等固定放映场所或者流动放映设备公开放映的作品。根据全国人大在2021

---

① 《著作权法》(1990) 第3条规定,"本法所称的作品,包括以下列形式创作的文学、艺术和自然科学、社会科学、工程技术等作品:……(五) 电影、电视、录像作品……"
② 《著作权法》(2001) 第3条规定,"本法所称的作品,包括以下列形式创作的文学、艺术和自然科学、社会科学、工程技术等作品:……(六) 电影作品和以类似摄制电影的方法创作的作品……"
③ 石宏.《著作权法》第三次修改的重要内容和价值考量 [J]. 知识产权, 2021 (2): 3-17.
④ 《著作权法》(2020) 第17条规定:"视听作品中的电影作品、电视剧作品的著作权由制作者享有,但编剧、导演、摄影、作词、作曲等作者享有署名权,并有权按照与制作者签订的合同获得报酬。前款规定以外的视听作品的著作权归属由当事人约定;没有约定或者约定不明确的,由制作者享有,但作者享有署名权和获得报酬的权利。视听作品中的剧本、音乐等可以单独使用的作品的作者有权单独行使其著作权。"

年 3 月发布的《广播电视法（征求意见稿）》的解释，广播电视节目，是指采取有线、无线等方式，通过固定、移动等终端，以单向、交互等形式向社会公众传播的视频、音频等视听节目，包括广播节目、电视节目、网络视听节目等。广播电视节目中的电视剧片，是指电视和网络剧片，包括电视剧、电视动画片、电视电影、电视纪录片、网络剧、网络动画片、网络电影、网络纪录片等。

从体育赛事节目的制作形态来看，很难将其归属为电影或电视，但可以认定为著作权法规定的"其他视听作品"类别。从条文的字面解释来看，《著作权法》（2020）第 17 条第 1 款所规范的是由编剧、导演、摄影、作词、作曲等作者集合创作的电影、电视剧作品，这些作品的产生需要经过一个较为复杂、系统的创作过程，要有提供资金和组织拍摄的制片人，电影、电视剧的编剧，以及导演、摄影、演员、特技、美工、服装等，还需要有发行、放映等部门的通力合作。而体育赛事节目的制作过程与电视剧、电影有较大的不同。

（二）视听作品的权利归属

视听作品在各行各业的活动中被大量运用，具有较高的商业价值，其作品形成往往包含多个创作主体与创作内容。为避免权利归属的争议与授权利用的复杂，并促进作品的传播利用，各国国内法多就视听作品的著作权归属予以明确规定。视听作品完成过程中的参与主体复杂，包括节目制作人、演员、编剧、导演、配音员及其他工作人员，属于多人共同参与创作。此外，视听作品往往还包含多个其他作品，例如可剥离的音乐、剧本、台词等，属于多个作品的集合。各国关于视听作品权利归属的制度有所不同，这是由于《伯尔尼公约》未明确规定视听作品的著作权人，而是交由各缔约方自行决定。以下将分别从作者权体系和版权体系予以论述。

1. 作者权体系国家视听作品权利归属

在作者权体系下，视听作品的著作权以归属于创作者为原则，归属于制片者为例外，同时在不同著作权归属下对创作者和制片者的利益进行平衡保护，以下就德国、日本的《著作权法》予以分析。

德国《著作权法》作为作者权体系的代表，采用严格的原创作者原则，作品的作者只能是创作作品的自然人，在此原则上构建了视听作品的作者和权利归属制度。德国《著作权法》未明确规定视听作品的作者，但是从其第

89条和第93条的规定来看,其明确区分了视听作品和制作视听作品的原作品,如剧本、音乐、小说等不是视听作品,其作者自然也不是视听作品的作者。从德国《著作权法》的精神来看,德国视听作品的作者应是对视听作品创作具有独创性贡献的人。就演员、歌曲演唱者等表演者而言,德国《著作权法》将其作为邻接权人予以保护,而不视为视听作品的作者,尽管其对视听作品的创作具有贡献。在视听作品创作的过程中,导演当然具有独创性贡献,可以被视为作者,但对于剪辑师、摄影师、灯光师等能否作为视听作品的作者,德国《著作权法》未明确规定。也有观点认为,这些主体与导演构成视听作品的共同作者。[①] 在视听作品的利用方面,德国《著作权法》第89条作出了规定:一是取得电影著作权的其他人,有义务授权电影制作者利用电影作品;二是电影制作者取得使用权,著作权仍然归属原来作者;三是在形式上需要以契约的形式授权使用。

日本《著作权法》第16条[②]将电影作品的作者规定为对电影作品的整体形成作出创造性贡献的人,没有强调创作作品的人、发起制作电影作品的人必须是自然人。法人和组织既可以是作品的作者,也可以是电影作品、视听作品的制作者。[③] 日本《著作权法》中将视听作品称为电影著作,对于电影著作者的确定,该法以是否符合职务完成著作的原则来进行判断,如符合该原则,则依该法第15条的规定,除另有约定或其他规定外,以该法人为著作人,并享有著作财产;如不符合该原则,则依第16条的规定,以该电影的制作人、导演、导播、摄影人员、美术人员等参与电影创作的人为共同著作人,被改编或被重制之小说、剧本、音乐或其他著作之制作人不包括在内。同时日本《著作权法》第29条第1款及第18条第2款第3项规定,如电影著作制作人参与该电影的制作,则电影著作的著作财产权归该电影著作制作人享有,且由此推定著作人同意公开发表该著作。

2. 版权体系国家视听作品权利归属

与作者权体系重视创作者的权利保护不同,版权体系一般将视听作品的著作权归属于制片者,以激励投资。为了缓解资本与创作之间的矛盾,版权

---

① 德国著作权法[M]. 范长军,译. 北京:知识产权出版社,2013:124.
② 日本《著作权法》第16条规定:"电影作品的作者是指通过负责制作、导演、指导、摄影、美术等工作,对电影作品的整体形成做出创造性贡献的人,但小说、剧本、音乐和其他被电影作品改编或复制的作品的作者除外。但在适用上一条规定的情况下不适用。"
③ 李伟民. 视听作品著作权主体与归属制度研究[J]. 中国政法大学学报,2017(6):87-106,160.

体系下的立法也会让导演分享视听作品的版权，同时遵循"作者取得原始版权原则"和"雇佣作品原则"，对创作者的利益进行保护。以下分别就美国、英国两大版权体系典型国家予以分析。

美国在视听作品的法律制度设计上，更多地考虑经济因素和便于作品传播。美国《版权法》第201条规定了版权的归属，"（a）受本标题保护的作品的版权最初属于该作品的作者。联合作品的作者是该作品版权的共同所有人。（b）在雇佣作品的情况下，雇主或为其准备作品的其他人被视为本标题下的作者，除非各方在他们签署的书面文件中明确表示同意，否则其版权归作者"。[①] 依据该条款，首先，创作作品的作者取得原始的版权；其次，依据"视为作者"原则将并未参与创作的雇主或为其准备作品的其他人视为作者而取得版权。"视为作者"原则包括两个方面，一是在雇佣作品中，在无相反约定的情况下，雇主可被视为作者[②]；二是1976年修订的美国《版权法》将不存在雇佣关系的委托人与受托人之间的视听作品纳入该条款。据此，在无相反约定的情况下，视听作品的著作权归属于雇主，而电影作品的著作权自然归属于电影制作者。其他参与人员如导演、编剧、演员等只享有获得报酬的权利。如有不适用该条款的情况，则参与创作视听著作而对其作出贡献之人，为共同著作人而共同享有著作权。

英国《版权法》与美国类似，也采用了"视为作者"的原则，依据雇佣关系，视听作品的作者是雇主。与美国不同的是，英国在将电影作品视为雇佣作品时，电影作品的作者包括制片者和导演。英国《版权法》第9条规定，"（1）就某一作品而言，作者指创作该作品的人。（2）该人应被视为（aa）就录音而言，指制作人；（ab）就电影而言，指制片人和主要导演"。[③] 第10条则规定，除非制片人和导演是同一人，否则该电影作品将被视为共同作品。结合英国《版权法》第11条和第93条A（1）条的规定，除非雇佣合同另有约定，当文学、戏剧、音乐、艺术作品、电影是雇员在雇佣过程中完成的，其雇主是该作品版权的原始所有人，在制作者与制片者所达成的电影制作的合同中，除非合同另有约定，否则应当推定作者将其包含在电影作品的出租权转让给了制片者。[④] 而在实践中，一般会推定合作作者把相关权利转让给了

[①] 参见美国《版权法》第201条。
[②] 张春艳. 论我国电影作品著作权的归属 [J]. 法学杂志，2012（9）：80-84.
[③] 参见英国《版权法》第9条。
[④] 参见英国《版权法》第11条、93条。

制片人。

3. 我国视听作品权利归属

我国《著作权法》（2020）第 17 条规定了视听作品的权利归属[①]，而电影作品、电视剧作品和其他作品在权利归属原则适用上均有差异。《著作权法》（2020）第 17 条第 1 款规定了电影作品、电视剧作品的著作权由制作者享有，这与版权体系类似，但同时又规定了编剧、导演、摄影、作词、作曲等享有署名权。[②] 第 2 款则规定了电影作品、电视剧作品以外的其他视听作品的著作权由当事人约定，没有约定或约定不明确的，由制作者享有。[③] 第 3 款则规定了剧本、音乐等可单独使用的作品的作者有权单独行使其著作权。

在《著作权法》（2020）中，"电影作品和以类似摄制电影的方法创作的作品"这一表述已被精确调整为"视听作品"。此修改显著扩展了该条款的适用范围，将电影作品、电视剧作品以及其他形式的视听作品均纳入其中。如前所述，电影作品和电视剧作品因其独特的定义和严格的技术标准而独树一帜，而其他视听作品则涵盖了除这两者外的多元内容，例如音乐剧、网络游戏画面以及体育赛事节目等。

在《著作权法》第三次修改之前，我国对于"电影作品和以类似摄制电影的方法创作的作品"的权属规则，与版权体系下的相关规定相近，即著作财产权归属于制片者，而各作者则享有署名权和获得报酬权。对于可单独使用的作品，作者亦有权进行单独使用。

随着《著作权法》的修改，关于新的"视听作品"的权利归属问题，需要综合考虑以下四个关键方面：首先，鉴于电影作品、电视剧作品与其他视听作品在制作方法、成本投入和管理运营模式上的差异，以及涉及的利益主体和诉求的多样性，对不同情形应予以区别对待；其次，视听作品的创作过程复杂，既涉及原作品与视听作品之间的演绎关系，又包含导演、作词、作曲、摄影灯光、演员、后期制作等多方合作的元素，呈现出合作作品的特性；

[①] 《著作权法》（2020）第 17 条规定："视听作品中的电影作品、电视剧作品的著作权由制作者享有，但编剧、导演、摄影、作词、作曲等作者享有署名权，并有权按照与制作者签订的合同获得报酬。前款规定以外的视听作品的著作权归属由当事人约定；没有约定或者约定不明确的，由制作者享有，但作者享有署名权和获得报酬的权利。视听作品中的剧本、音乐等可以单独使用的作品的作者有权单独行使其著作权。"

[②] 朱佳. 论原著小说与电影作品的法律关系：以《著作权法》第三次修改为契机 [J]. 科技与法律，2018（12）：25-33.

[③] 王迁. 论视听作品的范围及权利归属 [J]. 中外法学，2021（3）：664-683.

再次，视听作品的创作还可能涉及职务创作或制片人委托第三方及其职工进行的创作，因此在立法上需要确保其权利归属的集中性，避免权利分散；最后，为了提高视听作品的利用和传播效率，防止在授权过程中涉及过多主体而导致谈判烦琐，需要实现权利的集中管理。

尤为重要的是，电影、电视剧等视听作品的制作过程类似于工业化生产，需要大量的人力、物力和资金投入，制作者需要组织协调多方参与主体。因此，为确保制作者的前期投资得到有力保障，需要构建坚实的法律制度。综合以上因素可知，将权利集中于视听作品制作者已成为全球电影、电视剧产业发展的普遍经验。

从域外经验的视角审视，无论作者权体系还是版权体系，其核心均在于将权利明确归属于制作者（或将制作者视为权利归属的主体），或在认可原创作者权利的同时，默认其已将相关权利授权或转让给制作者。我国《著作权法》明确规定了"电影作品和以类似摄制电影的方法创作的作品"的权利法定归属于制作者，此举显著减少了因权利分散而引发的纠纷，并提高了权利利用效率。然而，关于新增的其他视听作品是否继续沿用法定归属制作者的模式，曾引起业内的广泛讨论。[①] 《著作权法》（2020）最终确立了其他视听作品的区分模式，此举显著体现了创新精神。该创新举措充分考量了电影作品、电视剧作品与其他视听作品在制作技术、成本投入以及传播运营机制上的差异性，并据此确立了约定优先的原则，旨在尊重创作者的意思自治。然而，这一创新也带来了一系列新的挑战和问题。

第一，电影作品、电视剧作品的制片者享有的著作权，是法律的授权还是推定的转让？如果是法律的授权，则可能构建了与"职务作品"类似的形式，让原本没有参与创作的主体享有了著作权；如果是推定的权利转让或授权，则导演、编剧等能否以相反的约定抵触制片者的权利使用？第二，在体育赛事节目的权利归属方面，具有独创性的体育赛事节目属于"其他视听作品"，当然应以约定优先。体育赛事节目的制作虽然与传统的电影作品、电视剧作品有所不同，但单纯就制作的复杂程度与分工合作程度而言，与其他视听作品（例如游戏画面、短视频创作）又不能同日而语。正如下文所分析的，体育赛事节目的制作同样需要涉及运动员、摄影师、剪辑师、解说员等多方参与制作的主体，投入的资金、人力、物力与电影作品、电视剧作品相当，

---

① 黄薇，王雷鸣. 中华人民共和国著作权法导读与释义 [M]. 北京：中国民主法制出版社，2021：109-115.

而其运营收益又非常依赖"转播权"收入。因此，在此问题上，一个在制作、运营、传播方式上与电影、电视剧作品几乎相当的体育赛事节目，最终却采用了与类似短视频创作等系列的小成本、低复杂度、参与主体较少的其他视听作品一致的权利归属制度，这无疑是考虑的失当。由此反映出的一个重要问题在于著作权法意义上区分视听作品类别的方式乃是以《电影产业促进法》《广播电视法（征求意见稿）》对电影、电视剧作品的定义为标准，将一种非传统的"体育赛事节目"排除在电影作品、电视剧作品之外。但在权利归属原则上，划分的标准却是从投资、制作、运营、传播等产业角度出发，显然在这个标准上，"体育赛事节目"与电影作品、电视剧作品并无太大区别。

体育赛事节目制作过程的参与主体比较丰富，大致可以分为体育赛事组织者、赛事节目制作方（一般是主转播商，负责制作、拍摄体育赛事节目）与次转播商（被许可转播方）。依据《著作权法》（2020）关于其他视听作品的著作权归属原则，在双方没有约定或约定不明的情况下，由视听作品的制作者享有著作权。在体育赛事节目的制作过程中，谁是体育赛事节目的制作者呢？按照《著作权法》（2010）的规定，所谓制作者指的是"电影作品和以类似摄制电影的方法创作的作品"中的制片人，即参与投资电影和电视剧作品的主体。因此体育赛事节目的制作者也应是参与投资体育赛事节目制作的主体。实践中，体育赛事组织通常会委托赛事节目制作方制作体育赛事节目，此时体育赛事组织既是投资方，又是委托人。《著作权法》（2020）第19条规定了委托创作作品的著作权归属，合同未明确约定或者没有订立合同的，著作权归属于受托人。[①] 而依据《著作权法》（2020）第17条规定的其他视听作品著作权归属原则，在没有约定或约定不明的情况下，著作权由制作者享有。当然，在实践中一般会通过合同来约定著作权归属，但是对于在没有标注版权信息、存在多个转播商且其体育赛事组织者与转播商约定不明确的情况下，原始版权人是体育赛事组织者还是实际制作方，则需要依个案加以确定。

就赛事节目制作方而言，其一般是接受体育赛事组织委托制作体育赛事节目信号的广播电视台，并不属于体育赛事节目视听作品的制片者。但赛事节目制作方内部仍然存在多个制作主体，包括字幕创作者、特技创作者、音乐创作者以及解说等。就该制作主体而言，其对体育赛事节目视听作品的创作具有一定的贡献，其权利归属一般采用职务创作或委托创作，由广播电视

---

① 参见《著作权法》（2020）第19条。

台与其之间的契约加以确定。应当注意的是，体育赛事运动员和裁判可能也在其中参与创作，尽管各国关于运动员能否构成视听作品创作中的表演者仍然存在较大争议。在美国 Baltimore Orioles v. Major League Baseball Players Association 案中，法官认为"球员表现附带极大的商业价值，并且将极微量的创作性具体表现出来"，从而肯定了运动员对体育赛事节目的创造性贡献，可以成为表演者。[①] 即使不构成表演者，运动员的另一重要权利——肖像权如何确定使用，亦成为体育赛事节目运营、转播中的重点问题。

二、体育赛事节目作为视听作品保护的前提

（一）我国版权法语境下的独创性概念

体育赛事节目作为视听作品，其保护的前提在于是否具备"独创性"。在版权法的框架内，"独创性"是一个核心概念，用于判定某项创作成果是否受到版权法的保护。版权法保护的是作品本身，而非作品所蕴含的思想或观念。作品只需要达到作者独立完成的标准，并体现最低程度的创造性，即可符合"独创性"的要求，从而获得相应的法律保护。

鉴于作品形式的多样性，如小说、散文、画作、雕塑、电视、电影等，以及不同作者或不同作品之间创作水平的差异，"独创性"的程度无法一概而论，故在法律层面上，既无法给出明确的定义，亦无统一的司法裁判标准。

对于体育赛事节目这一特定的视听影像，根据我国《著作权法》（2020）的规定，其可能归属于"视听作品"或"录像制品"的范畴。前者享有著作权保护，而后者则受邻接权保护。由于对"独创性"理解上的差异，体育赛事节目所能获得的法律保护范围和方式也有所不同。从权利数量上看，"电影作品"享有包括复制权、发行权、出租权、信息网络传播权等在内的13项著作财产权，而"录像制品"则仅限于复制权、发行权、出租权以及信息网络传播权等有限的财产权，这在一定程度上反映了两者在保护范围上的差异。

在我国著作权司法实践的早期阶段，涉及独创性判断的标志性案例可追溯至1991年发生的"广西广播电视报社诉广西煤炭工人报社侵犯其刊登的电视节目预告表"一案。该案例为我国在独创性判断领域提供了重要的司法实

---

① Baltimore Orioles v. Major League Baseball, 805 F. 2d 663.

践经验和参考。① 在此案件中,二审法院虽然确认电视节目预告的节目表凝结了相关人员的辛勤劳动,然而,鉴于该节目表仅包含播出时间与节目标题两项基本内容,缺乏显著的独创性特征,因此,该节目表并不符合《著作权法》对于作品独创性的要求,故不受《著作权法》的保护。在1995年的"王继明诉王强华、中国大百科全书出版社侵犯著作权案"中②,原告主张对其《全国万家出版发行名录》享有著作权,理由是该名录是他精心收集编排出来的。法院却认为,虽然原告付出了资金、劳动和时间,但名录的制作不是著作权法规定的具有独创性的智力创作。

在深入剖析我国司法判例与法官的权威论述后,对于独创性的理解被明确界定为包含"独立完成"与"创造性"两大核心要素。在我国《著作权法》的框架下,作品的相似性或雷同并非必然构成侵权。若两份作品系作者分别独立创作完成,即便二者间存在实质性相似之处,亦不影响各自作者对各自作品所享有的著作权。③ 在这一点上,该制度与采用"先申请原则"的专利权授予制度存在显著差异。基于此种制度安排,作者在进行创作活动之前,仅需要确保其作品的创作过程具备独立性,而无须投入大量时间与精力进行烦琐的在先著作权检索。

"创造性"一词在文艺创作领域中,特指作者所展现的鲜明个性。在创作过程中,作者的个性得以彰显,这体现在他们对技艺的精湛运用、对素材的审慎选择、对构思的明智判断、对细节的深入考量及其所付出的辛勤劳动和积累的丰富经验上。例如,当作者将声音、光线、图案等基本元素,通过深思熟虑的智力活动过程,转化为具有独特审美价值的艺术作品时,这便是其个性创造的集中体现。④ 在著作权法的语境下,"创造性"的定义聚焦于作者所展现的"表达之新",而非单纯追求"观念之新"。由于作者考量角度的差异性,其作品所体现的创造性亦会有所不同。即便其某部作品在公众视野中可能被视为平庸或滥俗,只要表达方式是作者独立完成的,且体现了作者的个人选择和独特视角,那么这部作品依然具备受到法律保护的潜在可能。⑤ 在实务操作中,即使涉及陈旧的思想观念,只要作者能够以独特且新颖的表达

---

① 具体案情详见广西壮族自治区合山市人民法院(1991)合法民判字第46号民事判决书;广西壮族自治区柳州地区中级人民法院(1994)柳地法民终字第127号民事判决书。
② 具体案情详见北京市第一中级人民法院(1993)中民初字第2782号民事判决书。
③ 刘春田. 知识产权法 [M]. 5版. 北京:中国人民大学出版社,2014:52-55.
④ 陈锦川. 著作权审判:原理解读与实务指导 [M]. 北京:法律出版社,2014:2.
⑤ 李琛. 知识产权法关键词 [M]. 北京:法律出版社,2006:27.

方式呈现，其所创作的作品依然会受到著作权法的保护。① 以传统色彩运用为例，巴塞罗那足球队的红蓝球衣与国际米兰足球队的红蓝球衣，虽均基于红色与蓝色的主色调，但各自展现出了独特的创意与个性，即使两者在基本色彩构成上保持了一致性。

在法官对独创性进行认定时，并不存在一个普遍适用的判定标准，而是需要根据具体案件进行细致考量。以最高人民法院在2010年知识产权案件年度报告中所涉及的"行政区划图"案件为例，最高人民法院并未因案涉表达属于科学作品范畴而对其可能存在的独创性高度予以否定。相反，最高人民法院明确指出，即便地图作为科学作品，其本质属性可能限制了创作人的创作空间，但根据我国《著作权法》的相关规定，具备独创性的地图依然属于著作权法所保护的图形作品范畴。涉案的"行政区划图"系再审申请人独立创作完成，其在图形构造的整体性、客观地理要素的选择以及表现形式上均展现出独特的创新性，因此，该作品符合著作权法对于作品的定义与要求。② 在"江苏省无锡市风华公司产品说明书"一案中，案件的焦点是一份关于产品功能的说明书。对于此类产品描述，通常会将行业规范作为指导原则，但其存在并不影响该说明书在著作权法层面获得保护。法院经审理认为，受著作权法保护的作品，其关键在于通过具有独创性的智力活动，将作者的思想或情感以客观、可识别的形式表达出来。具体到本案中，产品说明书的英文部分对产品的技术性能和基本功能进行了准确而简要的描述，因而从整体视角审视，可将其归类为工程技术类实用性作品，并应受到著作权法的保护。③ 此外，在我国首例涉及虚拟现实全景摄影著作权纠纷的案件中④，北京市海淀区人民法院经过审理认为，能够360度全景再现并精准记录客观物体的摄影作品，具备独创性和艺术性，依法应当享受著作权保护。此类虚拟现实全景摄影的核心应用旨在满足公众对"沉浸式"观赏体验的追求，因此必须确保对客观物体及其所处环境的真实、完整的记录，从而准确反映现场环境的真实状况。⑤ 尽管面临诸多严苛的客观条件限制，法院依然首先认定了此类影像具备作品的属性。

---

① 李明德. 知识产权法 [M]. 北京：法律出版社，2014：33-34.
② 具体案情详见最高人民法院（2008）民申字第47-1号民事裁定书。
③ 具体案情详见江苏省高级人民法院（2008）苏民三终字第0252号民事判决书。
④ 具体案情详见北京市海淀区人民法院（2018）京0108民初6306号民事判决书。
⑤ 赵沁平. 虚拟现实综述 [J]. 中国科学（F辑：信息科学），2009（1）：2-46.

显然，对部分作品而言，它们确实会受到包括客观存在状况及行业规范等在内的诸多不可避免因素的制约。然而，值得注意的是，我国《著作权法》在明确文学作品类型的同时，也涵盖了工程技术类、科学类等作品类型。从体系解释的角度来看，这反映出在判定作品独创性的最低限度时，不宜机械地套用固定标准。因此，在针对每一种作品进行独创性认定之前，必须首先选择恰当的比对类别，以避免出现显著差异和不当判断的尴尬局面。

（二）体育赛事节目独创性的判断

一般而言，依据我国著作权法的规定，"体育赛事"因其"不可复制性"特质，通常不会被视为著作权法意义上的作品。然而，须明确指出的是，"体育赛事"与"体育赛事节目"属于不同的法律范畴。一项体育赛事节目的创作和呈现涉及三方权益主体：体育赛事组织者（作为原始版权所有者）、主转播商（担任委托创作职责）以及次转播商（作为被许可方）。以奥运会为例，赛事节目的制作在国际奥委会电视委员会的指导下进行，遵循电视制作的行业规范与标准。主转播商在多个赛场设置电视制作团队，利用摄像机和话筒捕捉比赛现场的实时画面和声音，随后通过导播对录制内容进行流畅且合理的编辑，包括慢动作回放、字幕添加和特技效果，最终形成一个以现场画面为核心，融合现场同期声音和英文字幕或特技图像的电视信号成品。[①] 该成品信号经过制作区技术控制中心（TOC）的精确操控，被稳妥地传送至奥运会国际服务中心（IBC）的信号收集、分配和传输中心（CDT），从而圆满完成了整个采集流程。

经过对图 3.1 的细致分析，我们可以清晰地理解版权事项经过委托合同明确约定后，体育赛事组织者将进行特定赛事主转播商的选定流程。此主转播商将接受来自体育赛事组织的委托，负责拍摄及制作该场比赛的基本电视信号。一旦节目制作完成，体育赛事组织者就会保留进一步授权次转播商进行播放的权利。

---

① 刘斌. 体育新闻学 [M]. 北京：中国传媒大学出版社，2010：214.

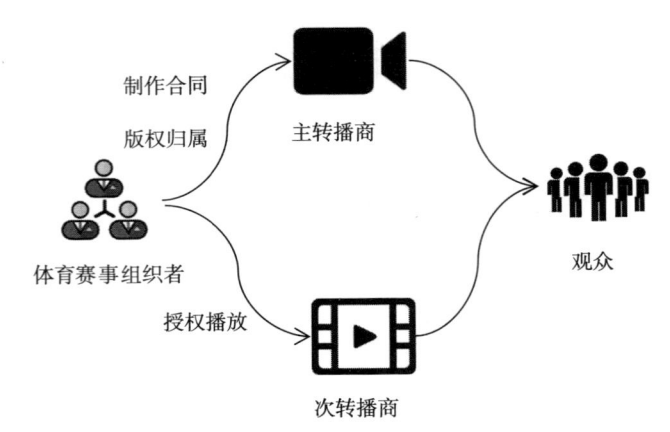

图 3.1 体育赛事组织者、转播商及观众关系

1. 体育赛事节目制作的"独立性"

主转播商系体育组织所委托之机构，专门负责拍摄与制作体育赛事节目的基本电视信号。以中央电视台为例，其接受国际奥委会之委托，负责某场赛事的基本电视信号制作，从而扮演了主转播商的角色。然而，根据体育赛事组织者的章程与约定，中央电视台并不因此自动获得其制作的赛事节目的著作权。一般而言，通过合同明确约定，版权仍归体育赛事组织者所有。在获得许可进入场地进行拍摄后，中央电视台（即主转播商）将依据国际奥委会的指导和要求，进行"独立"的节目制作。体育赛事节目的制作流程通常分为三个阶段：前期筹备、拍摄录制以及后期制作。

前期筹备阶段，系指自选题确定至正式开拍之前所经历的准备时期，此阶段旨在解决核心问题："拍摄内容为何？拍摄方式如何？"其中，"拍摄内容为何"即明确拍摄对象；"拍摄方式如何"则是指如何通过合理运用景别、角度、动静结合等造型元素，精心塑造画面形象，以形成服务于主题、视听效果俱佳的镜头。鉴于体育赛事节目的受众群体在年龄、性别、地域方面的差异，主转播商需要通过细致的前期筹备，形成独具特色且满足受众需求的拍摄方案和节目脚本。

拍摄录制阶段则是根据既定拍摄计划、节目脚本、拍摄提纲以及文字与分镜头稿本，进行现场拍摄与音响录制，将画面内容与现场音效进行精准捕捉并保存。此阶段是将前期筹备成果具象化、屏幕化的关键步骤。在拍摄过程中，为确保多角度、多视点的全面记录，通常会采用两台以上的摄像机，它们被设置于拍摄现场的不同位置，通过电缆与导播台连接，形成高效运作的制作系统。不同位置的摄像机将各自捕捉到的画面实时传输至导播切换台的监视器上，供导播人员灵活调度与选择。

后期制作阶段，即编辑合成阶段，此阶段通过对已有镜头资料的精心排列组合，以及现场声音的混音处理、特效制作和比赛信息的添加，最终完成观众所收看的体育赛事节目的整体制作。①

在提及主转播商的工作范畴时，我们需要明确以下三点规范：首先，主转播商在获得赛事组织者的正式委托后，必须秉持独立创作的原则，由于时间紧迫、责任重大，其并无必要及条件去抄袭或"模仿"其他转播商的节目内容。其次，关于节目制作，我们强调"单一授权委托"的原则。为了确保对体育赛事拍摄作品的全面控制，体育赛事组织者会与主转播商签订明确的委托合同。根据合同的相对性，仅主转播商被授权在赛事场馆内进行比赛过程的拍摄，不存在其他基于委托合同被允许拍摄赛事的主体。因此，主转播商必须独立进行节目制作。最后，我们必须强调"实时性"的重要性。与其他可后期制作的电视节目不同，体育赛事节目的核心传播价值在于现场制作并即时播出，而非事后发行。② 在赛事圆满落幕之际，其所附带的直播权益随即失去最大价值。换言之，承担拍摄及直播比赛任务的主转播商，不仅要进行现场拍摄，还需要即时进行广播传播。如前所述，鉴于赛事节目筹备的复杂性及精细性，主转播商在同步制作与播放的过程中，并无额外时间用于模仿或抄袭其他赛事节目转播商的制作内容。

2. 体育赛事节目制作的"创造性"

有学者认为，体育赛事节目的观众"希望看到真实、客观的比赛全过程，对于在特定时刻能看到哪个角度的镜头已经有稳定的预期。赛事节目导播受限于观众的稳定预期，个性化发挥受限，体育赛事画面也因此难以达到作品所需要的独创性程度"。③ 然而，赛事节目的制作绝非仅是对摄像画面的简单堆砌，其背后更蕴含了多重技术手段与美学艺术的精妙融合。在媒体融合的时代背景下，体育赛事节目在科技应用、拍摄技巧以及评论员解说等层面，均已显著体现出作品独创性要求中的"创造性"特质。

（1）VR及AR新技术的使用

虚拟现实（Virtual Reality，VR），作为一种先进的计算机技术，致力于创

---

① 黄慕雄. 电视节目编导 [M]. 广州：暨南大学出版社，2012：90-115.
② 严波. 现场直播节目版权研究 [M]. 北京：法律出版社，2016：62-64.
③ 王迁. 论体育赛事现场直播画面的著作权保护：兼评"凤凰网赛事转播案" [J]. 法律科学（西北政法大学学报），2016（1）：182-191.

造与人类感官高度接近的虚拟环境。在配备相应的外部设备后，用户能够体验到身临其境的沉浸式感受，以及全方位的交互接触，从而带来前所未有的感官享受。① 增强现实技术（Augmented Reality，AR），系指在计算机技术的辅助下，对物理世界中的视觉、听觉、触觉、体觉和嗅觉等感官元素进行增强处理，从而生成直接或间接的视图。此技术中的叠加信息既可用于对自然环境的补充，也可实现对自然环境的遮蔽与重构。② 在探讨 VR 与 AR 技术时，我们可以明确指出，VR 技术旨在通过模拟环境以取代现实世界环境，而 AR 技术则侧重于改变人们对现实世界环境的即时感知。在体育赛事领域，VR 和 AR 技术已广泛普及，为观众提供了交互式、沉浸式及构想式的观赛体验。这些技术的运用使得体育赛事节目制作者能够在比赛画面中融入多样化的创新元素。举例来说，在 VR 技术的辅助下，观众只需要轻触虚拟的"技术统计"按钮，即可访问由赛事制作者精心制作的比赛数据、球员与球队介绍，以及比赛精彩瞬间等，从而让比赛评论员与观众均能体验到更加身临其境的观赛感受。实际上，新技术的运用在赛事节目的制作过程中，正彰显着"创造性"的本质。无论是速度数据的处理，还是选手个人信息的整合，节目制作者均会深思熟虑，力求以最佳的方式呈现。

（2）"影视戏剧化"手法运用

传统的电视体育节目囿于技术的发展以及拍摄观念的不同，对于体育比赛采用的更多是一种"直线型"的纪录手法，这通常不被认为存在著作权法意义上的独创性。③ 但在如今激烈的体育节目市场竞争中，节目制作者为了提高收视率，纷纷采用"影视戏剧化"的表现手法。④ 在足球比赛的拍摄过程中，摄像师会运用不同的镜头语言来传达比赛的魅力和情感。例如，为展现比赛的吸引力和营造声势浩大的场景，摄像师会选择远景镜头，尽可能囊括更多的观众。而当需要捕捉比赛过程中某一瞬间的情感时，摄像师则会采用近景镜头，聚焦于球员、教练及观众的面部表情，从而侧面反映出他们那一刻的情绪。对导演而言，他们所需要掌握的艺术表现手法更为多样和复杂。

---

① 范孟娟，严焰，钟英. 虚拟现实技术在体育节目制作中的应用：机遇与挑战［J］. 武汉体育学院学报，2016（12）：18-22.

② 周忠，周颐，肖江剑. 虚拟现实增强技术综述［J］. 中国科学：信息科学，2015（2）：157-180.

③ 但是，现实中也有案例显示，即便是"直线型"的纪录片也被认为是具有独创性的作品。详见刘佳欣. 随意使用纪录片片段涉侵权［J］. 电子知识产权，2013（8）：91-92.

④ 影视戏剧化，是指结合戏剧艺术和影视艺术中的诸多技艺，在体育节目的制作中加以艺术的再次创作。

其中，"蒙太奇"手法作为一种被广泛应用的技巧，能够有效地通过镜头的剪辑和组合，达到表达导演意图和故事情感的目的。① 此外，现场赛事直播制作团队肩负着对数十支话筒所捕获声音的实时调优重任。他们需要精准调整音频信号，以确保所输出的音效与导播切换的画面相契合，并充分展现该场景所要表达的情感，从而营造出富有冲击力的听觉体验。② 在 2014 年巴西世界杯决赛中，阿根廷队以零比一的比分惜败德国队。比赛结束后，在偌大的球场内，德国队员欢庆胜利，而阿根廷队员则流露出深深的遗憾与不甘的表情。为了突出这种胜败之间的强烈情感对比，赛事节目导演精心安排了镜头语言。镜头首先聚焦在集体欢庆的德国队球员身上，随后缓缓转移至躺在草皮上的阿根廷队球员，最后，导演巧妙地将德国队员与阿根廷队员的画面剪辑在同一帧中，以实现情绪的集中迸发。在这一刻，导演通过对镜头画面的精准组合，成功地传达了"成王败寇"的深刻情感，并将这种情感传递给每一位观众。在体育赛事节目制作中，节目导演首先需要明确其想要表达的主题，进而进行镜头的选择与排列。这一过程充分展现了导演的"创造性"。因此，意大利符号学家艾克将电视导演的工作形象地比喻为"即兴创作爵士乐"。③

（3）赛事节目的解说

为实现观众收看赛事节目的即时性，转播商常采用"录播合一"的制作模式，以确保现场画面可实时传输至节目制作室，并由赛事评论员进行同步解说。因此，在评估赛事节目独创性时，忽略评论员的解说是不合理的。评论员的解说实质上是对体育赛事节目的深化与再创作。体育解说独具美学价值，与体育赛事节目制作过程中的美学元素紧密相连。为营造逼真的现场体验，评论员首先需要精准描述和阐释体育竞技规则、赛场动态信息。合格的评论员应具备叙述、提示、补充及阐述赛场内外信息的能力。此外，为提高收视率，评论员还需要调动观众情感，触及观众精神层面，引导观众超越比赛本身，营造出更为深层次的观赛氛围。

---

① 蒙太奇原是法国建筑学上的名词，是"安装、组合、构成"的意思，即根据一个总的建筑蓝图，将个别的建筑材料分别加以处理，安装在一起构成一个整体，使它们发挥出比原来个别存在时更大的作用。体育赛事节目借用这个名词，来指代镜头的选择、分切与组合、场面段落的组接与转换的技巧。
② 常江. 影视制作基础 [M]. 北京：北京大学出版社, 2013: 191-199.
③ Eco U. The Open Work [M]. Cambridge, MA: Harvard University Press, 1989: 36.

三、体育赛事节目作为视听作品保护的内容

体育赛事本身虽不直接纳入作品范畴，但在版权法领域内，体育赛事节目可能具备作品的属性。特别是在 2020 年《著作权法》修订之后，具备独特创意和表现形式的体育赛事节目，已被归类为"其他视听作品"，并因此受到法律的保护。当代体育赛事节目，与电影作品、电视剧作品相类似，已超越了对体育赛事的简单记录，融入了大量创意与精心制作，这也显著提升了其制作成本。体育赛事节目的制作涉及组织者大量的前期投入，包括但不限于体育赛事组织所需的人力、物力资源，以及专业团队的聘请与创作，这些投入均体现了体育赛事节目组织者的经济投入。

作为体育赛事节目视听作品的著作权人，组织者拥有许可广播电台、电视台等媒体进行独家播放的权利，并据此收取相应的权利金，作为对其前期投资的合理回报。将体育赛事节目作为视听作品进行保护，旨在保障原始著作权人（即体育赛事节目组织者）的权益，同时维护体育赛事节目独家转播商的合法权益。在授权独家转播的过程中，著作权人已收取相应的权利金作为回报。然而，在实践中，体育赛事节目转播权纠纷的原告往往为独家转播商，而非原始著作权人。尽管如此，对体育赛事节目"转播权"保护的不足，亦可能间接影响原始著作权人权利金的收取。

（一）体育赛事节目的转播权概念厘清

体育赛事节目转播权、广播权、传播权、播放权是现实生活中容易被混淆误用的词汇，体育赛事组织者在其章程及合同中还常使用"传播权""播放权"等说法。[①] 这些是否为法定权利？有何依据？正确理解这些概念，是我们进行法律分析的前提。

1. 体育赛事节目转播权

转播，即广播电台或电视台对其他电台或电视台所制作节目的播送行为。我国的《著作权法》（2020）虽然未直接设立"转播权"这一具体概念，但在其相关条款中，对于"转播"一词的使用进行了明确的界定。具体而言，首先，第 10 条第 1 款第 11 项中，对广播权的定义涉及"转播"这一行为；其次，第 47 条第 1 款第 1 项中则对广播组织者的权利范围进行了确认，其中

---

① 张惠彬，刘诗蕾. 体育赛事组织者的传播权如何实现：从域外经验到中国实践 [J]. 上海体育学院学报，2020（1）：70-77.

也包含了"转播"相关的内容。① 体育赛事转播权作为重要议题，在多项政策、法规中均有所体现。这些政策、法规共同构成了体育赛事转播权领域的重要指导原则和规范体系。然而，在司法实践中，若对"体育赛事转播权"的主张未能充分展现其法律依据，则存在被法院认定为"缺乏法律依据"的风险，进而可能导致败诉。②

2. 体育赛事节目广播权

根据《著作权法》（2010）第10条第1款第11项的规定，广播权的构成要件主要包括以下三个方面：首先，其传播手段需要通过有线或无线方式进行；其次，其传播对象须面向公众；最后，对于首次的公开广播或传播，仅限于无线方式。而对于首次广播后，接收者再次进行的传播或转播，则可以采用有线或无线方式。因此，著作权人授权的广播组织的首次广播仅限于无线方式，而不包括有线方式。

从《著作权法》（2010）关于广播权的规定来看，广播权是著作权人针对其作品所享有的一项重要财产权。只有当体育赛事节目被认定为作品时，其广播权才具有探讨的必要性。值得注意的是，在2020年《著作权法》修改之前，广播权的权利控制源头仅限于"以无线方式公开广播或者传播作品"，而并不包括网络直播、转播或点播，因此，互联网体育赛事节目的著作权争议在该阶段并未包含于广播权的适用范围之内。

然而，《著作权法》（2020）对其第10条第1款第11项规定的"广播权"进行了调整，将广播权的传输方式扩展至有线或无线方式，从而明确将互联网纳入其传播途径之中。这一修改意味着网络实时转播已被纳入广播权的权利范围。这一变动在《关于〈中华人民共和国著作权法修正案（草案）〉的说明》中得到了直接体现，其中明确指出："修改广播权有关表述，以适应网络同步转播使用作品等新技术发展的要求。"这一表述充分体现了该法修改的初衷和目的。

3. 体育赛事节目传播权

我国《著作权法》明确界定了信息网络传播权的具体内容，旨在通过特定的途径和方式，赋予权利人控制公众在其个人选定的时间和地点获取作品

---

① 参见《著作权法》（2020）第10条第1款第11项、第47条第1款第1项。
② 具体案情详见上海市浦东新区人民法院（2012）浦民二（商）初字第2451号民事判决书；上海市第一中级人民法院（2013）沪一中民五（知）终字第59号民事判决书。

的权利。信息网络传播权所针对的是交互式传播行为，即公众在自行选择的时间与地点内，能够自主选取并接收所需信息。然而，在现行法律框架下，针对网络体育赛事直播的侵权行为，其规制效果往往不尽如人意。特别是在一些网络平台未经授权实时转播其他合法授权平台体育赛事节目的情形中，公众无法自由选定获取作品的时间和地点，因此此类行为并不符合信息网络传播权的法律定义与内涵。

4. 体育赛事节目播放权

播放，通常指的是通过广播或电视系统传播音响或图像的行为。在当前适用的法律体系中，并无明确的"播放权"这一法律概念。作为动词，"播放"一词在某些法律条文中有所体现，例如《著作权法》（2020）第46条第1款明确指出："广播电台、电视台播放他人未发表的作品，应当取得著作权人的许可，并支付相应的报酬。"而第48条则规定，"电视台播放他人的视听作品、录像制品，应当取得视听作品著作权人或者录像制作者许可，并支付报酬；播放他人的录像制品，还应当取得著作权人许可，并支付报酬"。此前，在《著作权法》的第三次修改过程中，修改草案的第二稿（2012）和第三稿（2013）曾尝试将"广播权"修改为"播放权"，并对其进行定义："播放权，即指以无线或有线方式公开播放作品或转播该作品的播放，以及通过技术设备向公众传播该作品的播放的权利。"然而，在2020年的最终修订版本中，却仍然沿用了"广播权"的表述。

（二）广播权、信息网络传播权与其他权利的保护

体育赛事节目在面临独创性标准检验的同时，亦遭遇了关于如何以合法权利禁止未获许可网络直播的争议。在理论与司法实践中，基本达成共识，即行为人与体育赛事组织者签署契约后，可据此主张权利的合法性，并确立其作为"体育赛事转播权权利人"的身份。因此，针对盗播、擅自转播等侵权行为，其主张侵权损害赔偿的合理性得到广泛认可。然而，在界定权利人所能享有的具体权利内容，特别是《著作权法》（2010）中相关条款的适用上，过往的司法实践存在着显著分歧。

在司法审判的框架内，将体育赛事节目纳入著作权法的保护范畴，法院明确认定了权利人具备以著作权人身份主张其权益的资格，并依法享有著作财产权。这一权益旨在防止并控制任何未经授权的转播及盗版行为。在司法实践中，侵权行为人常采用截取信号并同步直播的方式，实施盗播活动，这

种行为在本质上仍属于著作权法所规制的传播行为。为此，法院在过往案例中主要依据特定的法律条款，对体育赛事节目著作权人的财产权益进行有效保护。

1. 广播权

在"新浪诉凤凰网案"的审理过程中，二审法院对盗播、擅自转播行为进行了明确的法律定性，将其认定为侵犯广播权的行为，并将广播权所涵盖的行为细分为两个方面：一是广播电台、电视台进行的无线广播活动；二是基于前述无线信号，通过有线或无线方式进行的转播以及公开播放。因此，二审法院将在网络直播过程中截取并盗播电台、电视台等初始广播信号的行为，视为前述广播权中第二重规制的行为。然而，再审法院对此持不同意见，指出二审法院错误地将网络实时转播广播作品的行为等同于广播权中的"有线转播"，并对此进行了纠正。

在探讨"广播权"如何适用于互联网直播或同步转播行为时，出现争议的根源在于著作权法的历史立法背景与当前迅猛发展的技术趋势之间的不匹配。从技术层面来看，广播的本质是通过无线电波实现信息的远距离传播（包括图像和声音），使公众能够借助接收设备获取相关内容。其主要目的在于确保任何公众都能通过接收空间中传播的无线电波来观看或收听节目。值得注意的是，在过去，有线电视或有线电缆并不被视为广播的一部分，原因在于它们未能实现任意公众的普遍接收，并且当无线电波传输受到地形或覆盖面的限制时，公众需要通过有线系统来弥补这一不足。为此，才有了上文所说的《著作权法》（2020）对广播权的修改。经过审慎的修订，"广播权"所规制的行为范围得到了显著扩展，具体涵盖以下三个方面：①通过电台、电视台以及其他有线或无线技术手段，对作品进行传播；②将电台、电视台、互联网等平台所传播的作品，再次通过有线或无线方式进行转播；③利用扩音器等工具，对电台、电视台所"广播的作品"进行传播，此举旨在防范类似盗播行为的发生。

2. 信息网络传播权

信息网络传播权的设立旨在顺应数字时代的演进趋势，对互联网环境中的版权侵权行为进行有效规制。与常规作品播放方式不同，信息网络传播权所涵盖的传播行为特指公众能根据个人意愿，在自选的时间与地点获取作品的行为，其着重强调作品获取的个性化和互动性，然而，此权利并不涵盖互联网环境下的同步播放行为。

所谓的"按需"与"交互",常见于网络环境之中。信息提供者将内容存放于面向特定或不特定公众的网络服务器中,信息接收者通过接收这些信息已达到传播目的。其中,"按需"指的是传播行为的发起者为公众而非内容提供者,用户可依据个人喜好,在其选定的任何时间和地点自主接收内容,而不受内容提供者的限制;"交互"则指基于点对点的互动式传播,其与单向传播方式形成鲜明对比。例如,体育赛事的回放、点播等均属于交互式传播的范畴。

相比之下,单向传播的接收者则需要遵循内容提供者预先设定的传播顺序、方式或节目安排,在规定的时间和路径内接收内容,且在接收过程中无法实现回看、跳看或快进快退等功能。这类传播方式常见于传统的有线电视节目和即时广播等场景。

在"新浪诉凤凰网案"中,二审法院指出,网络直播行为不在信息网络传播权调整的范围之内,信息网络传播权应具有互动式的特点。例如,在互联网中随时阅读作品、观看影片或通过电话设备收听歌曲等,强调在"个人选定的时间与地点"获得作品,虽然"未来电视诉华数传媒案"一审法院[①]以及"央视国际诉暴风集团案"二审法院[②]均认定涉案行为构成对信息网络传播权的侵犯。具体而言,案例中的被诉侵权行为主要聚焦于体育赛事节目的"点播"与"重播"行为,即侵权行为发生在体育赛事直播结束后的录播与重播阶段。此类行为符合信息网络传播权所界定的交互式传输行为之要求。

在2020年我国《著作权法》的修订过程中,鉴于广播权与信息网络传播权均涵盖了有线和无线方式的作品传播,为避免将两者混淆,新法特别明确了广播权的界定,即广播权不包含信息网络传播权的内容。具体而言,广播权仅限于非交互式传播作品的行为,而不涵盖交互式传播作品的方式[③]。

3. 兜底的"其他权利"

鉴于2020年修订《著作权法》前,在规范未经授权的转播与盗播行为时,广播权与信息网络传播权的适用性存在不足,为保障体育赛事直播节目权利人的合法权益,司法机关倾向于援引《著作权法》(2010)中的兜底条

---

① 具体案情详见天津市滨海新区人民法院(2018)津0116民初796号民事判决书。
② 具体案情详见北京市知识产权法院(2015)京知民终第1055号民事判决书。
③ 《著作权法》(2020)第10条规定:"……(11)广播权,即以有线或者无线方式公开传播或者转播作品,以及通过扩音器或者其他传送符号、声音、图像的类似工具向公众传播广播的作品的权利,但不包括本款第十二项规定的权利……"

款,即"著作权人应享有的其他权利"。然而,对体育赛事节目而言,其是否构成"作品"成为核心问题。若将体育赛事节目界定为录像制品或仅将其视为广播信号,则其将无法享有"其他权利"的保障。

著作权法设立兜底条款的初衷,旨在应对立法时无法穷尽列举所有著作财产权的现实问题,以及法律固有的滞后性。此举旨在通过兜底权利的设置,有效应对新情况,防止"遗漏重要事项"的情况发生。在实际应用中,法院对兜底条款的适用持高度审慎的态度,仅在穷尽列举权利并充分权衡个人利益与社会公共利益后,认为对侵权行为实施规制具有必要性和可行性时,方会审慎考虑其适用性。在适用过程中,法院严格遵守比例原则,将此兜底条款视为保护权利人利益的最后手段,并谨慎行使相应的自由裁量权。

在"新浪诉凤凰网案"的再审中,法院适用了兜底条款,其理由如下:首先,侵权行为未落入《著作权法》(2010)第10条第1款第1项至第16项的规制范围;其次,该行为无法纳入广播权的规制范围;再次,若不对该侵权行为予以制止,将会严重影响新浪公司在网络环境下的正当权利,而对体育赛事直播节目予以著作权保护,并不会造成体育赛事节目的创作者、传播者和社会公众的重大利益损害。①

(三) 视听作品的保护期限

视听作品的保护期限与其他作品存在显著区别。《伯尔尼公约》明确规定,视听作品的保护期限为著作权人同意发表之日起50年。若视听作品在完成后50年内未公开发表,则其保护期限自制作完成之日起计算,亦为50年。这一规定并非基于著作权人的生存期间加50年的计算方式,而是主要考虑到视听作品通常由多人创作,以最后一个共同著作权人的死亡作为计算起点在实际操作中存在困难。此外,在采用视听作品制片者为著作权人观念的国家中,视听作品的原始著作权往往归属于法人,因此,对视听作品的保护期限进行了特别规定。TRIPs协定第1条指出,各成员国有权在其法律体系中实施超出本协定要求的更广泛的保护,但此类保护不得违反本协定的相关规定。在TRIPs协定的基础上,各成员国提高知识产权保护标准的主要表现之一即延长保护期限。接下来,笔者将分别针对作者权体系和版权体系的不同国家进行阐述。

---

① 具体案情详见北京市知识产权法院(2015)京知民终字第1818号民事判决书。

1. 作者权体系国家视听作品保护期限

日本《著作权法》对电影作品的著作权保护期限作出了特别规定，其《著作权法》第54条规定，电影作品著作权保护期限从其创作完成之日起至作品出版后70年，如果该作品在创作完成之日起70年未出版的，则保护期限为自创作完成之日起70年[1]；第51条明确规定了一般作品的保护期限为作者终身至其逝世后的70年（若存在共同作者，则以最后一位作者逝世为计算基准）；第52条则针对匿名或别名作者，其作品的保护期限为作品发表日起算的70年；第53条对法人作品的保护期限进行了界定，即自出版日起算或创作完成日起算的70年。

在电影作品的著作权归属方面，其归属取决于是否为雇佣作品，既可能归属于制片者，也可能由制作人、导演、导播、摄影人员、美术人员等共同创作者共同享有。无论是法人团体还是自然人，电影作品均以出版日或创作完成日为保护期限的起始点。

对于视听作品与原作品保护期限的关联，日本著作权法作出了特殊规定：在视听作品保护期限届满后，再次利用该视听作品并不构成对原作品的侵权行为，但仅限于对该特定视听作品的利用。而视听作品的素材，如可独立使用的音乐等，其保护期限并不因视听作品的到期而到期。

在欧盟范围内，绝大多数成员国均采纳了作者权体系，并将视听作品的著作权明确归属于其创作者。根据欧盟《保护期指令》的要求，德国对视听作品的保护期限进行了明确规定，即保护期限将持续至剧本作者、对白作者、主要导演，以及专门为视听作品配词或配乐的词曲作者中最后一位合作作者去世后的70年。在《保护期指令》出台之前，各成员国在保护期限的设定上存在显著差异，但均基于作者权体系，仅是在保护时长上有所不同，如西班牙设定为60年、德国为70年，部分国家则为50年。这种情况对欧共体版权交易的统一市场造成了显著的混乱。为解决这一问题，欧盟制定了《保护期指令》，并遵循就高不就低的原则，统一将保护期限规定为至最后一位作者去世后的70年。

2. 版权体系国家视听作品保护期限

美国《版权法》对视听作品的保护期限未作特别规定，而是与其他作品的保护期限一致。抛开因为保护期限延长而引发溯及力的问题，美国的视听

---

[1] 参见日本《著作权法》第54条。

作品保护期限可以分为三类：一是视听作品属于单一作者的，保护期限为作者终身加死亡后 70 年;① 二是视听作品为共同作者的，保护期限至最后生存的作者死亡后 70 年;② 三是视听作品属于匿名作品、别名作品或雇佣作品归属于雇主的，保护期限为自作品公开发表之日起 95 年或制作完成之日起 120 年。③ 事实上，自 1909 年起，美国版权法历经数次修订，其中最为显著的是 1976 年和 1998 年的修订，均旨在延长版权保护期限。特别是在 1998 年，美国国会通过了《索尼博纳版权期限延长法案》（Sonny Bono Copyright Term Extension Act，CTEA），对美国《版权法》进行了修正，将原本作者终身加死亡后 50 年的保护期限，进一步延长至作者终身加死亡后 70 年。这一系列的延长措施导致部分即将进入公共领域的作品重新获得保护，从而引起了公众的广泛关注和不满。

针对 CTEA 法案，部分企业和个人提出了质疑，认为其违背了宪法中对于版权保护给予特定期限的基本精神。然而，美国联邦最高法院经过审理后裁定该法案并未违宪，并指出在全球范围内，特别是在欧盟等地区，版权保护期限已经得到相应延长。为确保美国作者在国际上享有与欧盟作者相同的保护待遇，美国对版权保护期限的相应延长是合理且有效的。

鉴于欧盟《保护期指令》的影响，英国《版权法》第 13 条 B 款对视听作品的保护期限进行了明确规定，即该期限将延长至视听作品的总导演、编剧、对白作者或专为电影创作的音乐作品作者的最后一位作者逝世后 70 年。从理论角度出发考虑，英国的视听作品版权理应归属于制片者，并采取类似于美国雇佣视听作品的保护期限计算方式，即基于作品的公开发表日期或完成日期来设定。然而，为了遵循欧盟的指令，英国不得不调整其保护期限的计算方法来适应其他欧盟成员国以作者逝世时间点为基准的体系。

在《保护期指令》实施之前，英国电影作品的著作权归属于制片者，并且其保护期限为自作品发表之日起 50 年。不过，《保护期指令》对此进行了相应的调整，明确规定无论导演、编辑、对白作者以及专为电影作品创作音乐的作者是否被视为合作作者，其逝世日期均可作为计算保护期限的依据。因此，在计算保护期限时，这些主体仅作为参考因素，而关于电影作品的作者身份，将由欧盟各成员国的国内法自行界定。

---

① 参见美国《版权法》第 302 条（a）项。
② 参见美国《版权法》第 302 条（b）项。
③ 参见美国《版权法》第 302 条（c）项。

在版权体系下，对于视听作品的保护期限，通常是以作品的公开发表之日或制作完成之日为计算起点。特别地，往往基于雇佣原则，电影作品的著作权通常由制片者所享有，因此无法以自然人的死亡日期为计算依据。另外，考虑到欧盟《保护期指令》的要求，英国、爱尔兰等采用版权体系的国家已对此作出了相应的妥协和适应。

3. 我国视听作品保护期限

我国针对视听作品设定了特定的保护期限。《著作权法》（2020）第 22 条明确规定，作者的署名权、修改权以及保护作品完整权的保护期限不受限制。第 23 条第 3 款规定，视听作品发表权的保护期截止于作品创作完成后第 50 年的 12 月 31 日；其复制权、发行权等财产权利的保护期限则设定为作品首次发表之日起的 50 年内，若作品在创作完成后的 50 年内未发表，将不再受到保护。

我国《著作权法》（2010）对"电影作品和以类似摄制电影的方法创作的作品"以及摄影作品规定的保护期限一致，但《著作权法》（2020）将摄影作品排除在外。鉴于我国视听作品在权利归属上通常归属于制作者，特别是电影作品和电视剧作品，因此在保护期限的设定上与多数版权体系国家相似，即均以发表之日或完成之日作为起算基点。

与日本类似，我国关于电影作品、电视剧作品以外的其他视听作品，规定其著作权既有可能归属于制作者，也有可能归属于编剧、导演等共同创作者。在保护期限上，以发表之日而非作者死亡之日为计算起点。但就视听作品中的剧本、音乐等可以单独使用的作品，《著作权法》（2020）第 17 条第 3 款规定可以由作者单独行使其著作权，因此在保护期限上，仍然以自然人作品为计算标准，也即作者终身及其死亡后 50 年。就体育赛事节目而言，无论何种情形的著作权归属，都一致以公开发表之日 50 年为保护期限，也即是体育赛事节目首次直播之日起 50 年。

四、体育赛事节目作为视听作品保护的实践

随着技术的进步，客体争议现象日益凸显。我国自 1990 年《著作权法》起，便明确了电影作品、以类似摄制电影的方法创作的作品及录像制品的著作权与邻接权的保护。2010 年，我国迎来首例体育赛事节目转播权纠纷，进而引发了各界关于体育赛事节目著作权保护问题的广泛讨论。2015 年以来，在司法实践中涌现出多起体育赛事节目网络盗播案件，不同的裁判思路导致同案不同判的现象时有发生。部分法院认为，体育赛事节目的制作过程体现了较高的独创性，满足了作品的构成要件，应享有《著作权法》（2010）第10条所规定的财产权利。例如，在"凤凰网赛事转播"一案中，法院采用了兜底的"其他权利"来规制网络实时播放行为；而在"央视国际诉风行"一案中，法院虽认定网络实时播放行为侵犯了著作权，但并未明确具体侵犯了何种著作财产权。同时，也有法院持不同观点，认为体育赛事节目的独创性尚未达到作品应有的高度，因此应归类为录像制品。无论是交互式（网络点播）还是非交互式（网络直播）的网络盗播行为，均应被视为对邻接权人享有的信息网络传播权的侵犯。

在2020年之前，我国司法实践中较为显著的趋势是倾向于认定体育赛事节目尚未达到作品所需要的独创性高度。因此，相关权利人通常仅享有录像制品的信息网络传播权或广播组织权，而对互联网直播行为缺乏直接管控能力。然而，鉴于体育赛事互联网盗播现象的日益严重，法院逐渐开始依据《反不正当竞争法》对未经许可的互联网体育赛事转播行为进行规制。

2020年《著作权法》的修改显著地扩展了广播权和广播组织权的适用范围，使其涵盖了互联网直播。同时，"电影作品和以类似摄制电影的方法创作的作品"的表述被更新为"视听作品"，并将作品的类别由封闭列举转变为开放列举。这些变化体现了国家将体育赛事节目纳入著作权客体保护范围的倾向。

一旦体育赛事节目被认定为视听作品，其权利人便能够通过广播权和信息网络传播权对任何通过有线或无线方式传播该节目的行为进行管控。此外，作者享有的"其他权利"亦可用于规制任何未经授权的传播行为。即便特定的体育赛事节目被判定为不构成作品，扩展后的广播组织权仍能有效规制未经许可的互联网直播行为。

尽管《著作权法》的第三次修改似乎已对将体育赛事直播节目纳入"视听作品"保护形成了较为明确的立场，但这一修改更多是出于应对性立法考虑，旨在重点解决过去几年司法实务中凸显的矛盾。因此，对体育赛事节目版权保护客体争议的起源和演变进行深入探讨，并结合典型案例分析体育赛事节目作为视听作品的学说见解与实务争议，对于明确司法实务在互联网时代背景下对体育赛事节目财产化的价值取向和裁判思路具有重要意义。

（一）体育赛事节目作为视听作品保护的理论争议

1. 体育赛事节目是否具有独创性的讨论

我国著作权法采用大陆法系著作权二分的立法制度，即区分著作权和邻接权。因此，对于某一体育赛事节目属于"电影或以类似摄制电影的方法创作的作品"还是邻接权体系下的录像制品，需要结合体育赛事直播画面的制作过程和特征予以认定。无论是理论界还是实务界，基于独创性程度的框架来区分两者的关系已达成共识，分歧点在于以独创性的高低还是独创性的有无来具体判断。对此，立法未作明文规定。

在审视体育赛事节目是否构成作品时，我们需要以严谨和理性的态度分析作品与录像制品之间的核心区别，即独创性的存在与否。只有当连续画面中的独创性成分可以忽略不计时，例如授课视频、操作示范视频等，这些才应当被归类为录像制品并受到相应保护。然而，在体育赛事的拍摄过程中，涉及对拍摄角度的精心选择、拍摄内容的细致策划以及画面的专业剪辑。此外，还融入了集锦制作、慢动作回放等手法，甚至运用了 AR、VR 等前沿技术，这些元素共同构成了达到著作权法所规定之最低限度的独创性的作品。① 我国《著作权法》明确界定了已固定的"连续画面"为作品或录像制品，二者呈现非此即彼的互斥关系。关于其区分标准，即"独创性的高低"与"独创性的有无"之争议，一直为法律界所关注。主张以"独创性的有无"作为判断标准的学者，常批评"较高独创性"标准过于抽象且难以界定。然而，对"独创性有无"的判定同样涉及对"量变"的考量，并无明确、稳定的临界点可供参考。实质上，这一争议体现的是作品独创性"较低门槛"与"较高门槛"之间的对立，亦是我国大陆法系著作权传统与日益增长的产业保护需求之间的冲突。支持"较高门槛"者认为，我国《著作权法》遵循大陆法系著作权与邻接权二分的立法模式，应维持二者在独创性程度上的区分；而支持"较低门槛"者则强调，我国《著作权法》立法宗旨偏向于"功利主义"，无须固守大陆法系的二分模式，而应从推动产业发展、顺应国际趋势的角度出发，向英美法系较低的独创性标准靠拢。

2. 体育赛事节目是否具有固定性的讨论

尽管我国著作权法对一般作品的保护仅设定了"能够固定"的标准，并未强制要求"已固定"，但根据《中华人民共和国著作权法实施条例》（2013）[以下简称《著作权法实施条例》（2013）]的明确规定，针对连续画面所对应的电影作品、类电作品，必须"摄制在一定介质上"，同时录像制品亦需要满足"已录制"。这一规定引发了业界对于直播中"随录随播"的

---

① 张惠彬，刘迪琨. 如何认定体育赛事节目的独创性？：以体育赛事节目的制作为中心 [J]. 体育科学，2018（6）：76-83.

体育赛事是否满足固定性要求的广泛讨论。

依据《伯尔尼公约》第 2 条第 2 款的规定，成员国在是否将固定性作为作品构成要件的问题上享有自由裁量权。因此，对于特定作品是否要求固定性，需要依据具体的法律规定来判定。尽管我国《著作权法》对于一般作品并未附加固定性要求，但正如"有一般就有例外、有原则就有特殊"的常理所示，《著作权法实施条例》（2013）对电影作品、类电作品提出的"摄制在一定介质上"的要求，即表明这两类作品必须满足"已固定"的法定条件。

此外，除了《著作权法实施条例》的明确规定外，我国《著作权法》（2010）亦将"摄制权"界定为"以摄制电影或者以类似摄制电影的方法将作品固定在载体上的权利"，这进一步明确了"摄制"所蕴含的"固定"之意。同时，《计算机软件保护条例》也对计算机软件提出了明确的固定性要求，这为我国法律对特定作品设定固定性要求提供了有力佐证。① 部分学者持有不同见解，他们指出，《著作权法实施条例》（2013）第 2 条中，关于受保护作品的构成要件明确为"以某种有形形式复制"，但其中并未直接涉及"固定性"的特定要求。作品能够被复制即意味着其具有被固定的可能性，而非要求必须已经处于固定状态，《著作权法》所涵盖的口述作品便是例证。因此，固定性在多数情况下，更多被视为证明作品存在的辅助证据或手段，而非作品受到法律保护的前置条件。此外，对于电影作品及以类似摄制电影的方法创作的作品，从实际情况出发，全球范围内亦不存在未满足"摄制在一定介质上"这一基本要求的情况。②

（二）体育赛事节目作为视听作品保护的司法争议

在审视体育赛事直播节目及其直播画面的独特属性时，基于过往的司法实践经验，将体育赛事纳入著作权法所界定的作品范畴，最恰当的分类应归属于"电影作品和以类似摄制电影的方法创作的作品"。对于体育赛事直播节目是否构成此类作品，法院在裁决过程中，除了需要评估其是否满足作品的基本定义外，还应严格依据电影作品和以类似摄制电影的方法创作的作品的具体标准来进行评判。根据《著作权法实施条例》（2013）第 4 条第 11 项的规定，电影作品和以类似摄制电影的方法创作的作品，应满足"摄制在一定

---

① 陈锦川. "固定"在我国著作权法中的地位 [J]. 中国版权，2019（4）：26-27.
② 张伟君. 从固定要求看我国《著作权法》对体育赛事直播画面的保护 [J]. 中国发明与专利，2019（4）：35.

介质上"以及"具有独创性"的基本条件。因此，在"新浪诉凤凰网案"中，一审、二审、再审法院均围绕这两大核心要素进行了深入的法理分析，然而，各审级的结论却呈现出显著的差异性（见表3.1）。

表3.1 新浪诉凤凰网案整体情况

标的：体育赛事直播画面	
原告主张：体育赛事直播画面构成类电作品，被告盗播行为构成著作权侵权与不正当竞争	
一审判决：北京市朝阳区人民法院（2014）	裁判结果： （1）构成作品，依据《著作权法》第10条第（17）项规定的"应当由著作权人享有的其他权利"予以保护； （2）被告行为属于不正常竞争，侵权行为已由著作权法加以调整，不需要再适用不正当竞争
二审判决：北京市知识产权法院（2015）	裁判结果： （1）不构成作品，撤销原判决； （2）体育赛事公用信号所承载的连续画面既不符合电影作品的固定要件，也未达到电影作品的独创性高度，因此不构成类电作品； （3）当事人未就不正当竞争上诉，无法就此裁判
再审判决：北京市高级人民法院（2020）	裁判结果： （1）撤销二审法院判决，维持原判； （2）体育赛事节目作为类电作品，依据《著作权法》第10条第（17）项规定的"其他权利"予以保护； （3）不构成录像制品

1. 体育赛事节目司法实践中关于独创性的讨论

法院在认定体育赛事节目为作品时，采用了严谨而理性的判断标准，即侧重于作品是否具有独创性，而非独创性的程度高低。体育赛事节目在录制过程中，机位选择的策略性、画面剪辑的艺术性、画面回放的准确性，以及特写镜头的捕捉等创作行为，均符合作品所要求的最低限度的独创性标准，因此，体育赛事节目应当被认定为作品。

在2014年"新浪诉凤凰网案"的一审判决中，北京市朝阳区人民法院明确指出，作品的独创性意味着该作品系作者独立创作，且未模仿或抄袭他人作品。在体育赛事的录制与转播过程中，需要设定不同数量的固定及不固定机位，而观众最终所观看到的体育赛事节目，是编导精心选取、编排的结果，其中包含了回放、特写、点评及解说等多方面的创造性智力劳动成果。①

然而，尽管原告坚持主张体育赛事节目应被归类为类电作品，但法院在最终判决中并未对体育赛事节目的具体作品类型作出明确认定。对于此案，主审法官在后续评论中指出，体育赛事节目的制作相较电影制作而言，其复杂度和精细度尚有所不及，因此未能达到电影作品或类电作品的创作标准。然而，这并不妨碍其被认定为"有伴音或无伴音的连续影像"，从而构成视听作品的一种形式。② 北京市朝阳区人民法院所作出的判决有可能受到了彼时《著作权法修正案（草案）》的潜在影响，其中引入的"视听作品"这一概念，取代了原有的电影作品及类电作品，进而在判定上采用了较低的独创性标准。在该案件中，审理法官认为，只要内容符合著作权法对于作品的一般性要求，即可获得法律的保护，而无须严格界定为某一特定类型的作品。因此，法院并未对体育赛事节目进行明确的类型化认定。在同年9月宣判的"央视诉风行案"中，北京市海淀区人民法院也作出了类似判决，将体育赛事节目认定为作品，但没有认定作品类型，也没有确定网络直播所侵犯的权利类型。③ 自该案后，从2015年到2019年，几乎所有法院都认为体育赛事节目的独创性高度无法达到作品的要求。

直至2020年4月，上海市浦东新区人民法院在"央视国际诉聚力传媒案"中，对体育赛事节目的法律属性再次进行了严谨的认定，将其明确为类电作品，并对此进行了详尽的阐述。法院明确指出，邻接权保护与著作权保护的核心区别在于作品是否具备独创性，而非独创性的程度高低。根据我国《著作权法》（2010）的相关规定，对于作品的独创性要求，应基于最低限度的标准，而非"较高独创性标准"。尽管不同作品类型在独创性的考察上可能存在不同的角度、方式及侧重点，但构成作品的法定标准应当是统一且明确的。将独创性的高低作为判断标准，将引入较大的不确定性，不利于法律适用的稳定性和公正性。

同时，法院认可我国著作权法对电影作品和类电作品所设定的固定性要求。然而，在综合考虑著作权法的立法目的、产业保护需求、实际效果以及国际实践做法等因素后，法院认为"随录随播"的形式应当满足固定性的要

---

① 具体案情详见北京市朝阳区人民法院（2014）朝民（知）初字第40334号民事判决书。
② 林子英. 体育赛事网络转播画面的知识产权保护 [N]. 中国知识产权报，2015-07-24（010）.
③ 具体案情详见北京市海淀区人民法院（2015）海民（知）初字第14494号民事判决书。

求。这一认定不仅体现了法律的严谨性,也充分考量了实际操作的可行性和产业发展的需求。① 继前述案例之后,杭州市互联网法院和上海市浦东新区人民法院于 2020 年 7 月,在"苏宁体育诉浙江电信案""聚力传媒诉新感易搜案"以及"聚力传媒诉行云跃动案"的审理中,均对体育赛事节目作出了明确的作品认定。这一立场与 2018 年北京知识产权法院在"新浪诉凤凰网案"和"央视国际诉暴风影音案"中的裁决观点呈现出显著的分歧,从而形成了南北司法实践中的不同走向。②

在 2020 年 9 月对"新浪诉凤凰网案"的再审中,北京市高级人民法院对著作权与邻接权的认定标准进行了调整,不再以独创性的高低作为区分两者的唯一依据,而是以独创性的有无作为新的认定基准。此次裁定明确指出,邻接权作为在狭义著作权范畴外增设的权利,其目的在于保护那些虽不具备高度独创性但同样蕴含劳动和投资价值的成果,以此激励作品的广泛传播。同时,裁定也强调,作品的判断标准并不因邻接权的单独设立而提高。对体育赛事直播画面而言,其通过展现竞技比赛的紧张对抗和丰富故事性,结合多样化的拍摄、剪辑技巧与手法,在机位设置、镜头选择、画面剪辑及解说等方面均体现了独特的个性选择和安排,因此具备显著的独创性。此类直播画面并非机械录制所形成的录像制品,而是符合电影作品在独创性方面的要求。③

2. 体育赛事节目司法实践中关于固定性的讨论

在探讨"固定性"是否为作品构成的核心要素时,对于"随录随播"的体育赛事节目画面本身是否满足"固定性"的要求,司法实践中存在争议。

北京知识产权法院在"新浪诉凤凰网案"(二审)的裁决中认为,直播中的体育赛事节目不满足电影作品、类电作品的固定性要求。其理由在于,在现场直播过程中,由于采用随录随播的方式,整体比赛画面并未被稳定固定在有形载体上,因而此时的赛事直播公用信号所承载的直播画面未能满足电影作品或类电作品中的固定要求。然而,赛事直播结束后,公用信号所承载的直播画面被稳定固定在有形载体上,则此时符合固定的要求。

---

① 具体案情详见上海市浦东新区人民法院(2017)沪 0115 民初 88829 号民事判决书。
② 具体案情详见杭州互联网法院(2019)浙 0192 民初 5335 号民事判决书;上海市浦东新区人民法院(2019)沪 0115 民初 44265 号民事判决书;上海市浦东新区人民法院(2019)沪 0115 民初 45689 号民事判决书。
③ 具体案情详见北京市高级人民法院(2020)京民再 128 号民事判决书。

然而，北京市高级人民法院在后续的裁决中推翻了上述二审判决的论述，其观点侧重于否定电影作品或类电作品对固定性的绝对要求。北京市高级人民法院认为，"摄制在一定介质上"的规范意义在于证明作品的存在，以便进行复制和传播。《著作权法实施条例》（2013）第4条所规定的"摄制在一定介质上"并不等同于"固定"或"稳定的固定"。根据《现代汉语词典》的释义，信号作为传播信息的媒介，可以被视为一种介质。体育赛事画面在拍摄过程中的选择、加工、剪辑及实时传送，实质上就是固定并传输体育赛事节目的过程，否则体育赛事节目直播将无法传达其内容。

北京市高级人民法院进一步强调，体育赛事节目在网络传播的过程中即表明其已被固定，并可进行复制和传播。虽然体育赛事节目的内容直至直播结束才最终完整呈现，但这并不能否认其已满足作品一般定义中的"可复制性"及电影作品或类电作品定义中"摄制在一定介质上"的要求。

第二节 体育赛事节目作为录像制品的法律保护

将体育赛事节目视作视听作品能够保障原始著作权人（体育赛事组织者）对其所组织的体育赛事的投资与独家转播商所支付的独家转播权利金。而将体育赛事节目视作录像制品，其保护的核心是录像制品制作者的权利。在体育赛事节目的制作流程中，广播电台、电视台作为制作主体，可被视为录像制品的邻接权人，享有包括复制权、发行权、出租权、信息网络传播权以及广播权在内的多项权益。相较于视听作品，录像制品在制作过程中所投入的人力、物力与资金相对较少，录像制品制作者作为邻接权人，其主要功能在于传播作品（含自然活动的录制），而非创作作品。因此，保护录像制品旨在推动传播活动的进行，其保护目标、范围及力度与视听作品相比，均存在显著的差异。

一、录像制品的概念诠释与构成要件

根据《著作权法实施条例》（2013）第5条第1款第3项之明确规定，"录像制品"系指除电影作品和以类似摄制电影的方法创作的作品外，任何有伴音或者无伴音的连续相关形象、图像的录制品。然而，鉴于《著作权法》

(2020)对"电影作品和以类似摄制电影的方法创作的作品"的表述进行了调整,将其更名为"视听作品",录像制品的定义也随之更新,现指"视听作品以外的任何有伴音或无伴音的连续相关形象、图像的录制品"。关于录像制品(Videogramm)的界定,即其是否指代录像本身或录像的载体,在理论中存在争议。部分观点认为,我国在立法层面上将录像制品界定为录制品,作为邻接权的客体,实指录像本身,而非录像的存储介质或载体。① 也有观点认为,录像制品指的是录像的制品载体,而非录像。② 鉴于我国采用的著作权与邻接权二分模式,对于录像作品,若其具备较高程度的独创性,则将被归类为"视听作品"并受到相应的著作权保护。反之,若在制作过程中未能达到必要的独创性标准,则该作品将不被认定为著作权法意义上的作品,而仅享有邻接权的保护。③ 在部分国家,鉴于视听作品的制作者并不直接享有著作权,为充分保障电影制作者在电影拍摄过程中投入的经济成本和劳动付出,特设立了录像制品的邻接权制度。以德国为例,德国著作权法对于"录像制品"的定义相当广泛,涵盖了电影或其他影片的制品(载体)。换言之,录像制品的邻接权旨在补偿制片者因将影片制作成录制品而投入的劳动和资金。④ 同时,"录像制品"的范畴亦涵盖"活动图像"制品,此类制品由图片的连续排列或图片与声音的紧密结合构成,如体育活动与自然现象的纪实拍摄等。在概念上,这类制品与我国所界定的录像制品相似,均属于在独创性上未能达到视听作品标准,故而适用"活动图像"邻接权加以保护。⑤

从国际条约来看,2012年订立的《北京条约》是主要涉及录像制品邻接权的国际条约。《北京条约》第2条第b项定义了"视听录制品","(b)'视听录制品'系指活动图像的体现物,不论是否伴有声音或声音表现物,从中通过某种装置可感觉、复制或传播该活动图像"。⑥ 该条款中的"视听录制品"实际上指的是活动图像的载体,而非活动图像本身。在1990年WIPO出

---

① 张春艳. 视听作品著作权研究[M]. 北京:知识产权出版社,2015:53-91.
② 王迁. 论体育赛事现场直播画面的著作权保护:兼评"凤凰网赛事转播案"[J]. 法律科学(西北政法大学学报),2016(1):182-191.
③ 项杨春. 体育赛事直播画面著作权保护的困境与完善[J]. 天津体育学院学报,2022(1):97-104.
④ 雷炳得. 著作权法[M]. 张恩民,译. 北京:法律出版社,2005:156.
⑤ 雷炳得. 著作权法[M]. 张恩民,译. 北京:法律出版社,2005:154.
⑥ <Beijing Treaty on Audiovisual Performances>Article 2 Definitions,"audiovisual fixation" means the embodiment of moving images, whether or not accompanied by sounds or by the representations thereof, from which they can be perceived, reproduced or communicated through a device.

版的《著作权和邻接权法律术语汇编》中的"录像制品"指的是"盒式磁带、磁盘或其他有形媒介的视听固定物"。① 因此，国际主流立法中的录像制品实际上指的是录像的载体。

二、体育赛事节目作为录像制品保护的内容

在 2020 年《著作权法》修订之前，关于体育赛事直播节目应被归类为作品还是制品的问题，理论界和实务界始终存在显著的争议。此争议的核心在于"类似摄制电影的方法创作的作品"在独创性上的要求与"电影"保持一致，而在传统上，"电影"的创作被普遍视为具有高度独创性。在遵循大陆法系的法律体系中，著作权法普遍对作品的独创性制定了较高的标准。以德国为例，其著作权法要求作品应体现出作者的个性，即作品必须承载着作者独特的智力印记②，并基于独创性的高低程度，在作品和制品之间划定界线；而在英美法系国家，著作权法对独创性的要求则较低，将作品全部纳入保护范围，而不包括制品，以避免进行独创性的判断。在关于作品和制品的独创性区分的问题上，同样是采用机械创作的摄影作品，只要不是纯复制或自动拍摄的，一般都可以被作为摄影作品给予保护，而机械的录像虽然可以视为连续的摄影照片，但仅能作为录像制品以邻接权加以保护。这反映出在录像和摄影之间的独创性的双重判断标准。长期以来，理论界和实务界对作品和制品区分过程中的独创性判断一直难以把握并存在争议，时有主张取消录像制品将其纳入作品的观点。在我国《著作权法》第三次修改草案中，也曾出现过如此修改。但 2020 年通过的《著作权法》却未对此予以采纳。在"电影作品和类似摄制电影的方法创作的作品"被修改为"视听作品"后，视听作品包括了"电视作品、电视剧作品和其他视听作品"，此时达不到电影独创性高度的体育赛事直播节目则有可能被纳入"其他视听作品"的范畴从而以著作权加以保护。

由于我国著作权法采用著作权和邻接权二分模式，对认定构成作品的体育赛事节目而言，其享有《著作权法》（2010）第 10 条的全部权利，包括其中的复制权、发行权、出租权、展览权、表演权、放映权、广播权、信息网络传播权、摄制权、改编权、翻译权、汇编权以及兜底的其他权利；而认定

---

① 世界知识产权组织. 著作权与邻接权法律术语汇编［M］. 刘波林，译. 北京：北京大学出版社，2007：256.

② 卢海君. 版权客体论［M］. 北京：知识产权出版社，2011：138.

不构成作品的录像制品，则仅享有复制权、发行权、出租权与信息网络传播权四项权利，并不能适用兜底条款。因此，其权利内容要小很多，完全不能规制未经许可的转播、盗播体育赛事节目信号的行为。造成这一差异的主要原因在于，我国设立的邻接权制度实际上可以称之为传播者权，其旨在对传播作品过程中产生的权利予以保护，以鼓励作品的传播。就录像制品的内容而言，可以分为使用他人作品而录制的制品与不使用他人作品而录制的制品，前者例如传统的录制他人的表演，后者例如录制自然活动的画像。[①] 就传统意义上的录像制品而言，其通常录制的是他人的表演，先有文学艺术的创作，而后由表演者进行表演，最后才有录像制作者制作的录制品。因此，对录像制品的制作者而言，其仅在传播作品而非创作作品，其权利内容也仅限于邻接权的部分权利，而未能享有作者的全部权利。[②]

《著作权法》（2020）第44条明确指出，录音录像制品制作者拥有复制权、发行权、出租权以及信息网络传播权。第48条进一步规定，录像制品制作者享有广播权。具体而言，录像制品制作者对于其制作的录像制品享有复制和发行的权利。复制权即指基于原始录像制品进行多份复制的行为，而发行权则涵盖将录像制品或其复制品以直接或间接方式提供给公众的行为。在录像制作过程中，若涉及录制他人的表演，制作者通常需要与表演者签订合同并支付报酬；若录制内容为自然活动等，也需要进行相应的前期投入。完成录制后，会首先制作一份母带，然后基于该母带进行复制并发行。未经许可的随意复制发行行为，将严重侵害录像制作者的经济利益，并会对合法的录像制品发行市场造成冲击。

《著作权法》（1990）中并未明确赋予录音录像制作者出租权，同样地，在国际条约层面上，《保护录制者、防止录制品被擅自复制的日内瓦公约》（以下简称《日内瓦公约》）与《罗马公约》中亦未包含关于出租权的相应规定。然而，在TRIPs协定与WPPT中，已明确规定了录音制品制作者享有将录音制品的原件或复制件授权他人进行商业性出租的权利。[③] 2001年，为应对加入世界贸易组织（WTO）的需求，我国著作权法新增了录音录像制作者的出租权，明确了录音录像制作者有权许可他人出租其作品，并据此获得

[①] 李明德，许超. 著作权法 [M]. 北京：法律出版社，2003：191；张玉敏. 知识产权法 [M]. 北京：法律出版社，2005：156.

[②] 张玉敏，曹博. 录像制品性质初探 [J]. 清华法学，2011（1）：56-61.

[③] 参见 TRIPs 协定第11条、《世界知识产权组织表演和录音制品条约》第13条。

相应的报酬。然而，随着科技的迅猛发展，商业性出租录音录像制品的经营活动已趋于消失，因此，该权利所依托的现实基础已不复存在。尽管如此，我国仍保留了录音录像制作者的出租权，此举在很大程度上是出于履行国际条约义务的考量。

随着互联网技术的迅猛发展，录音录像制作者的信息网络传播权日益受到重视。然而，值得注意的是，在《罗马公约》《日内瓦公约》以及TRIPs协定中，均未对录音录像制作者的信息网络传播权作出明确规定。在此背景下，我国于2007年加入了WPPT，该公约明确规定录音制品制作者享有通过有线或无线方式向公众提供录音制品的许可权，从而使得公众成员能够在其个人选定的时间或地点获取录音制品。这一规定为录音制品制作者在网络环境下的权益提供了重要的法律保障。① 在审视互联网环境下公众对录音录像制品的随意下载行为时，我国立法者认识到这一行为极易损害录音录像制品制作者的利益。虽然TRIPs协定中尚未明确规定录音录像制品制作者的信息网络传播权，我国在《著作权法》（2001）中仍明确赋予了这一权利，此举旨在有效保护录音录像制品制作者的合法权益，确保其在法律框架内得到应有的尊重和保护。

录像制品制作者所享有的广播权，实质上与广播电台、电视台的广播活动紧密相连。《著作权法》（2020）第48条明确指出，电视台在播放他人录像制品时，必须获得录像制作者的明确许可，并支付相应的报酬。鉴于公众在电视台播放录像制品后可能进行的无限制复制和欣赏的行为，以及因已观看录像制品而减少对录像制品的购买，若未能赋予录像制作者授权电视台播放并获得报酬的专有权利，将对其经济利益造成损害。此外，鉴于在录像制品制作过程中原作品作者的创造性贡献，特别规定电视台在播放录像制品时，亦需要获得著作权人的许可并支付相应报酬。

《著作权法》（2020）规定，录音录像制品的复制权、发行权、出租权、信息网络传播权的保护期限为录音录像制品制作完成之日起50年。《著作权法》（1990）规定的保护期限为录音录像制品首次出版之日起50年，而考虑到以首次出版之日为计算点，将可能使得录音录像制品保护期限长于原作品的保护期限，《著作权法》（2001）便将此修改为录音录像制品制作完成之日起50年。除了前述原因外，TRIPs协定明确规定表演者和录音制品制作者的

---

① 参见《世界知识产权组织表演和录音制品条约》第14条。

保护期限，至少应当自该固定或表演完成之日起 50 年[①]，此处的固定之日指录音制品制作完成之日而非出版之日。此外，《著作权法》（2020）第 48 条规定了录像制品制作者的广播权，该条款虽并未对其保护期限予以明确，但应可以适用第 44 条关于录音录像制品保护期限的规定。

三、体育赛事节目作为录像制品保护的实践

（一）体育赛事节目作为录像制品保护的司法概况

在对体育赛事直播节目有固定性统一认识后，法院开始着手就体育赛事直播节目的独创性进行判断和说理。将体育赛事节目作为录像制品保护的法院认为：我国的《著作权法》区分了作品和录像制品，从法律的逻辑体系出发，可以推知电影作品及类电作品的独创性门槛较高。在不考虑随录随播是否符合固定性要求的情况下，"制品说"认为体育赛事节目的独创性高度无法达到电影作品、类电作品的要求，应当作为录像制品保护，表 3.2 所列为裁定体育赛事节目构成录像制品的案件。

表 3.2 裁定体育赛事节目构成录像制品的案件

案例	权利人主张	判决结果
央视国际诉世纪龙	录像制作权、广播组织权	侵犯录像制品信息网络传播权，不享有广播组织权
央视国际诉暴风集团（1）	信息网络传播权	侵犯录像制品的信息网络传播权（点播）
央视国际诉暴风集团（2）	类电作品著作权	侵犯录像制品的信息网络传播权（点播）
未来电视诉华数传媒	信息网络传播权、不正当竞争	侵犯录像制品的信息网络传播权（点播）
央视国际诉乐视体育	信息网络传播权	侵犯录像制品的信息网络传播权（点播）
央视国际诉华夏城视	"其他权利"、不正当竞争	构成录像制品；构成不正当竞争
央视国际诉广州动景	"其他权利"、不正当竞争	构成录像制品；构成不正当竞争

---

① 参见 TRIPs 协定第 14 条。

续表

案例	权利人主张	判决结果
央视国际诉我爱聊（2）	广播权、广播组织权、不正当竞争	构成录像制品，享有广播组织权、构成不正当竞争

注：（1）（2）代表审次。

法院在论述体育赛事节目构成录像制品的立场时，通常基于两个核心。首先，从著作权与邻接权的法律逻辑及其相互关系出发，法院强调独创性的程度是区分这两者权益的关键标准。其次，法院深入分析了体育赛事直播节目的制作过程，并指出其独创性与"电影作品"所要求的独创性存在显著差距，因此无法将其归类为"以类似摄制电影的方法创作的作品"。在详细阐述制作过程时，法院普遍认可体育赛事直播画面确实展现出一定程度的独创性。然而，由于赛事规则、观众需求、公共信号制作标准以及固定的拍摄要求等客观因素的限制，创作的自由度受到较大制约，该独创性处于较低水平。

在"央视国际诉暴风集团案"的二审判决中，法院明确指出：从我国著作权法的系统性框架考量，结合国际著作权及邻接权制度的历史脉络与司法实践，在我国著作权与邻接权二分模式的法律框架下，对于连续画面是否构成作品或录像制品的区分，应当基于其独创性的程度而非是否存在独创性来判断。鉴于体育赛事节目在个性化选择上的有限空间，体育赛事直播画面的制作者在素材的选取与编排上受到客观条件的制约，因此，涉案世界杯体育赛事节目信号所承载的连续画面，并未达到"以类似摄制电影的方法创作的作品"所要求的独创性高度，故应归类为录像制品。[①]

广州市中级人民法院在2012年的"央视国际诉世纪龙案"中认为：德巴足球赛节目的独创性主要体现在机位设置、镜头选择、主持、解说等方面，但在拍摄内容、赛事进程、解说内容等方面，摄制者能够自由作出的选择与表达都非常有限，其独创性高度无法达到电影作品的要求，因此只能作为录像制品保护。[②]

同样地，深圳市福田区人民法院在2015年的"央视国际诉华夏城视案"中认为：我国区分了电影作品、类电作品和录像制品，同时还规定了广播组织权，从《著作权法》的体系和受保护客体之间的关系来看，电影作品应当

---

① 具体案情详见北京知识产权法院（2015）京知民终第1055号民事判决书。
② 具体案情详见广州市中级人民法院（2010）穗中法民三初字第196号民事判决书。

149

具有更高的独创性要求。巴西世界杯直播节目的制作目的是为观众呈现真实、客观的比赛过程，节目制作人在拍摄过程中能够作出的选择非常有限。虽然这种程度的创作在英美法系国家中足以使体育赛事的直播画面成为作品，但在区分"影视作品"和"活动画面"的大陆法系国家，其尚难以达到作品的独创性要求。①

在"新浪诉凤凰网案"以及"央视国际诉暴风集团案"的二审判决中，北京知识产权法院对电影作品、录像制品的独创性区分也采用了相同观点，并进一步指出：不同类型的作品对应的独创性要求不同。由于《著作权法》将连续画面区分为电影作品和录像制品，电影作品的独创性要求高于没有对应邻接权客体的摄影作品、美术作品。②

2020年8月，"新浪诉凤凰网案""央视国际诉暴风集团案"在北京市高级人民法院再审开庭。在此之前，这两案可谓"制品说"的标杆判决。作为体育赛事节目权利人的新浪与央视时隔两年后申请再审，显然是在上海市浦东新区人民法院及杭州互联网法院的判决后，看到了推翻原判决、将体育赛事节目作为作品保护的可能性。北京市高级人民法院最终是否会改判还不得而知，而支持"作品说"的上述判决均是由基层人民法院作出的一审判决，也仍面临着二审、再审的改判风险。

（二）录像制品制作者信息网络传播权的侵权判定

在认定体育赛事直播节目构成录像制品而非作品时，法院通常判决被告侵犯录像制品的信息网络传播权，但在不同的案例中，法院对信息网络传播权保护的体育赛事节目的传播方式与侵权行为也存在不同的理解。

早期司法裁判中对于"定时播放"是否属于信息网络传播权保护的传播方式有过争议。所谓定时播放是指网络环境下的网络单向传输，包括通过网络进行首次有线传播以及对其他广播节目进行的同步转播，使用者只能在规定的时间观看或收听。在2008年的"宁波成功多媒体通信有限公司诉北京时越网络技术有限公司"一案中，一审和二审法院均认为被告的"定时在线播放"行为侵犯了原告的信息网络传播权。③但是在同年的"安乐影片有限公

---

① 王迁.论体育赛事现场直播画面的著作权保护：兼评"凤凰网赛事转播案"[J].法律科学（西北政法大学学报），2016（1）：182-191.
② 具体案情详见北京市知识产权法院（2015）京知民终字第1818号民事判决书。
③ 具体案情详见北京市海淀区人民法院（2008）海民初字第4015号民事判决书；具体案情详见北京市第一中级人民法院（2008）一中民终字第5314号民事判决书。

司诉北京时越网络技术有限公司"一案中，法院未明确"定时在线播放"行为的法律性质，而是采用著作权法兜底权利予以规制。①

随着技术的发展，"点对点"（Peer to Peer）传播方式的出现在一定程度上影响了法院对"定时播放"行为的性质认定。早期的"网络服务器—客户端"传播方式被认定为信息网络传播权的主要规制范围，而随着技术的发展，出现了点对点的传播方式，使得以该模式为基础开发的程序能够让使用者搜索到其他使用者放置在共享目录中的文件，使用类似的共享行为也可能构成互动式传播行为。在"央视国际诉世纪龙案"中，被告就原告的体育赛事直播节目，通过建立链接并向公众提供程序的方式，以"点对点"技术实现体育赛事直播节目的实况转播行为，被法院认定为侵犯了原告的信息网络传播权。本案中，法院主张信息网络传播权的重点在于行为人的"提供"行为，而未强调作品获取的"交互性"。这里的"提供"，系指行为人通过上传到网络服务器、开放计算机硬盘或者其他方式，将作品、表演、录音录像制品置于向公众开放的信息网络中，使公众可以通过下载、浏览等方式获得的行为。② 在同样实施 WCT 第 8 条的澳大利亚，其联邦法院亦在 Universal Music Australia Pty Ltd. v. Sharman License Holdings, Ltd. 案中对此予以确定。③

2012 年，最高人民法院颁布了《关于审理侵害信息网络传播权民事纠纷案件适用法律若干问题的规定》。在该司法解释中，最高人民法院并未采纳司法实践中将"定时播放"行为纳入信息网络传播权规制范围的意见。④ 该条款内容亦被沿用至该司法解释 2020 年的修正版本中。此后，理论界和实务界对信息网络传播权有了较为统一的认识，"交互式"要件成为主流观点。在司法实务中，法院会综合考虑以下三个特征对行为性质予以判断：其一，行为须具有网络性；其二，行为须具备公开性，即作品的传播对象是不特定或特定的多数人；其三，行为须具有交互性，这一点直接关系到权利调整的范围。

在"央视国际诉暴风集团"（一审及二审）、"未来电视诉华数传媒"以及"央视国际诉乐视体育"等司法案例中，法院均明确将体育赛事直播节目

---

① 具体案情详见北京市第二中级人民法院（2008）二中民初字第 10396 号民事判决书。
② 具体案情详见广州市中级人民法院（2010）穗中法民三初字第 196 号民事判决书。
③ Universal Music Australia Pty Ltd. v. Sharman License Holdings, Ltd. (2005) FCA1242.
④ 《最高人民法院关于审理侵害信息网络传播权民事纠纷案件适用法律若干问题的规定》第 3 条第 2 款规定，"通过上传到网络服务器、设置共享文件或者利用文件分享软件等方式，将作品、表演、录音录像制品置于信息网络中，使公众能够在个人选定的时间和地点以下载、浏览或者其他方式获得的，人民法院应当认定其实施了前款规定的提供行为。"

的事后点播行为认定为侵犯信息网络传播权的行为。点播行为因其具备的交互性特性，使公众可以在自选的时间和地点观看录像制品，与实况转播形成鲜明对比。至于未经许可对正在直播的体育赛事节目进行的转播、盗播行为，若涉案体育赛事直播节目被认定为作品，则法院将依据著作权法的兜底条款对其进行法律规制；若涉案体育赛事直播节目被界定为录像制品，由于信息网络传播权在此情境下无法适用，法院将转而适用《反不正当竞争法》的相关规定对其进行规制。

在2020年《著作权法》修改之前，立法与实践之间存在显著的矛盾。具体而言，相较于首次直播的体育赛事节目，回看、点播的体育赛事节目在经济效益与影响力上明显逊色。独家转播商之所以斥巨资购买知名赛事的独家网络转播权，正是由于首次、独家、实况直播能够极大地吸引用户关注，满足实时观看体验，其价值远超事后回看、点播所能达到的效果。未经许可的体育赛事直播节目的实况转播、盗播行为，对独家转播商造成的损害尤为严重，但在当前法律框架下，若该直播节目被认定为录像制品，则其权益将无法直接受著作权法保护；相反，对于损害程度较轻的未经许可的点播、回看等侵权行为，却可适用信息网络传播权进行规制。若法院为将体育赛事直播节目认定为作品而频繁采用兜底条款，不仅背离比例原则，而且将导致裁判标准模糊不清，增大法官自由裁量权滥用的风险。事实上，从近年体育赛事直播节目的发展以及国际趋势来看，立法机关倾向于将体育赛事直播节目纳入视听作品的范畴，以避免司法机关由于独创性问题而在视听作品和录像制品之间摇摆不定。这既是出于司法实践的考量，也是为了更加充分地保障权利人的利益，并与国际趋势保持一致。

第三节　体育赛事节目作为广播节目的法律保护

体育赛事节目的广播节目保护模式的核心宗旨在于确保广播组织在体育赛事节目制作中的投资得到恰当保障，并推动此类节目的广泛传播。在体育赛事节目的制作过程中，广播电台、电视台（作为唯一主转播商）负责现场拍摄体育赛事图像，并通过电缆将其传输至导播台。在导播台，专业人员对图像进行剪辑、筛选等后期处理，最终形成体育赛事节目，并转化为广播信号进行传播。

因此，广播电台、电视台作为广播组织，在广播信号的制作过程中，不仅贡献了新的内容，使之与体育赛事本身有所区别，还投入了大量的资金和精力。

作为邻接权人，制作体育赛事节目广播信号的广播组织在前期投入上显然无法与体育赛事组织者相提并论，且其所享有的权利内容也相对有限。在2020年《著作权法》修改之前，广播组织所享有的权利仅限于"转播权"以及基于广播需要的录制和复制权，这与视听作品的十七项权利存在显著差距，更未涵盖体育赛事节目直播和传播过程中至关重要的"广播权"与"信息网络传播权"。

直至2020年《著作权法》的修改，这一问题才得以解决。本次修改后，视听作品、录像制品与广播节目的权利内容得到了进一步完善，构建了一个多角度、多主体、全方位的体育赛事节目保护体系。立法通过著作权与邻接权制度的目标、功能、内容的相互协作，旨在实现利益平衡，为体育赛事节目提供更为全面、多元的保护。

一、广播节目的概念诠释与构成要件

关于体育赛事直播节目的转播行为，其侵权的核心在于侵犯的客体是体育赛事直播画面，还是承载这些画面的信号，此问题直接关系到广播组织权的保护范围。在探讨体育赛事直播节目的保护时，侵权行为主要分为两种：对体育赛事的实况转播与回看重播。这两类行为在保护客体上存在显著差异。体育赛事直播节目的传输过程，实质上是将直播画面转化为信号进行广播，或由广播电台、电视台接收信号后再进行转播。在此过程中，信号是体育赛事直播画面的载体，而侵权者则是通过截取这些信号，进而将其转播给公众。值得注意的是，侵权者并非通过接收信号后制作成录像制品再行传播，这种方式主要适用于回看点播服务。

因此，从逻辑和实际操作层面分析，体育赛事转播权的客体应被认定为信号，而非体育赛事直播画面本身（无论其是否构成作品或录像制品）。基于这一认识，广播组织权的保护模式得以形成，并在司法实践中得到支持。司法实践认为，体育赛事直播节目的独创性未能达到作品或录像制品的标准，且在直播过程中并未被固定，因此不宜将其视为以类似摄制电影的方法创作的作品或录像制品。因此，将侵权行为侵犯的客体认定为广播信号，并通过广播组织权予以保护，更为恰当和合理。

(一) 广播节目的概念诠释

1961 年的《罗马公约》并未界定广播组织的概念。该公约第 3 条第 1 款第 6 项将"播放"解释为"供公众接收的声音或图像和声音的无线电传播"[①]，因此当时的广播组织仅限定为无线广播组织。1974 年的《布鲁塞尔公约》对广播组织进行了解释。《布鲁塞尔公约》第 1 条第 6 款规定的"起源组织"是指"决定发射的信号将载有何种节目的人或法律实体"，第 7 款规定的"播送者"是指"决定将接收到的信号传播给公众或任何一部分公众的人或法律实体"，因此该公约的广播组织是决定发射广播节目信号和向公众传播信号的人或法律实体。从国际立法实践来看，广播组织不仅包括早期的无线广播组织，还包括通过有线方式或其他法律承认的方式（如卫星广播等）进行节目传播的组织。

我国 1990 年《著作权法》规定的广播组织仅限于广播电台、电视台，是指采编、制作并通过有线或者无线的方式播放广播电视节目的机构。[②] 这个概念一直沿用至今。《著作权法实施条例》（1991）第 5 条第 1 款第 3 项规定，广播电台、电视台的播放行为是指通过无线电波、有线电视系统传播作品的行为。因此，我国的广播组织包括无线电台、电视台和有线电台、电视台，范围大于《罗马公约》和 TRIPs 协定规定的无线广播组织。此外，依照《广播法》的规定，我国广播组织需经国家主管机关批准设立。

(二) 广播组织权的客体

广播组织权的客体即广播组织的权利义务对象。当前，主流观点认为广播组织权保护的对象是广播组织发射的信号，而非广播节目的内容，这在由 WIPO 起草的《保护广播组织条约》中得以证明。广播信号，是指由广播组织对被广播的作品或录音录像制品进行编排并转换而得到的节目信号。实践中，广播组织播放的广播节目包括电台、电视台自己创作的节目，购买的节目，接受转播的节目。对广播组织自己制作的节目而言，例如 CCTV 制作的《天下足球》，其著作权归属广播组织，此时广播组织享有的是著作权而非广

[①] <Rome Convention for the Protection of Performers, Producers of Phonograms and Broadcasting Organization>Article 3（f）"broadcasting" means the transmission by wireless means for public reception of sounds or of images and sounds".

[②] 参见《广播电视管理条例》第 8 条。

播组织权；而对于其接受转播的电影、电视剧等，广播组织对该节目进行编排后转换成信号对外发射，此时广播组织享有的是该信号的广播组织权。

作为邻接权制度，广播组织权旨在保护广播组织在传播活动中投入的资金与劳动，反映的是对被传播作品、制品的编排、加工与传播，劳动的结果是广播信号而非被广播的作品、制品的内容。我国著作权法规定的广播组织权的客体是"播放的广播、电视"①，但对于"广播、电视"的具体含义指的是广播、电视节目还是载有广播、电视节目的信号仍然存在不同的观点。当前主流学说认为，我国的广播组织权采用的是"伪信号保护模式"，也即名义上保护的客体是承载节目的信号，实际上保护的是节目本身。王迁教授认为，作为承载节目的信号，必然是流动的，而不能被固定住。当信号被发射到另一个设备上，设备会接收信号并从中录制下来加以固定，而后信号就消失了。② 因此，信号是不可复制、不可固定的，而我国著作权法规定的广播组织权中的复制权、发行权、信息网络传播权针对的都不是承载节目的信号，而是节目本身。我国著作权法并未声明广播组织权保护的客体是节目的信号，规定的是对广播组织播放的"广播、电视"予以保护。

就体育赛事转播权而言，其权利客体是承载体育赛事直播画面的信号还是体育赛事直播画面本身，也存在如前述一般的争议。无论是广播还是转播，其原理都是由公众接收到发射出的信号，进而观看同步画面。二者的区别在于，在广播情形下，广播组织为信号制作者，其在信号制作后，直接将信号传输到公众设备；而转播则是广播组织从信号制作者那里接收信号后再将信号传输到公众的设备。但就重播画面而言，其并不涉及公众对信号的接收。在此种情形下，信号接收者在接收到节目信号后对体育赛事节目画面予以录制，继而对该节目画面进行传播。因此，对体育赛事节目重播的实质是对作品或录制品本身的传播。

二、体育赛事节目作为广播节目保护的内容

《著作权法》（2010）中规定的广播组织权内容仅包括转播权、录制权与复制权。2020年修法对广播组织权作出了较大修改，以达到同广播权和信息

---

① 《著作权法》（2020）第47条规定，"广播电台、电视台有权禁止未经其许可的下列行为：（一）将其播放的广播、电视以有线或者无线方式转播；（二）将其播放的广播、电视录制以及复制；（三）将其播放的广播、电视通过信息网络向公众传播。广播电台、电视台行使前款规定的权利，不得影响、限制或者侵害他人行使著作权或者与著作权有关的权利"。

② 王迁. 广播组织权的客体：兼析"以信号为基础的方法"[J]. 法学研究，2017（1）：100-122.

网络传播权一致的保护水平。同时，立法仍然采用"禁止权"模式而非"许可权"模式，从而使得广播组织可以禁止他人以任何传播手段对节目信号进行未经许可的转播、盗播。

在修法之前，《著作权法》（2010）虽然同样规定了转播权，但由于著作权法与其实施条例均未对"转播"予以明确的解释，使得司法部门对此无统一的裁判标准。但从《罗马公约》条文来看，"转播"指的是一个广播组织的广播节目被另一个广播组织同时广播。[①] 与此同时，针对交互式的点播行为，由于《著作权法》修改前未规定广播组织的信息网络传播权，使得此类行为未能被规制，因此导致对广播组织的保护力度不足。

录制权指的是广播组织有权禁止未经许可而将其播放的广播、电视录制在音像载体上，复制权则是禁止复制音像载体的权利。就录制权和复制权而言，其针对的不是体育赛事直播画面或者广播节目本身，因为这属于著作权人权利规制的范围，而是针对邻接权制度下的广播节目的信号。例如，前文所述的"复制"仅限于广播电台、电视台利用自己的设备为达到广播目的而对其予以临时录制，若非因广播需要而对录制下来的广播节目进行复制，则可能侵犯了著作权人的复制权。

在著作权法第三次修改之后，广播组织的权利得到了扩张，因为立法新增了广播组织在互联网环境下的权利。在修改以前，就《著作权法》（2010）规定的广播电台、电视台的"转播权"能否适用于互联网环境，学界和实务界存在不同的观点。但主流观点仍然认为，从立法本意出发，"转播权"入法是在互联网得到广泛运用之前，当时的互联网盗播侵权行为还未进入立法者的视野，不太可能被包含到"转播权"概念的范畴中。《北京市高级人民法院侵害著作权案件审理指南》（2018）指出，"广播组织享有的转播权可以控制以有线和无线方式进行的转播，但是不能控制通过互联网进行的转播"[②]。而随着互联网行业的蓬勃发展，互联网盗播情形越发严重，特别是在体育赛事节目转播权纠纷中，其中的互联网环境侵权行为包括两类，一是互联网平台截取直播信号进行"同步"转播，该行为构成了事实上的广播行为；二是互联网平台点播、重播已经播放的体育赛事节目，该行为虽然不如"同步"转播行为侵害严重，但仍然有损权利人的利益。由于这两种互联网环境下的侵权行为均无法归类于"转播"行为，法院只能将体育赛事节目扩大解

[①] 参见《罗马公约》第 3 条。
[②] 参见《北京市高级人民法院侵害著作权案件审理指南》（2018）第 6.5 条。

释为作品或适用反不正当竞争法加以规制，由此导致了同案不同判现象的出现。2020 年修法将转播修改为"以有线或无线方式转播"，结合该条款与《著作权法》（2020）第 10 条第 1 款第 11 项的"广播权"定义可得，修法后的"转播"概念涵括了通过互联网进行转播或传播的行为。此外，新修改后的《著作权法》增加了广播组织的信息网络传播权，用于规制互联网的点播、回看等行为。

三、体育赛事节目作为广播节目保护的实践

"信号说"与"制品说"类似，其认为体育赛事节目的独创性高度无法满足电影作品、类电作品的要求，且直播中的体育赛事节目可能不满足电影作品、类电作品以及录像制品的固定性要求，因此退而求其次将其作为广播信号，通过广播组织权来进行保护。以广播组织权规制未经许可的转播、盗播行为，在司法实践中的处境颇为艰难，包括以下三个适用难点：（1）网络广播组织的法律地位问题。《著作权法》（2010）明确规定广播电台、电视台可以成为广播组织权的主体，但关于网络广播组织能否享有广播组织权则存在争议；（2）转播权的适用范围问题。《著作权法》（2010）中的转播权仅限于其他广播组织的实况转播，而不包括网络转播；（3）《著作权法》（2010）未规定信息网络传播权，因而无法规制点播、回看等交互式传播。

在 2010 年的"央视国际诉世纪龙案"中，原告央视国际网络有限公司主张，奥运节目是中央电视台和原告花费巨大的人力、物力和财力摄制并播放，而被告未经许可直接同步"盗播"，侵犯了原告的录音录像制作者权和广播组织权。对此，广州市中级人民法院认为，广播组织权的权利主体仅限于广播电台、电视台，由于法律并未允许广播电台、电视台将该权利授予其他主体单独行使，应认为原告不能享有广播组织权，但承认其享有信息网络传播权。[①] 而在"新浪诉凤凰网案"二审中，北京知识产权法院则对此持不同观点：法律并未禁止广播电台、电视台将广播组织权转让给非广播组织，因此广播组织权的受让人或被许可使用人可以是广播电台、电视台之外的其他民事主体。[②]

在《著作权法》（2010）规定的转播权的适用方面，司法实践中曾存在较大争议。《著作权法》（2010）规定的广播组织权的权利范围仅限于"禁止

---

① 具体案情详见广州市中级人民法院（2010）穗中法民三初字第 196 号民事判决书。
② 具体案情详见北京市知识产权法院（2015）京知民终字第 1818 号民事判决书。

他人转播或是录制、复制其广播的内容"。有观点认为，根据我国《著作权法》的立法解释，该"转播"仅指"其他广播组织的实时转播"，因此无法规制互联网转播行为。①在"新浪诉凤凰网案"中，北京知识产权法院从文义出发，将广播权中的"以有线方式转播"解释为包含互联网转播；而在"央视国际诉聚力传媒案"中，法官则从立法历史及条约背景出发，认为我国《著作权法》中的广播权不包含互联网转播。②在"央视国际诉我爱聊案"中，法官认为，要正确理解《著作权法》中"转播权"的含义，就必须结合《著作权法》的立法背景以及相关国际条约。由于TRIPs协定第14条规定的广播组织权并未扩展到互联网转播，且我国在修改《著作权法》广播组织权时参照了TRIPs协定中的规定，因此我国广播组织权的规制范围应当也不包含互联网转播。③值得注意的是，在"新浪诉凤凰网案"中，北京知识产权法院也引用了《伯尔尼公约》的规定以及全国人大常委会法律委员会《关于修改著作权法决定》的报告，认为广播组织权规制的"转播"不包括网络直播。④但在解释"广播权"时，法官又直接将广播权中的"有线转播"解释为包含互联网转播，而未对该条文的"立法原意"进行考察。事实上，我国《著作权法》对广播权的定义同样借鉴了《伯尔尼公约》的1971年文本，由于当时还没有国际互联网，因此《伯尔尼公约》规定的广播权的权利范畴显然不包括互联网转播。⑤在同一判决中，法官对背景相同的近似概念作出了截然不同的解释，这在一定程度上反映了法官在援引立法资料及国际公约解释时不够严谨。

司法实践中，法官在解释《著作权法》（2010）的权利范围时，有时会受到保护产业发展这一因素的影响，对体育赛事节目广播组织权进行扩张解释以制止未经许可的同步"盗播"行为。例如，在"央视国际诉聚力传媒案"中，法官便将保护产业发展作为判决的考量要素之一，提出："人民法院完全可以运用著作权权利的兜底性规定和独创性裁量标准，对于确有保护必要、有利于产业发展的客体或者客体使用方式，根据最相类似的作品类型或

---

① 苏志甫. 从著作权法适用的角度谈对网络实时转播行为的规制 [J]. 知识产权，2016（8）：29-35.
② 具体案情详见上海市浦东新区人民法院（2017）沪0115民初88829号民事判决书。
③ 具体案情详见北京市第一中级人民法院（2014）一中民终字第3199号民事判决书。
④ 具体案情详见北京市知识产权法院.（2015）京知民终字第1818号民事判决书。
⑤ 王迁. 论广播组织转播权的扩张：兼评《著作权法修订草案（送审稿）》第42条 [J]. 法商研究，2016（1）：177-182.

者运用兜底性权利给予保护，保护新兴产业发展壮大。"① 但这并非普遍现象。有些法官虽然认可投资方的付出及产业发展的需要，但并不愿意因此对法律条文作出灵活解释。例如在"央视国际诉我爱聊案"中，法官就认为：我国《著作权法》及相关的国际条约均未将广播组织权的范围扩张至网络环境，司法机关不能仅仅因为技术发展带来的挑战，就超越立法机关设立的权利边界，对广播组织权作扩大解释。②

《著作权法》在 2020 年修改后，规定广播组织有权禁止未经许可将其播放的广播、电视以有线或无线方式转播。该条款内容与著作权法的广播权的前段表述基本一致。《著作权法》（2020）中规定的"广播权""信息网络传播权"基本等同于 WCT 第 8 条③规定的"向公众传播的权利"，涵括了互联网传播行为。此外，修改后的《著作权法》规定的广播组织的前款"禁止权"是否适用于互联网传播环境，对于这一问题目前尚存争议。基于我国立法采取的著作权和邻接权二分模式，广播组织权与著作权在保护水平上存在差异。这意味着，虽然《著作权法》（2020）对广播权、信息网络传播权、广播组织权的定义均包括"以有线或者无线方式"的表述，但可能存在同文不同义的情况。但是，从国际广播组织及立法发展趋势来看，立法者应当倾向于给予广播组织扩张的控制权以禁止任何方式的不法转播行为。2019 年 WIPO 著作权和邻接权常设委员会发布文件指明，"《保护广播组织条约草案》中的'转播'指原广播组织或代表其行事者以外的任何第三方，以任何方式传播载有节目的信号供公众接收，无论是同时播送、近时播送或延时播送"。④ 此外，从本次修法的条文设定、立法目的来看，广播组织权的"禁止权"应当被解释为包含禁止互联网实况转播行为。

---

① 具体案情详见上海市浦东新区人民法院（2017）沪 0115 民初 88829 号民事判决书。
② 具体案情详见北京市第一中级人民法院（2014）一中民终字第 3199 号民事判决书。
③ 《世界知识产权组织版权条约》第 8 条（向公众传播的权利）规定："在不损害《伯尔尼公约》第 Ⅱ 条第（1）款第（Ⅱ）目、第 Ⅱ 条之二第（1）款（Ⅰ）和（Ⅱ）目、第 Ⅱ 条之三第（1）款第（Ⅱ）目、第 14 条（1）款第（Ⅱ）目和第 14 条之二第（1）款的规定的情况下，文学和艺术作品的作者应享有专有权，以授权将其作品以有线或无线方向向公众传播，包括将其作品向公众提供，使公众中的成员在其个人选定的地点和时间获得这些作品。"
④ SCCR/39/4 Article x Definitions,（e）"retransmission" means the transmission for the reception by the public by any means of a programme-carrying signal by any other third party than the original broadcasting organization or someone acting on its behalf, whether simultaneous, near-simultaneous [or deferred].

第四章

互联网环境下体育赛事节目版权保护的问题

第一节 体育赛事节目版权保护的规范存在冲突

一、修法后视听作品概念与其他立法的协调

（一）《著作权法》框架下的"视听作品"概念争议

2010年《著作权法》是以我国加入《伯尔尼公约》1971年文本为背景的，该文本对于视听内容的保护规定，"cinematographic works to which assimilated works expressed by a process analogous to cinematography"，因而我国在2010年《著作权法》中将这一类型的作品定义为"电影作品和以类似摄制电影的方法创作的作品"。2020年《著作权法》将2010年《著作权法》中的"电影作品和类似摄制电影的方法创作的作品"修改为"视听作品"，对于"视听作品"仅仅是"电影作品和以类似摄制电影的方法创作的作品"的一种凝练用语还是对该作品范围的扩大的问题，学界存在着不同的观点。

1. 新法中的"视听作品"不应扩大作品的范围

"视听作品"的概念起源于1989年WIPO缔结的《视听作品国际注册条约》，其第2条将视听作品定义为"任何由一系列有伴音或无伴音的已录制的相关画面组成，可被视觉所感知的作品，当有伴音时，还可被听觉所感知"，这一定义中的一个重要条件就是要求作品"已录制"。追溯"视听作品"的概念起源可知，《视听作品国际注册条约》中的"视听作品"与关于电影和以类似摄制电影的方法创作的作品的定义一致，我国立法对于"视听作品"

的范围存在误解①，因而将此次立法中的"视听作品"范围认定为在原有的"电影作品和以类似摄制电影的方法创作的作品"基础上的扩大是没有依据的。

另外，若认定 2020 年《著作权法》中"视听作品"的范围已经被扩大，则将会带来更深层次的适用问题，即如何区分"电影、电视剧作品"和"其他视听作品"，②并可能带来一定的交易风险。2020 年《著作权法》明确区分了"电影、电视剧作品"与"其他视听作品"在权属上的界定，规定前者的著作权归制作者所有，而作曲者、编剧、导演等创作者仅享有署名权和约定的报酬权；对于"其他视听作品"，其权属则可根据当事人之间的约定来灵活安排。这一"法定"与"约定"的界限对权利人的权益判断和交易安全具有重大影响，其核心在于准确区分不同类型的视听作品。

尽管我们似乎可以在形式上通过排除法来界定"电影、电视剧作品"之外的作品为"其他视听作品"，但随着视听作品分类的日益复杂和制作技术的不断进步，"微电影""情景短剧"等多种形式的视听作品不断涌现，这些作品同样涉及编剧、导演、作曲者等多方主体的参与，并在独创性上与传统电影、电视剧不相上下，这使得"电影、电视剧作品"的界定变得越发复杂。

首先，单纯依赖电影、电视剧播放的行政审批或制作单位的行政许可来判断某一视听作品的性质，更多是一种形式上的确认而非实质上的界定。因此，如何实质性地区分电影、电视剧作品与其他视听作品，成为一个技术上的挑战。

其次，对于"电影、电视剧作品"和"其他视听作品"的区分标准，也可能成为利益分配中的功利化解释手段。将某一作品归类为"其他视听作品"可能更有利于各方主体的利益分配，但在利益分配不明确或缺乏有效公示手段的情况下，也可能引发"一权多卖"等交易风险。

2. 新法中的"视听作品"理应扩大作品的保护范围

电影技术造就了电影作品和以类似摄制电影的方法创作的作品，新的创作工具产生了新型的视听内容。在新技术背景下，大量微制作、微平台出现，加之算法、深度伪造等新型创作工具的产生，具备听觉、视觉感知可能性的视听内容层出不穷，其独创性有无、高低的判断也不再局限于内容的长短、创作工具是否复杂，许多形式的视听内容实际上已经达到了版权法所规定的

---

① 王迁. 论视听作品的范围及权利归属 [J]. 中外法学，2021（3）：669.
② 王迁. 论视听作品的范围及权利归属 [J]. 中外法学，2021（3）：677.

受保护作品的独创性要求，然而却在修法前因无法将其归于"电影作品和以类似摄制电影的方法创作的作品"类别而"无名无分"，无法获得著作权法的有效保护。作品的分类是一个随着技术的发展不断扩大的过程，传统的电影、电视剧也是在技术发展的过程中逐步获得保护的。版权法对电影的保护是伴随着电影技术的发展而产生的，电影行业的发展始于1890年爱迪生发明的"活动电影摄影机"，电影技术的发展催生了对电影保护的要求。起初，电影所能获得的版权保护仅限于电影登记照片，然而电影行业随意使用他人的作品拍摄电影引发了版权人的不满，即利益冲突要求公平的利益分配。法国在柏林修订会议上提出对电影予以保护，《伯尔尼公约》柏林文本进而确定了对"电影制品"以及"已有作品的电影复制品"的保护，而后的罗马文本更是确定了"电影作品应获得与原作同等的保护"，原因在于电影对原作的加工往往不仅限于复制而是可以被认定为改编，其所蕴含的电影制作者的创造性劳动足以被认定为原创作品。[①] 随后，电视作品出现，其在编辑、剪辑、效果上与电影作品几乎相同，被视同为电影作品，并被称为"以类似摄制电影的方法创作的作品"而获得与电影作品同等的保护。新的创作工具和传播技术降低了创作门槛，并淡化了制作者、作曲者、导演、编剧等各个角色之间的分工。传统的电影和以类似摄制电影的方法创作的作品已经无法涵盖所有的视听内容，其权利归属规则也无法很好地适用于参与者角色交叠、类型无法明确辨析的新型视听形态，因而立法仅规定作品的类型是不可行的，我们需要建立一种视听作品的种概念，才能将新型的视听作品纳入著作权的保护范围。

（二）《著作权法》与其他法律的概念冲突

2020年的《著作权法》将原先的"电影作品和以类似摄制电影的方法创作的作品"修改为"视听作品"，并规定了"电影、电视剧作品"和"其他视听作品"两类不同的权利归属规则。其中，"电影、电视剧作品"的定义沿袭了《著作权法实施条例》中的规定，即指"摄制在一定介质上，由一系列有伴音或者无伴音的画面组成，并且借助适当装置放映或者以其他方式传播的作品"，其与《电影产业促进法》以及《广播电视管理条例》中的规定存在不一致之处，具体见表4.1：

---

① 山姆·里基森, 简·金斯伯格. 国际版权与邻接权：伯尔尼公约及公约以外的新发展 [M]. 郭寿康, 等译. 北京：中国人民大学出版社, 2016: 367-376.

表 4.1 不同法律法规中电影、电视剧作品概念的比较

法律名称	著作权法	电影产业促进法	广播电视管理条例
效力级别	法律	法律	行政法规
客体	电影、电视剧作品	电影	广播电视节目
构成要件	制作主体： 制作者	制作主体： 法人、其他组织	制作主体： 由广播电台、电视台和省级以上人民政府广播电视行政部门批准设立的广播电视节目制作经营单位制作
	摄制在一定介质上	运用视听技术和艺术手段摄制、以胶片或者数字载体记录	/
	有伴音或者无伴音	有声或者无声	
	一系列画面	连续画面	
	借助适当装置放映或者以其他方式传播	用于电影院等固定放映场所或者流动放映设备公开放映	
	作品的一般性要件	表达一定内容	
	/	符合国家规定的技术标准	

就电影的概念而言，《电影产业促进法》中对于"何为电影"的限制更多，除需要满足《著作权法》规定的要件外，还需要满足"符合国家规定的技术标准"这一要件。同时，《电影产业促进法》及《广播电视管理条例》还限定电影作品、电视剧作品的制作主体分别为法人、非法人组织及行政部门批准设立的制作单位。不同的法律规范带来了多方面的问题。首先，由于《著作权法》《电影产业促进法》及《广播电视管理条例》在法律层级上有所区别，在适用上采用的是"上位法优先于下位法""特殊法优先于普通法"的顺序。在处理《著作权法》与《电影产业促进法》的概念冲突时，由于二者已经处于同一位阶，采用的是"特殊法优先于普通法"的适用规则，因而应当采用后者的概念，创作主体仅能限于法人、其他组织，同时还要满足国家规定的技术标准要求。在处理《著作权法》与《广播电视管理条例》的冲突时，由于后者为行政法规，在位阶上低于前者，因而采用《著作权法》中的概念，并未有主体限制。但是这样的适用差异对于摄制方法、编辑手段等

各方面极为相似的电影作品、电视剧作品似乎缺乏科学性、合理性。特别是在创作工具越来越多元化、简便化的新技术背景下，普通用户也能够创作出富有创造性的微电影、小短剧等，创作主体日益复杂、创作内容日益多变，电影、电视剧的表现形式也日渐趋同，若采取不同的认定标准，极易导致一些创作者的作品无法受到有效的知识产权保护，进而打击创作者的积极性。同时，由于《著作权法》更多体现的是司法确权功能，而《电影产业促进法》及《广播电视管理条例》更多体现的是行政执法功能，二者在判定标准上的不同也将导致行政、司法确认的不统一而延长整个著作权保护链，行政执法阶段若未能有效确认权利归属而使得相关著作权纠纷进入司法程序，则将延长整个纠纷解决过程，进而造成行政资源和司法资源的浪费。

二、修法后放映权与广播权的权利重叠

（一）放映权、广播权的概念起源及其分野

"行为"是知识产权制度的核心，知识产权各个权项划定了知识产权权利人及其他人的行为边界，这一方面能够平衡知识产权权利人的私益与公共利益之间的关系，另一方面也能够作为判定侵权的重要因素。"传播行为"是著作权制度的核心问题，作品利益的产生、增值往往都离不开传播行为。传播行为与复制行为、演绎行为是有区别的，从行为的客观特征来看，后者不能够促进信息的大范围流动和共享。特别是在数字环境下，著作权人的大部分收益往往来自传播而非简单复制，因而现代著作权法律制度的核心问题已然从复制行为转向传播行为。现代版权的扩张与技术的发展相伴相生①，著作财产权中各项权利的诞生也与其传播技术背景有着密切关系（见图4.1）：

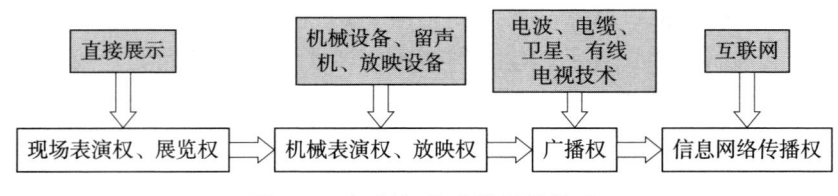

图4.1 权利与技术发展的关系

放映权、广播权产生于不同的技术背景，在传播媒介尚未整合且电信网、有线电视网及互联网也尚未融合的时代背景下，放映权和广播权所控制的行

---

① 易健雄.技术发展与版权扩张 [M].北京：法律出版社，2009：88.

为是具有明显区别的。放映权的来源要从留声机和放映机说起。1877 年，爱迪生发明了第一台留声机，从而实现了声音的跨空间传播。留声技术可以追溯到 1857 年法国人 Leon Scott 发明的声波振记器。声波振记器就是原始录音机，作为留声机的前身，它通过将声波记录在有形媒介上来记录声音，但由于其未能将声音重现而未得以广泛传播，爱迪生发明的留声机则突破了这一局限。留声机的主要原理是通过声波引起金属针震动使得金属针在蜡筒上留下痕迹，而后金属针沿着蜡筒上的痕迹震动又传递出声波进而还原出原先记录的声音，这一设备实现了声音的记录和无数次再现的可能性，将表演的形式从现场表演拓展到机械表演，实现了跨区域大量传播的可能性。因而《伯尔尼公约》在 1908 年的柏林文本中便规定了机械表演权，后又在 1968 年的斯德哥尔摩文本中规定了公开表演权的一般条款，规定著作权人享有授权公开表演其作品的权利，从而包括用各种手段和方式公开表演的权利，将公开表演权的范围拓展到了机械表演权。[①] 留声机通过记录和再现声音传播音乐作品、录音制品，而放映机则在此基础上增加了光信号的传播。1895 年，法国的卢米埃尔兄弟在前人研究的基础上发明了活动电影机，通过胶片间歇运动和遮光器的开闭来呈现画面，由此拉开了电影史的序幕，并为视听作品的传播打下基础，放映权亦因此而产生。从呈现效果来看，放映机与留声机类似，不同之处在于留声机是将声波记录下来进而再现，而放映机记录和再现的对象则是光信号，因而放映权的设立虽晚于机械表演权，但其传播原理实际上与机械表演权异曲同工。

广播权、机械表演权及放映权的行使均依赖机械设备来传播作品，然而，三者在实施上却存在一定差异。机械表演权与放映权的实现需要依赖于介质或载体，例如，音乐作品的机械表演通常需要通过磁带等记录介质进行录制后再现，而放映则需要借助胶片、光盘等载体。广播技术的发展始于 19 世纪 80 年代，科学家麦克斯韦、赫兹对于电磁波的发现为其奠定了基础，随后意大利人马可尼成功完成了无线电波传播信号实验，使得无线电波传输信号成为可能。第一次世界大战期间，无线电通信得到广泛应用，并在战后转向民用时具备了成熟的物质技术条件。广播技术的广泛应用极大地促进了信息的传播，但同时也增加了著作权人作品被无偿分享的风险，因此，限制广播行为的呼声日益高涨。在《伯尔尼公约》1928 年的罗马文本中，广播权被正式确认，但受限于当时的技术背景，该阶段的广播权仅限于无线电传播行为。

---

① 梅术文. 著作权法上的传播权研究 [M]. 北京：法律出版社，2012：39.

随着有线电视技术的发展,无线信号得以转换为有线信号并通过设备传递,这一变革引发了关于有线转播行为是否应纳入著作权规制范围的争议。最终,在《伯尔尼公约》布鲁塞尔外交会议上,著作权对于广播行为的控制范围得到了扩展,即权利人有权选择以有线或无线的方式向公众传播其广播作品。

在深入剖析放映权和广播权的演进脉络后,我们可以发现二者在历史发展中鲜有交集,在传播方式与效果上也存在本质区别。具体而言,放映权的实现依托于作品在特定载体或介质上的固定,并通过机械设备进行传播;而广播权则涉及将作品转化为无形信号,借助无线电设备进行传输。尽管放映方式的受众覆盖面较现场表演和展览权更为广泛,但与广播相比,其远程传输能力却相对较弱。广播行为能够借助无线电技术覆盖全国乃至全球,因此,对权利人而言,广播行为可能存在更高的侵权风险。

基于上述传播方式的本质差异,著作权法对于这两种行为的权项设置进行了明确的区分,各自权项的确立源于所运用技术的不同特性及技术背景的差异。在司法实践中,法官能够根据主体的行为特征,准确判断其是否属于"放映权"或"广播权"的范畴,从而精确判定侵权行为的性质。然而,在当前三网融合的时代背景下,随着传播媒介与技术的整合,传统著作权法中根据技术背景和技术手段确定的各项专有权的界限日益模糊,已难以准确区分各类传播行为。

(二) 媒介融合背景下放映权与广播权的权利重叠

传统放映设备往往出现于电影院中,广播设备则包括广播电视台信号输出端和受众接收端,受众接收端最为普遍的即电视机、收音机等。由于设备及技术的差异性,广播权和放映权的权能相互区分、互不交叉。而技术的发展使得放映机与电视机呈现融合的趋势,各种便利的私人影院、家庭影院设备实现了在接收、转换信号传输的作品内容的同时放映视听作品,这意味着传统的传播行为已然因媒介的融合而难以明确区分。

现有的放映设备应用已然超脱放映权设立初期的技术水平,不再仅仅局限于胶卷放映,放映行为的发生也不再仅仅局限于电影场所。目前生活中统称的"放映机"包括三种:第一种是无网络连接的放映机,这种设备可以通过 U 盘、存储卡等机械呈现介质中存放的内容,其呈现视听作品的方式与最初的放映权所指的放映行为完全重合;第二种是可以连接通信设备的放映机,通过手机连接投屏的方式将原本呈现在手机页面的内容放大至屏幕上,这种放映行为的发生实际上包含两部设备,即信号传输设备和传统的机械呈现设备;第三种是具有通信功能的放映机,这种放映机将放映行为和信号、网络传输融合于一个设备,实现了三种传播行为的融合。上述第二种、第三种放映设备与第一种的区别在于放映行为不再依靠介质的存储和再输出,生活概念中的"放映"已然超脱于立法中"将作品存储在介质上——将介质上的作品再次呈现"的"机械放映"的概念,媒介融合和三网融合使得传统的放映权与广播权、信息网络传播权的界限已然被模糊化,因而在判定侵权时,往往难以通过体系化的解释判断侵害的是著作权的哪一个权项。实践中已然出现放映行为和信息网络传播行为相融合的情形,目前许多文化娱乐场所便存在利用上述第二种、第三种放映机点播线上电影的行为,这种行为侵犯的是放映权还是信息网络传播权?《著作权法》修订后,体育赛事直播行为由广播权控制,世界杯、欧洲冠军联赛、英格兰足球超级联赛等大型赛事举办期间,许多酒吧、餐厅都会利用设备同步放映来吸引顾客,若这些赛事节目被认定为视听作品并享有修改后的《著作权法》所规定的放映权,那么这是否也同时侵犯了广播权?媒介融合使得各传播行为所代表的权项交叉重叠(如图4.2),那么,是要在放映权概念中增加具有信号接收、网络链接功能的明确定义,接受其与信息网络传播行为、广播行为等传播行为融合的事实,将"生活认知"转化为"法律确认",还是将其立法起源上的"将作品存储在介质上——将介质上的作品再次呈现"的"机械放映"的概念保留,仅将上述争议行为定性为侵害广播权或者信息网络传播权?这一问题涉及著作权制度中对于传播行为的认知及分类等基础理论问题,需要我们进一步理顺认定标准及梳理权利范围。

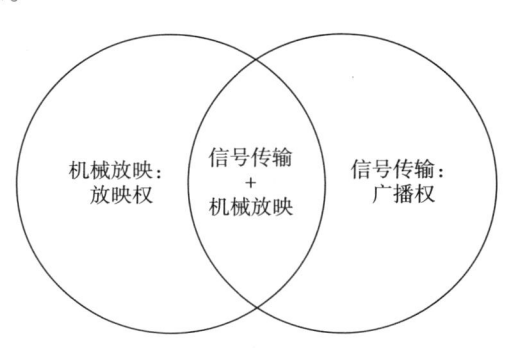

图 4.2　广播权与放映权的交叉和融合

三、修法后体育赛事节目中运动员权益保护的争议

(一) 修法后体育赛事节目中运动员的表演者性质争议

在《著作权法》修订之前,体育赛事节目能否被归类为视听作品,直接关系到运动员能否享有与电影、电视剧作品中的表演者相同的权益。在现有机制下,体育赛事节目中运动员的薪酬及其他相关权益的保护主要通过合同进行约定。然而,由于各俱乐部在市场中占据一定的垄断地位,因而其在合同谈判过程中占据优势地位。在这种具有显著"劳动合同"属性的协议中,著作权和表演者权所保护的利益往往难以得到充分的体现和保障。运动员作为具备艺术性、创造性表现,并能创造经济价值的主体,其利益却往往难以得到有效维护。更为严重的是,在部分合同中,运动员的人格利益,如隐私权和肖像权,甚至被商业化利用,而运动员从中获得的回报与这些权利的商业价值并不匹配。运动员权益保护存在的这些不足,已引起社会对于运动员是否应被视为表演者,从而享有表演者权益的广泛讨论。

关于运动员是否应享有表演者权的讨论,核心论点在于表演者权的基础是否基于作品的存在。换言之,即体育赛事节目能否被认定为作品并获得著作权保护,这一点已在之前的讨论中进行过阐述,故不再赘述。根据《著作权法》的修订,受保护的视听内容范围已扩展至"电影、电视剧作品"和"其他视听作品",这使得体育赛事节目有可能被归类为视听作品,进而为运动员享有表演者权提供了可能性。支持运动员享有表演者权的观点认为,体育赛事节目中运动员的竞技运动应被视为表演,因其具备与表演类似的价值属性。这些属性主要体现在以下四个方面:

首先,艺术性。竞技运动展现了速度、力量、耐力等多方面的身体素质和能力,它作为一种美的艺术表达,与艺术表演具有相似之处。运动员展现技艺不仅是为了赢得奖项,也是个人情感的表达和自由思想的体现,这与影视剧作品中演员的表演艺术相契合。

其次,观赏性。现代运动已不再局限于体育本身,经过媒体的商业化包装,其已成为具有观赏性和商业性的活动。体育行业的营利性特点以及体育赛事通过独家区域经营权、电视转播权等授权获得的巨大利益,均反映了其观赏性价值。

再次,创造性。在现代竞技中,单纯依赖机械训练难以取胜。运动员在赛场上对对手运动特征、运动习惯等的预判是竞技的重要组成部分,它要求

快速的思考和反应，也涉及运动员的创造性劳动。这一点与电影作品、电视剧作品中对演员的要求有着相似之处。

最后，表达性。电影作品、电视剧作品的表演者需要对剧本角色进行感悟、理解，并根据自己的判断进行深入表达。同样地，体育赛事节目中的运动员也需要对音乐、场地等进行感受、判断，并通过技巧性展示表达自己的理解。因此，体育赛事节目中的运动员在运动过程中所付出的劳动不亚于传统影视剧作品的表演者，其在"传播"过程中发挥的中介作用理应受到邻接权的保护。

（二）体育赛事节目中对运动员肖像的商品化权保护缺位

商品化权并非既有的法律定义，而是一个在理论与实践层面寻求保护的权利诉求。具体而言，它指的是基于人物的人格特征（如肖像、隐私、名誉等）所产生的商业利益进行商业利用的无形财产权。商品化权的概念源于美国隐私权保护的实践，并在1902年的"罗伯逊"一案中受到广泛关注。此案中，原告的肖像被一家面粉厂擅自用于广告，因此原告遭受了公众的嘲讽与侮辱。最终，法院认定被告侵犯了原告的权益。此案不仅引发了广泛的社会讨论，而且直接推动了美国首部隐私法的出台，该法律也成为美国商品化权保护的法律基础。

在我国，表演者权涵盖了一系列权利，包括表明表演者身份、保护表演形象不受歪曲、现场直播、首次固定、复制发行以及信息网络传播等。这些权利不仅保护了表演者的精神利益，也涉及了财产利益，包括对表演者肖像权利用的行为规范。然而，值得注意的是，尽管表演者权的保护范围广泛，但仍未能全面涵盖商品化权所提及的利益。如在杨洋与云南白药集团股份有限公司肖像权纠纷一案[①]中，原告杨洋与《三生三世十里桃花》电影出品方中联华盟公司签订的聘用合同中约定，对于影片涉及的肖像、人物造型等，中联华盟公司享有用于开发电影衍生品的权利。后中联华盟公司将剧照授权被告云南白药集团股份有限公司使用，原告因此起诉其侵犯肖像权。法院认为，中联华盟公司及云南白药集团股份有限公司的行为已获授权，因而驳回了原告关于肖像权的主张。此案中法院基于聘用合同约定而将表演者肖像的所有商业运用判定为合法，利益的天平已然倾斜，演员虽然享有著作权法上的表演者权保障，但其自身肖像的商品化利益却无法得到有效保护，甚至处

---

① 具体案情详见北京市朝阳区人民法院（2018）京0105民初44608号民事判决书。

在维权无门的境地之中。反观体育赛事节目中运动员的权利保护,即使其获得了表演者权,也同样需要面临一般影视作品中表演者所面临的问题。作为运动员,特别是运动员明星,其所能够产生的商业利益是十分可观的,若其商品化权无法得到有效保障而被俱乐部所侵吞,那么其便无法得到有效的创造性激励,为文化输出、艺术呈现作出贡献,则体育赛事节目的意义也将被削弱。

第二节 体育赛事节目版权的新型侵权行为频现

一、视频聚合模式下体育赛事节目版权侵权行为

(一) 利用视频聚合技术传播体育赛事节目的行为性质

随着流媒体技术的普及,视频产业呈现出蓬勃的发展态势。各大视频平台在依托其雄厚的资产规模积极争夺版权的同时,也通过构建平台链接的方式,有效地整合了多元化的影视资源,并将其分享给广大受众,以此实现盈利目标。然而,值得注意的是,部分平台链接的视频内容存在未经授权的情况,这些平台无须承担高昂的版权许可费用和带宽费用,却能借助成熟的网络广告联盟和支付机制直接将流量变现,这不仅扰乱了网络传播的正常秩序,还引发了大量版权侵权纠纷,对视频产业的健康发展构成了一定程度的威胁。

基于对信息网络传播权概念的不同认知,对于视频聚合行为属于"技术服务行为"还是"信息传播行为",学界存在分歧。我国2020年《著作权法》第10条将信息网络传播权定义为以有线或者无线方式向公众提供,使公众可以在其选定的时间和地点获得作品的权利。信息网络传播权的设立受WCT第8条"向公众传播权"的直接影响,该条的议定声明认为,"仅仅为促成或进行传播提供实物设施不致构成本条约或《伯尔尼公约》意义下的传播"[①]。

但互联网技术的复杂性使视频聚合行为处于"信息提供"和"技术服

[①] 议定声明原文:"关于第8条的议定声明:不言而喻,仅仅为促成或进行传播提供实物设施不致构成本条约或《伯尔尼公约》意义下的传播。并且,第8条中的任何内容均不得理解为阻止缔约方适用第11条之二。"

第四章　互联网环境下体育赛事节目版权保护的问题

务"交叉的模糊地带。视频聚合平台从事的是定位、链接、传输等一系列技术服务的总和,但其内容的呈现效果与原始提供者别无二致,这导致了各法院对类似案例的判决结果迥然不同。司法解释试图通过列举技术手段来区分"信息提供"与"技术服务",例如"通过上传到服务器、设置共享文件或利用文件分享软件等方式"将信息置于网络中的行为,应解释为信息提供行为[1],"在互联网领域中,网络服务提供者所提供的服务,包括自动接入、自动传输、信息存储空间、搜索、链接、P2P(点对点)等"的,属于"一种帮助行为,即提供技术、设施支持,并不符合直接的信息网络传播行为的构成要件"[2]。然而在相关规定的列举中,并未提及深度链接技术。因此,法院既可以认定聚合行为属于利用"服务器、文件分享软件等"提供信息,也可以认为其主要是一种"链接"行为且属于技术服务。

视频聚合行为虽然在技术上主要采用的是深度链接手段,但其实质上已经达成了替代被链网站进行作品传播的效果,属于一种信息提供行为。因此,在检测聚合行为是否侵权时,重点应在于行为人是否突破了权利人控制的传播范围、是否让用户直接获得了作品,而不应过度关注传播作品的技术手段[3]。如果仅纠结于技术层面,而忽略技术手段的目的和传播的本质——用户的接收效果,则往往无法正确认定行为性质及其带来的后果。

(二) 利用视频聚合技术传播体育赛事节目的侵权判定

在寻求对高质量赛事节目播放的独家授权时,视频网站常需要承担高昂的财务成本。对于获得非独家授权的平台,由于独立诉讼权利的缺失,它们通常会依据反不正当竞争法来寻求损害赔偿。以 2016 年乐视体育的诉讼案为例,乐视体育声明其已获得 2016 年和 2017 年中国足球协会超级联赛的独家信息网络传播权及其他著作财产权。然而,在赛事直播当天,乐视体育通过技术手段监测到,深圳聚网视运营的"VST 全聚合"和"VST 直播"软件、深圳新感易搜运营的"云图 TV"以及上海脉森运营的"全民 TV"网站,未经授权,通过互联网和深度链接技术,向公众提供了中超联赛第一轮"江苏苏宁与山东鲁能"比赛的在线直播服务。乐视体育主张,上述三家平台的行

---

[1] 《最高人民法院关于审理侵害信息网络传播权民事纠纷案件适用法律若干问题的规定》第 3 条第 2 款。
[2] 《北京市高级人民法院审理涉及网络环境下著作权纠纷案件若干问题的指导意见(一)试行》第 3 点。
[3] 李芬莲. 著作权法视野下视频聚合行为法律定性的思考 [J]. 法学杂志, 2017 (3): 106-114.

为严重侵犯了其信息网络传播权,构成了不正当竞争,并给乐视体育带来了巨额经济损失。因此,乐视体育向这三家公司提出了经济损失及合理维权费用的索赔,总额达 500 万元人民币。

鉴于聚合平台在实务操作中的性质存在争议,若选择以著作权侵权诉讼作为维权手段,则可能存在对方利用"避风港规则"或"技术中立"原则来规避法律责任的风险,从而导致败诉的可能性提高。即便间接侵权被确认成立,由于直接侵权者通常为非实名注册的小型视频网站或用户,其隐匿性特征也会使得起诉和举证较为困难。因此,部分独占许可人或版权人倾向于避免对聚合行为性质的争议,而是直接以对方获取不正当利益、扰乱正常经营秩序为由提起诉讼。以 2015 年全国首例视频聚合不正当竞争案——"爱奇艺诉聚网视"[1] 为例,聚网视开发的"VST 全聚合软件"擅自链接了爱奇艺的视频,并具备广告过滤功能,使用户能够直接播放爱奇艺视频而无须观看广告,从而严重降低了爱奇艺的视频访问量和下载量。法院裁定,被告破坏了原告为保护其合法商业模式而设立的技术措施,未经许可完整地获取原告视频并提供播放服务,且无须支付带宽费用和版权成本,从而获取了不正当的竞争优势,构成不正当竞争。类似案例还有 2016 年的"搜狐诉看客影视"案[2],被告通过劫持搜狐网站、屏蔽其播放器界面、片头广告、评论和推荐,直接替换播放器提供视频点播服务。法院认为,原告已支付了版权费和云隐成本,但被告的盗链行为降低了原告的广告浏览量和用户访问量,最终判决被告立即停止对原告的不正当竞争行为,并刊登道歉声明,同时赔偿原告经济损失 14.5 万元。

二、电视回看模式下体育赛事节目版权侵权行为

(一) IPTV 回看模式下关于体育赛事节目的法律争议

2021 年,上海市知识产权法院审理的咪咕视讯科技有限公司诉中国联合网络通信有限公司安徽省分公司著作权侵权纠纷一案,引发了大众对 IPTV 电视回看体育赛事节目的关注。[3] 在该案例中,咪咕视频通过与排球之窗签订正式的《合作协议》,依据法律法规获得了包含 IPTV 平台播放权在内的全媒体权利。然而,中国联合网络通信有限公司安徽省分公司(简称"安徽联

---

[1] 具体案情详见上海市知识产权法院(2015)沪知民终字第 728 号民事判决书。
[2] 具体案情详见上海市知识产权法院(2016)沪 73 民终 68 号民事判决书。
[3] 具体案情详见上海市知识产权法院(2021)沪 73 民终 687 号民事判决书。

通") 在中国排球超级联赛赛程期间,未经咪咕视频的明确授权,擅自在其 IPTV 端口接入并播放中国排球超级联赛的实时节目与回看频道。基于上述事实,咪咕视频坚称,其所获得的 IPTV 平台播放权具备独占性质,安徽联通在未经其许可的情况下,通过其 IPTV 平台传播相关赛事内容,已构成对咪咕视频权益的侵权行为。

本案的争议焦点之一在于咪咕公司作为被授权方,在体育赛事节目中所享有的权利边界的明确界定。针对此问题,被告安徽联通提出,中国排球协会作为赛事的主办方,享有对其主办的体育赛事的著作权。随后,中国排球协会与体育之窗、体育之窗与排球之窗、排球之窗与咪咕公司分别签订了独占性授权协议,但协议中并未明确阐述版权的归属及其权利边界。人民法院审理后认为,在签署上述授权协议时,各方均已充分知悉上游权利的来源情况;并且,咪咕公司所获得的包含 IPTV 平台播放权在内的全媒体权利,应当涵盖新媒体、数字平台直播、重播、时移及点播的各项权利。因此,安徽联通在未获授权的情况下,于 IPTV 平台提供体育赛事直播、回看等服务,已构成侵权行为。在数字化信息时代的背景下,三网融合政策正逐步深化并影响视听传播产业的发展。IPTV 电视回看作为三网融合的典型应用,通过技术创新持续推动着广播电视产业惠民工程的进步。然而,电视回看服务的正当性难以量化评估,且授权获取存在困难,这些问题对广播电视从业者造成了一定的困扰,并给三网融合的推广进程带来了一定阻碍。

(二) IPTV 回看模式中体育赛事节目的授权困境

在我国,三网融合正以不可阻挡的推广态势,推动着广播电视产业实现深刻的转型与发展。在此背景下,宽带及信息通信网络等技术的显著突破,为广播电视产业创造了全新的盈利模式,IPTV 便是在此基础上应运而生的。IPTV 通过集成互联网和新媒体技术,对传统电视业务进行了革新,其提供的点播、回放和时移等功能,使电视节目转变为具有商品属性的产品,并将观众转化为消费者。通过提供个性化的服务,IPTV 进一步细化了受众定位、划分了消费市场,将传统广播电视产业中面向大群体观众的单线传播模式,转变为面向具有更强经济实力的小群体观众的精准服务模式,从而实现了更为精准的销售服务和广告投放。[①] 在现有的技术架构下,IPTV 通过电信网的双

---

① 景诗佳,顾洁. 机遇与挑战:三网融合背景下的 IPTV:以百视通为例的 SWOT 分析 [J]. 编辑之友,2013 (10):84.

向接入通道，成功开拓了多元化业务，涵盖远程教育、电视回放、互动电视及有线视讯等，从而促使广播电视业衍生出数字电视业务这一重要分支。数字电视功能的定位则聚焦于"家庭信息数码港"，即作为家庭信息交互系统中不可或缺的视听人机交互界面。在此框架内，电视业已完成了从单向娱乐传输终端到以采集、分析受众信息为核心的数据终端的转型。[1] 为实现广播电视业务的创新发展，IPTV 的持续进步促使电视角色发生了显著转变，由原先的信息展示媒介进化为集信息传输与交互于一体的中心。同时，电视产业亦逐渐从传统的"内容为王"模式转型为以"平台为核心"的发展策略。

在司法实践中，关于 IPTV 电视回看体育赛事节目的侵权纠纷，主要的诉讼主体通常为视频播放平台与 IPTV 运营商。在多数案例中，视频播放平台以其作为视听作品著作权人的独占许可持有者为由，主张 IPTV 运营商侵犯了其合法权益。尽管 IPTV 平台拥有强大的信息技术支持，能够为用户提供电视回看、点播等视听服务，然而，由于投资水平、商业规模及受众数量的差异，IPTV 平台在集权和授权方面亦面临诸多挑战。

首先，从用户终端的视角出发，当前数字产品市场竞争日益激烈，多数用户更倾向于通过视频播放平台而非 IPTV 频道获取作品，这在一定程度上影响了广播组织的授权积极性。其次，从授权难度的层面分析，为确保授权的合法有效，避免因取得不完整授权而引发侵权风险，广播组织必须对各类传播行为进行细致的甄别，并逐一获取授权。这一复杂且烦琐的授权流程增加了作品利用的难度，并有可能间接导致作品使用人放弃合法授权，转而采取非法手段使用作品。[2]。最后，从市场竞争的角度考量，承办体育赛事的相关协会往往会将作品的信息网络传播权（其中包括独家使用权、独家许可权、独家广告经营权收益权等权利）独占许可给具有庞大资金支持的视频播放平台。此种独占许可所涵盖的信息网络传播权所指称的权利包括但不限于点播、直播、下载、互联网电视、手机电视、数字电视和任何基于 3G 技术、IP 网络向公众传播的权利及其他新媒体终端向公众传播的权利。[3] 此番种种，均使 IPTV 平台面临着回看业务的授权难题。

---

[1] 邬建中. 新三网融合背景下电视产业的转型之路 [J]. 编辑之友，2015（12）：16.

[2] 焦和平. 三网融合下广播权与信息网络传播权的重构：兼析《著作权法（修改草案）》前两稿的相关规定 [J]. 法律科学（西北政法大学学报），2013（1）：153.

[3] 具体案情详见北京知识产权法院（2019）京 73 民终 3778 号民事判决书。

三、电子竞技赛事直播的版权争议

中国是电子竞技的后起之国,虽起步晚于韩国、法国等电竞强国,但发展迅速。早在2003年,电子竞技已正式获批成为第99项体育项目。[1] 2006年,经国家体育总局重新分类调整,该项目序号变更为078。[2] 随着电子竞技被正式认定为体育项目,其与常规网络游戏的界限越发清晰。首先,电子竞技具备统一且强制执行的竞赛规则,包含严格的时间和回合限制,而网络游戏往往缺乏明确的规则和时间限制。其次,电子竞技与网络游戏在追求目标上存在差异。电子竞技侧重于参赛双方在智力、应变能力和设备操控技巧上的较量,高度关注比赛结果;而网络游戏则主要用于满足用户的休闲娱乐需求,重视游戏过程中的用户体验,比赛结果并不作为主要考量。最后,电子竞技与网络游戏在主体构成上也有所区别。职业电竞选手既须具备相应的竞技水平,又须深入了解并严格遵守电竞项目的竞赛规则,这与普通网络游戏用户存在显著差异。[3] 作为体育项目的电子竞技将更加强调对抗性,确立完备的、统一的竞技规则,走向更为职业化的道路,而电竞赛事的直播也因此产生了更复杂的版权问题。

(一)电子竞技赛事直播的作品性质认定争议

目前电竞赛事直播行业尚处于"投入期",能从中获取的直接收入较少,因此,将赛事转播授权出售给直播平台成为其重要变现方式。2016年年底,Riot公司以3亿美元将英雄联盟赛事未来数年的独家转播权出售给美国职业棒球大联盟(MLB)旗下的BAMTech,电竞版权被媒体称为下一个"超级IP"。[4] 由此产生的挑战就是电竞赛事直播画面的版权问题。

电竞比赛直播与个人电竞游戏直播的运作存在显著差异。直播平台在进入此领域时,需要先获得赛事主办方的明确授权,以进行赛事的拍摄和直播。随后,平台需要投入大量资金和技术资源,对赛事进行实时传输、剪辑及解说等,涉及的金钱和时间成本显著。在中国电竞行业网络直播领域颇具影

---

[1] 余思均,熊禄全,李旭,等. 从电子竞技到虚拟赛事:中国数字体育赛事的演进历程、现实困境与未来路向[J]. 体育科学,2024(11):15-31.
[2] 杨越. 新时代电子竞技和电子竞技产业研究[J]. 体育科学,2018(4):8-21.
[3] 杨越. 新时代电子竞技和电子竞技产业研究[J]. 体育科学,2018(4):8-21.
[4] 张惠彬,沈浩蓝. 论电子竞技运动的法律治理[J]. 西安体育学院学报,2021(5):534-541.

力的"火猫诉斗鱼"① 一案中，火猫 TV 的经营者耀宇公司投入巨额资金，成功获得了 2015 年 DOTA2 亚洲邀请赛的独家视频转播权。然而，斗鱼公司未经授权，擅自通过客户端旁观模式截取赛事画面，并结合主播的点评，实时直播了涉案赛事。因此，耀宇公司以著作权侵权及不正当竞争为由，将斗鱼公司诉至法院。

经过审理，法院最终认定斗鱼公司的行为构成不正当竞争，并确认电竞比赛直播为商业成果，具有显著的商业价值，是一种受法律保护的财产性民事权益。然而，关于耀宇公司主张的视频转播权，法院认为其并不属于法定的著作权权利范畴，且比赛画面亦不符合著作权法规定的作品属性，因此，耀宇公司关于斗鱼公司侵害其著作权的主张未能得到支持。该判决结果在我国著作权法尚未明确涵盖电竞比赛直播领域的过渡期间，不失为一种权衡利弊的选择。然而，值得注意的是，反不正当竞争法作为知识产权法的补充，其适用存在一定的模糊性和不确定性。随着电竞赛事直播市场的快速发展，预计未来会出现更多涉及版权的纠纷。这种不确定性可能导致类似案件在判决结果上出现差异，给直播平台的权益保障带来较大挑战，进而影响到其通过网络直播实现电竞赛事利益商业化的目标，并可能阻碍上游行业的整体发展。

个人电竞游戏直播与电竞赛事直播存在显著差异。个人电竞游戏直播通常仅展示主播个人的游戏画面，这限制了观众对整体战局的全面观察。而在电竞赛事直播中，情况则有所不同：一方面，若游戏内置了观战机制，则观众可以自由切换视角，实时观看所有参赛选手的游戏画面，从而全面把握战局动态；另一方面，若游戏本身不具备这一功能，赛事主办方则会采用多机位直播的方式，同时呈现所有参赛选手的游戏画面，以确保观众不错过任何精彩瞬间。

个人直播类似于使用固定摄像机仅对一名选手进行拍摄，视角单一。而电竞赛事直播则更为丰富多元，除了展示游戏画面外，其还涵盖了对阵双方选手的实时状态、实际战况、镜头切换、专业主播的解说分析、现场观众的互动画面，甚至可能配备字幕、音乐等辅助元素，以提升观众的观赛体验。对于比赛中的关键和精彩环节，还会通过慢镜头回放等方式进行重点呈现，确保观众能够全方位、深入地感受电竞的魅力。② 在此过程中，游戏资源库内

---

① 具体案情详见上海市知识产权法院（2015）沪知民终字第 641 号民事判决书。
② 祝建军. 网络游戏直播的著作权问题研究 [J]. 知识产权，2017（1）：30.

预先存储的要素，经由玩家智慧的运用被提取出来，进而通过直播平台的后期处理，包括筛选、组织、剪辑以及解说等环节，最终形成了一系列包含伴音画面的动态视频，这符合视听作品的典型展现形式。

《北京市高级人民法院侵害著作权案件审理指南》规定，"体育赛事节目视频符合以类似摄制电影的方法创作的作品构成要件的，受著作权法保护"，"运行网络游戏产生的连续动态游戏画面，符合以类似摄制电影的方法创作的作品构成要件的，受著作权法保护"，这为司法实践中以类电作品保护电竞赛事直播提供了参考。[1]

（二）电子竞技赛事直播的版权归属争议

在探讨电竞赛事直播节目作为视听作品的著作权归属时，必须审慎考量其权益分配。2017年10月，广州知识产权法院对网易公司诉华多公司著作权及不正当竞争纠纷案所作的一审判决明确指出，涉案电子游戏《梦幻西游2》在运行过程中所呈现的画面，构成以类似摄制电影的方法创作的作品，其著作权由游戏开发者即原告网易公司所拥有。而被告华多公司在其经营的YY直播网站平台上开设直播窗口、组织主播进行涉案电子游戏直播的行为，被认定为侵犯了网易公司将其游戏画面作为类电作品所享有的"其他权利"。作为国内游戏直播侵权的首例，此案例凸显了游戏直播领域版权利益分配问题的日益凸显。对电竞赛事直播而言，其涉及的权益主体不仅限于电子游戏的开发商和运营商，还包括电竞赛事举办方、直播平台以及电竞选手等多个参与主体。因此，明确划分电竞赛事直播著作权的归属以及解决版权利益分配，已成为当前亟待解决的重要问题。

一方面，关于电竞项目的著作权归属，应明确电竞项目的开发商和运营商对其直播中的游戏画面享有独立的著作权。电竞项目的设计者，即游戏开发商，依据《著作权法》，应独立、完整地享有电子竞技游戏的著作权。游戏运营商，则是指通过自主开发或代理运营网络游戏的公司，其收益主要来源于游戏相关服务和内置广告等营销行为。

根据自主开发和游戏代理的不同模式，开发商与运营商的著作权范围有所不同。在开发商与运营商并非同一主体的情况下，如《DOTA2》这款游戏，其开发商为美国Valve公司，而完美世界有限责任公司则拥有在中国大陆地区的独家运营代理权。因此，美国Valve公司享有完整的著作权，包括人身权和

---

[1] 参见《北京市高级人民法院侵害著作权案件审理指南》（2018）第二章第2.13、2.14条。

财产权；而完美世界有限责任公司则依据代理协议或许可协议享有相应的财产权。随着互联网的发展，作为电竞赛事直播的运营商，网络直播平台的著作权来源于版权许可协议的具体授权和约定。

另一方面，当游戏开发商与运营商为同一主体时，例如《王者荣耀》这款游戏，由腾讯游戏天美工作室群开发并运营，因此腾讯游戏享有该游戏的完整著作权。在电竞赛事直播中，虽然电竞比赛直播是基于游戏作品的再创作，但原游戏的著作权仍应归属于游戏设计者，包括游戏中的角色、台词、音乐等各个部分的著作权。然而，由选手和直播平台在直播中创造的独特内容，不应被纳入游戏设计者的著作权范围。

因此，在界定电竞赛事直播中游戏设计者的著作权范围时，应明确区分电子游戏的著作权与电竞赛事直播的著作权。对于在比赛直播中未经创作处理的原游戏画面，应赋予电竞项目的开发商和运营商独立的著作权。

关于电竞选手能否作为表演者享有邻接权，应基于具体情境进行审慎考量。首要的一点是，电竞选手对赛事直播并不拥有著作权。某些观点认为，比赛选手在游戏框架内进行的竞技活动，虽然带有一定的创作性，但并不足以使其成为演绎作品的作者。[①] 然而，这一点并不具备充分的合理性。首先，电竞选手的操作并不涵盖在改编、翻译、注释、整理这四类法定的演绎行为之内。其次，在电竞赛事直播中，选手的游戏操作实际上是在既定的游戏框架内进行，其操作始终受到游戏开发商预先设定的资料库设计与安排的限制，因此缺乏作品创作的核心特征，并不会对直播画面的独创性认定产生实质性影响，故不应享有著作权。此外，电竞选手作为电子竞技领域的体育运动员，其能否享有表演者权，目前尚存争议，主流观点对此持否定态度，也尚未形成明确的界定标准。最后，电竞产业的发展不能忽视选手的正当利益[②]，电竞产业发展获取的利益也要与电竞选手及其他权利人、社会公众进行分享[③]。因此，也有少数国家将电竞选手认定为表演者范畴。如巴西著作权法已将体育赛事的运动员和运动组织纳入表演者范围。因此电竞选手享有署名权、保护作品完整权等精神权利和获得报酬权等经济权利。

电竞赛事举办方应作为制片者享有电竞赛事节目的著作权。电竞赛事举

[①] 夏佳明. 电子游戏直播中知识产权保护研究［J］. 电子知识产权, 2016（2）：19-25.
[②] 胡小惠. 电子竞技游戏网络直播平台的著作权益问题研究［J］. 西南知识产权评论, 2020（1）：67-94.
[③] 孔祥俊. 网络著作权保护法律理念与裁判方法［M］. 中国法制出版社, 2015：134.

办方具有制片者的法律地位。在电竞赛事直播这一视听作品形成的过程中，电竞赛事的举办方发挥着决定性作用，其往往斥巨资获取对赛事进行拍摄和直播的授权许可，再投入资金和技术对赛事全程进行实时传输、剪辑、解说等，投入的金钱和时间成本甚高。因此，电竞赛事的举办方事实上发挥着类似于电影作品制片人的作用，应当成为电竞赛事节目这一视听作品的著作权人。对于游戏开发商、运营商等固有主体，以及新增的电竞赛事举办方、直播平台、电竞选手、解说人员等更多参与主体的权属分配，应当综合考虑电子竞技领域的特殊性和电竞行业发展的实际情况，基于利益平衡的原则，并根据《著作权法》及各主体的权属约定加以确定。

四、文化娱乐场所传播体育赛事节目的侵权判定

(一) 文化娱乐场所传播体育赛事节目的利益之争

国际足联世界杯（简称世界杯）、英格兰足球超级联赛、美国职业篮球联赛（NBA）等大型体育赛事举办期间，酒吧、餐厅、私人影院等文化娱乐场所为了吸引更多顾客，基于其营利需求，常常通过现场直播的方式传播体育赛事节目。然而，在2020年《著作权法》修订之前，由于体育赛事节目在版权法上未能被明确地归类为电影、类电作品或其他视听作品类型，因而这些营业场所在转播体育赛事节目时拥有一定的法律抗辩空间。

但《著作权法》修改后，视听作品的范围扩大，体育赛事节目得以作为视听作品受到版权保护，因此文化娱乐场所直播体育赛事节目的行为便受到《著作权法》的规制。与此同时，对诸如央视、咪咕体育等被独家授权转播体育赛事节目的平台而言，其为了获得独占性许可往往会付诸大量的资金及技术设备的支持。在独家授权协议中，央视等平台往往会享有专有媒体权利，譬如公共展示权——任何人在未经许可的情况下，不得通过酒吧、影院以及其他非私人住宅场所的电视机、移动设备或传统的家庭/个人无线电接收机的可识别接收来对体育赛事直播节目（或部分直播节目）进行免费或收费的传输。文化娱乐场所未经许可直播体育赛事节目若不能得到有效规制，将造成央视等平台独占利益的流失。

(二) 文化娱乐场所传播体育赛事节目的侵权判定

文化娱乐场所在其服务场所内利用电视机、投屏软件及网络设备来传播体育赛事节目属于未经许可的传播行为，在体育赛事被认定为视听作品的背

景下，这将构成对权利人著作权的侵犯，而该传播行为应当由放映权还是由广播权规制是一个值得探讨的问题。

就酒吧、餐厅、大型商超在其服务区域，利用投屏等方式向顾客直播体育赛事节目的行为而言，其可能同时落入这两者所规制的范围之内。就广播权而言，其包含两项子权利：其一是以非交互性的方式将作品传播给不在现场的公众，其二是利用扩音器等工具向公众传播作品。① 而放映权则是利用幻灯机、投影仪等放映设备将视听内容呈现给大众。对酒吧转播体育赛事节目的行为而言，其应落入广播权所规制的行为范围内。放映权所控制的行为模式为利用放映机等技术设备公开再现美术、摄影和视听作品等的行为。② 就投屏行为而言，其可能落入放映权所控制的范围内。另外，虽然营业场所免费传播体育赛事节目，但由于是在其营业时间内播放，因此该行为属于商业性使用，不构成合理使用，该放映行为需要获得权利人许可。其所控制的行为模式为利用放映机等技术设备公开再现美术、摄影和视听作品等的行为。③ 由此可见，在2020年《著作权法》的框架下，酒吧等营业场所传播体育赛事节目究竟是受放映权还是受广播权控制，需要对放映权、广播权的范围进行更为清晰的界定。

第三节　体育赛事节目版权保护的平台责任承担

一、体育赛事节目版权保护中平台责任争议

近年来，随着网络技术日新月异的发展，电视转播作为体育赛事市场的主要媒介，正面临着互联网平台的严峻挑战。腾讯体育、乐视体育等平台纷纷涉足运动转播市场，从而加剧了顶级赛事转播的竞争格局。与此同时，网络传播媒介的不断迭代更新，为我国体育赛事节目的版权保护带来了新颖且复杂的侵权形态。

尽管我国《著作权法》明确界定了著作权人的广播权、信息网络传播权，以及邻接权人的信息网络传播权、转播权等，为体育赛事的主办方、电视台、

---

① 参见《北京市高级人民法院侵害著作权案件审理指南》（2018）。
② 参见《北京市高级人民法院侵害著作权案件审理指南》（2018）。
③ 参见《北京市高级人民法院侵害著作权案件审理指南》（2018）。

媒体等提供了相对完善的法律保障。然而，随着新型网络服务的涌现，体育赛事的传播方式变得日益多样化和复杂化，传统的侵权方式也已发生显著变化，这给司法实践和理论认定带来了新的挑战。

(一) 主播未经许可直播体育赛事节目的平台责任承担

在深圳行云跃动网络科技有限公司（简称"行云跃动公司"）与上海聚力传媒技术有限公司著作权权属、侵权纠纷一案中（简称"行云诉聚力案"），被告行云跃动公司所属的网络平台主播在未经体育赛事节目权利人许可的情况下，在自己的直播间对涉案的五场体育赛事进行了直播，实施了侵权行为。《民法典》"侵权责任编"延续了《侵权责任法》"通知加采取必要措施"开放式规定，将网络服务提供商采取"必要措施"作为其驶入免责"避风港"的必要条件。① 在体育赛事版权保护的范畴内，关于直播平台内主播未经授权进行体育赛事直播的行为之定性，以及平台对直播内容审查与注意义务的明确标准，尚缺乏具体的法律条文予以规范。此外，平台在面对直播体育赛事侵权行为时的不作为行为，究竟是构成帮助侵权还是直接侵权，亦存在法律解释上的模糊地带。

针对本案，涉案的五场体育赛事直播页面均显著标注了主播的名称、头像、ID号以及打赏通道，部分页面还包含邀请观众关注主播朋友圈的信息。根据《最高人民法院关于审理侵害信息网络传播权民事纠纷案件适用法律若干问题的规定》第7条的规定，若网络服务提供商通过言语、推介技术支持、奖励积分等手段诱导或鼓励网络用户实施侵害信息网络传播权的行为，则平台方将被视为构成教唆侵权。据此，一审法院判定行云跃动公司作为网络服务提供者，因其未能充分履行相应的注意义务而存在过错，故应承担帮助侵权的民事责任。

在此案件中，鉴于被告平台对内部主播所实施的信息网络传播侵权行为进行了明确的推广与鼓励，其行为被认定为教唆侵权行为，故被告需要承担相应的侵权责任。然而，鉴于互联网直播行为在不同商业模式下展现出的多样化传播形态，对于未直接鼓励或宣传主播行为的平台，其责任类型的界定及是否应依据具体情况适用"避风港"制度以减轻或免除其责任，仍需要进行深入探讨。此外，为有效遏制主播侵犯体育赛事版权的行为，平台应采取

---

① 孔祥俊. "互联网条款"对于新类型网络服务的使用问题：从"通知删除"到"通知加采取必要措施"[J]. 政法论丛, 2021 (1)：52-56.

何种技术措施，亦成为亟待研究的重要议题。

（二）平台未经许可转播赛事画面的侵权类型

在体育赛事节目版权保护领域，互联网平台未经授权擅自转播体育赛事直播画面，已构成一种较为普遍的侵权行为。在此类侵权行为中，关于"直接侵权"与"间接侵权"的界定，常成为司法实践中争议的关键点。在苏宁体育文化传媒（北京）有限公司诉上海滚球信息科技有限公司著作权权属及侵权纠纷一案中，被告上海滚球信息科技公司通过OBS软件系统将原告享有合法权益的体育赛事节目进行镜像复制，并在涉案APP中播放，同时屏蔽了页面内的其他内容。尽管被告主张相关镜像内容系由主播自行投放至涉案APP，但由于其未能提供相应证据，故法院对此答辩意见未予采纳。最终，法院认定被告直接实施了提供涉案体育赛事直播节目的行为，且根据我国《著作权法》（2020）中关于"权利管理信息"的新增规定，被告将镜像体育赛事节目内的权利人相关信息予以屏蔽，构成了对涉案足球赛事直播节目的直接侵权，且不符合"避风港规则"的免责条件。

我国《民法典》体系未直接界定"直接侵权"与"间接侵权"的明确概念，而是采用了帮助侵权与教唆侵权的概念，以明确网络平台在侵权事件中的责任承担类型。然而，在法学理论界，直接侵权与间接侵权的划分依然被视为网络平台责任认定的重要依据。具体而言，直接侵权（Direct Infringement）系指行为人直接实施了对著作权构成侵犯的行为；而间接侵权（Indirect Infringement）则是指行为人虽未直接实施侵犯知识产权的行为，但其行为对知识产权的直接侵权行为起到了诱导或辅助的作用。[①]"间接侵权"一词最早来源于英美法学者，起源于1998年10月生效的美国《千禧年数字版权法》（Digital Millennium Copyright Act，简称"DMCA"），该法案以明文方式将网络平台的侵权行为性质从直接侵权变为间接侵权，其目的是改变网络服务提供者承担直接责任的不合理性。但在目前体育赛事版权保护司法实践中，法院对网络服务提供者行为的定性发生了变化，不再局限于"间接侵权"。

在"行云诉聚力案"中，法院经审慎审理认定，行云跃动公司所运营的APP通过技术手段为涉案的五场足球赛节目创设了新的提供源。基于这一事实，法院认为，行云跃动公司未经授权对足球赛事进行直播的行为构成直接侵权行为。此司法定性不仅排除了"避风港规则"在此类情形下的适用，也

---

① 王迁，王凌红. 知识产权间接侵权研究［M］. 北京：中国人民大学出版社，2008：5.

对体育赛事版权保护领域带来了新的法律挑战。对于提供体育赛事直播源的平台，若其行为构成直接侵权，那么对于未形成新体育赛事直播源的侵权行为，是否均应被界定为间接侵权？这一问题的解答，直接关系到"避风港规则"的适用边界。为此，本书将从民法基础理论出发，深入探讨体育赛事版权中"间接侵权"的认定路径。目前，针对平台行为的认定，存在以下解释路径：

1. 共同侵权说

持共同侵权学说的学者主张，间接侵权理论的构建是以共同侵权理论为基石的。网络平台方之所以需要与直接侵权人共同承担连带责任，其根源在于网络服务提供者的行为与直接侵权人行为之间具有显著的关联性，进而助长了直接侵权人侵害著作权人合法权益的行为，形成了一种共同行为模式。然而，在当前的案件背景下，共同侵权理论在界定涉案平台的侵权类型时显示出局限性。无论是主播直播赛事画面还是平台未经许可擅自转播赛事画面，涉案 APP 均与体育赛事的传播紧密相关，这使得共同侵权理论在赛事版权保护框架下的间接侵权认定中遭遇挑战，难以准确划分侵权类型。

2. 过错说

《民法典》规定，网络服务提供者的主观过错形式有明知和应知，即故意和过失两种形式。所以，有学者认为，网络服务提供者承担间接侵权责任是因为网络服务平台不采取制止措施，这相当于在意思层面与直接侵权人存在相等的过错从而构成帮助侵权。[1] 根据过错说理论及相关司法解释，网络服务提供者对体育赛事节目过滤义务的疏忽以及未采取必要措施制止侵权的行为体现了其主观上的过错，所以其应当承担间接侵权的责任。过错说为体育赛事节目网络平台责任类型的认定提供了方向：一方面，如果平台"应知"存在赛事画面未经授权直播的侵权行为，却没有采取任何必要措施，即如果平台对"侵权直播"存在过滤义务的疏忽，那么平台主观上存在过失，构成对体育赛事的间接侵权；另一方面，当平台的主观状态为"明知"时，此与直接侵权的主观构成要件相同，仍然无法据此对其侵权类型进行划分，从而导致过错说在间接侵权认定上再一次陷入困境。

3. 公共政策说

公共政策说受美国《千禧年数字版权法》的深刻影响，持公共政策说的

---

[1] 王利民. 论网络侵权中的通知规则 [J]. 北方法学，2014（2）：34-44.

学者主张，网络服务提供者承担连带责任的基础，不是共同侵权行为，而是公共政策的需要，即管理社会秩序、促进社会经济发展的需要[①]，如果以直接侵权认定网络服务提供者的责任，就会大大增加互联网运营成本，阻碍技术的发展。在公共政策视角的考量下，利益平衡的原则为"避风港规则"的形成提供了理论基础。然而，在针对体育赛事节目平台的责任类型划分中，从反向解读这一理论框架来看，若未导致互联网运营成本显著上升，且未对体育赛事节目的正常发展构成阻碍，则可将平台的行为界定为直接侵权，从而不适用"避风港规则"。以"行云诉聚力案"为例，行云跃动公司采用技术手段将五场足球比赛直接链接至电视台体育频道，并在其APP上进行播放，既未对赛事内容进行任何编辑或修改，也未投入大量成本。在此情境下，将行云跃动公司的行为认定为直接侵权，并不会显著增加其运营成本，亦不会阻碍体育赛事网络平台的发展。公共政策说在促进司法对体育赛事平台侵权行为类型定性的合理性审查方面发挥着积极作用，但其判定仍需要基于具体案件事实，难以形成统一且明确的判定标准。

4. 直接获利说

直接获利说主张网络服务提供者的著作权责任类型应归类为严格责任，此理论源自美国1995年颁布的《知识产权与国家信息基础设施白皮书》。我国《最高人民法院关于审理侵害信息网络传播权民事纠纷案件适用法律若干问题的规定》第11条已明确规定，当网络服务提供者直接从网络用户提供的作品中获取经济利益时，其应承担较高的注意义务。随着互联网技术的飞速发展，体育赛事平台的商业模式持续创新，以"行云诉聚力案"为例，涉案APP不仅可依据用户直播收入的一定比例获取收益，还能通过广告、招商、用户服务等多种方式盈利。鉴于体育赛事平台盈利渠道的日益多样化，单纯依赖是否通过用户行为获取收入已不足以作为区分其直接侵权与间接侵权的唯一标准。即便"避风港"制度不断完善，直接获利说也已从单一的无过错责任模式发展为无过错责任与过错责任并存的模式，但在当前背景下，这一理论框架对于体育赛事平台侵权行为类型的判定仍显得力不从心。

5. 实际控制说

持实际控制说的学者认为，由于网络服务提供者对于其平台内部的内容

---

① 杨立新.《侵权责任法》规定的网络侵权责任的理解与解释[J]. 国家检察官学报，2010（2）：3-10.

具有管控能力,所以应该对受其控制的直接侵权行为承担连带责任。该学说的合理性在于,网络服务提供者控制侵权行为的能力更强且成本相对著作权人来说更低。[①] 与直接侵权行为的构成要件相比,该学说为网络服务提供者提供了一项抗辩理由,即当网络服务提供者主张自身并不具备控制侵权行为的能力时,可以此为由免除责任。此学说突出了过滤义务在网络服务提供者责任认定中的核心地位。结合前述两个司法判例来看,由于平台对其直接转播的赛事画面拥有直接的控制力,且该未经授权的转播行为系平台有意识为之,因此,根据该学说,体育赛事转播平台应对其未经许可的转播行为承担直接侵权责任,从而排除"避风港规则"的适用。这一学说对于明确平台侵权行为的类型具有重要指导意义。然而,考虑到视听内容过滤的高昂成本,该学说也显著强化了体育赛事平台对内部可控范围内侵权行为的注意义务,从而在一定程度上加重了体育赛事平台的审核与过滤职责。因此,为保持该学说的合理性与公正性,仍需要进一步深入研究以实现其平衡。综上,平台侵权问题作为一个长期性问题,直接侵权和间接侵权问题的判断标准也将直接影响平台责任的认定,因而探索平台侵权的解决路径是稳定体育赛事节目文化市场秩序的重要部分。与此同时,平台责任的立法确认、平台监管也十分重要。

二、"避风港规则"在体育赛事节目版权保护中的适用

"避风港规则",亦称"安全港规则",系《民法典》及《信息网络传播权保护条例》等法律法规所确立的规范,其初衷在于减轻网络服务提供商的侵权责任负担,以促进互联网行业的蓬勃发展。因此,"避风港规则"与间接侵权行为具有直接的关联性。在体育赛事转播领域,平台方若未经许可直接转播赛事画面,则构成直接侵权;然而,若平台方能及时采取必要措施制止侵权行为,则可免于承担间接侵权责任。鉴于平台侵权行为类型已在前文详述,便不再赘述。以下将针对间接侵权情境下体育赛事转播中"避风港规则"的适用场景进行深入分析。

（一）体育赛事节目版权保护中"避风港规则"的主体适格性

2006年颁布的《信息网络传播权保护条例》将"避风港规则"以"通知—删除"规则的形式引入,同时规定,提供自动接入、自动传输、自动存

---

① 吴汉东. 论网络服务提供者的著作权侵权责任 [J]. 中国法学, 2011 (2): 38-47.

储、信息存储空间、搜索、链接等网络服务的网络服务提供者为"避风港规则"的适用主体。2020年5月28日,《民法典》颁布,其中"侵权责任编"第1194条至第1197条规定了网络侵权责任规则,该规则在《侵权责任法》第36条的基础上,对十多年的司法实践经验和理论成果进行了总结,将"避风港规则"的适用主体统一为网络服务提供者。

在苏宁体育文化传媒(北京)有限公司与上海滚球信息科技有限公司著作权权属、侵权纠纷的案件中,法院深入剖析了被告在此案中的角色定位,即其是不是涉案体育赛事节目的直接提供者或网络服务提供者。针对涉案的14场足球赛事,其中7场比赛的播放界面是通过网络主播直接进行播放的,而另有6场比赛的播放则未显示主播信息,系被告通过OBS软件直接镜像原告赛事直播画面的方式实现。

对于前述7场由平台内主播直接播放的比赛,法院认定被告的角色为网络服务提供者,因而符合"避风港规则"的适用条件。然而,根据《民法典》的相关规定,作为网络服务提供者的被告,在本案中未能尽到合理的注意义务,主观上存在过错,因此应承担帮助侵权责任。至于被告通过OBS软件直接镜像原告赛事直播画面作为播放源的比赛,法院判定被告直接采用了技术手段,构成对涉案足球赛事直播节目的直接侵权。在此情境下,被告的角色已不再是"网络服务提供者",而是"侵权人",因此不再适用"避风港规则"。

上述案件中,法院并未因涉案APP本身的服务特性而排除其作为"避风港规则"的主体适用范围,而是从行为角度出发,对侵权主体进行划分,关键还是在于体育赛事节目平台方是否主动提供了直播源。换句话说,平台方如果没有直接提供涉嫌侵权体育赛事的直播源,就能够以网络服务提供者的身份成为"避风港规则"的适用主体。根据《民法典》第1195条的规定,体育赛事平台在将通知书转送和采取相关制止侵权行为后,能够驶入免于承担侵权责任的"避风港",而平台自身是否基于"明知"或"应知"、放纵或者帮助主播实施侵权行为难以证明,也更容易利用"避风港规则"本身的缺陷来规避侵权责任。

(二)体育赛事节目版权保护中"避风港规则"滥用的可能

为确保互联网平台不因承担过重的侵权责任而阻碍整个行业的健康发展,"避风港规则"的立法目的至关重要。然而,在体育赛事领域,直接侵权与间接侵权行为并存的现象，以及侵权行为类型认定标准的模糊性，给"避风港规则"的适用带来了巨大挑战。正如前文所述，当前学理上对于侵权行为类型的划分尚无法为体育赛事版权保护提供充分的理论支撑。由于直接侵权与间接侵权认定标准的模糊，体育赛事平台往往同时扮演"侵权人"与"网络服务提供者"的双重角色，这可能导致司法实践中对"避风港规则"的滥用，进而使得平台所承担的责任过轻。因此，下文将针对国内"避风港规则"的具体应用场景，深入探讨体育赛事节目在适用该规则时所面临的问题。

1. 网络平台"明知"或"应知"的主观状态难以证明

在"避风港规则"的框架下，关于网络服务提供商主观构成要件的判定，学术界普遍称之为"红旗规则"。该规则明确指出，若网络系统中出现侵权材料，或链接指向的材料明显构成侵权，且此种情况已显著至如一面醒目的红旗在网络服务提供者眼前飘扬，使得处于相似情境下的理性个体能够轻易察觉，而此时网络服务提供者采取回避态度，即采取类似"鸵鸟策略"，故意忽视侵权事实的存在，则可认定该网络服务提供者至少"应当知晓"侵权材料的存在。[①]

在体育赛事版权保护领域中，对于平台方是否"明知"或"应知"某一情况，属于主观判断的范畴，往往难以明确界定。这种主观上的不确定性可能导致出现一种情况，即平台方即便在主观上存在过错，也可能因其采取了所谓的"必要措施"而被视为已尽到相应责任，从而在一定程度上规避了法律责任，形成了所谓的"避风港"。然而，我们仍需要强调，平台方在版权保护方面应始终保持高度的警觉性和责任感，以确保版权得到切实有效的保护。[②] 在苏宁体育文化传媒（北京）有限公司与上海滚球信息科技有限公司关于著作权权属及侵权纠纷的案件中，被告方提出了答辩意见，主张涉案足球赛事节目的直播系网友行为，自身仅作为网络服务提供者，不应承担著作权侵权责任。尽管最终法院并未采纳被告的答辩，但此案凸显了"避风港规则"可能被滥用的现象。在本案中，被告平台未对主播的直播赛事行为采取任何制止侵权的行动，且对作品进行了选择、编辑和推荐。《最高人民法院关于审理侵害信息网络传播权民事纠纷案件适用法律若干问题的规定》第9条明确指出，网络服务提供者是否主动对作品进行选择、编辑、推荐，是判断

[①] 刘玉丹. "避风港规则"与"红旗规则"分析 [J]. 现代商贸工业，2013（13）：167-169.
[②] 司晓. 网络服务提供者知识产权注意义务的设定 [J]. 法律科学（西北政法大学报），2018（1）：79.

其是否构成"应知"的重要标准。然而，关于"明知""应知"与"不知"的界限应如何有效界定，目前仍是一个在短期内难以解决的难题。因此，即使平台在权利人"通知"前"明知"，其是否知情亦难以得到实质性的确认。

2. 体育赛事节目权利人"通知"成本较高

在接收到权利人的"通知"后，网络服务提供者必须及时采取措施制止侵权行为，这是其进入免责"避风港"的必要前提。《民法典》第 1195 条明确规定了"通知"的构成要件，包括侵权的初步证据及权利人的真实身份信息。同时，《最高人民法院关于审理侵害信息网络传播权民事纠纷案件适用法律若干问题的规定》第 14 条进一步细化了"通知"的具体要求。在司法实践中，应当结合"通知"的准确性和形式来综合评估网络服务提供者是否构成间接侵权。法律对"通知"要件的明确界定，旨在防止权利人滥用"通知权"以维护正常的网络秩序，同时提高网络服务平台采取措施制止侵权行为的效率。

然而，在体育赛事节目版权保护领域，情况往往具有特殊性。首先，体育比赛的经济价值高度依赖于其时效性。一旦赛事结束，其商业价值和观赏价值将大幅降低，这极大地压缩了权利人维权的时间窗口。其次，体育赛事直播涉及多机位的设置、镜头的切换以及慢动作回放等复杂工作，权利人在此过程中投入了大量的成本。这些"独创性的表达"在互联网环境下极易被低成本复制和传播，要求权利人对海量的侵权行为发出"通知"并准备相应的"初步证据"，这无疑增加了其维权的成本。因此，在体育直播赛事领域，是否需要对"通知"的构成要件进行重构以降低其标准，是一个值得进一步探讨和研究的问题。

第四节　体育赛事节目信息网络传播权的侵权判断

一、体育赛事节目信息网络传播的侵权行为

(一) 信息网络传播权的界定

在当今体育赛事节目传播形式与渠道日趋细化的背景下，流媒体平台如咪咕视频和央视频等也积极融入其中，成为推广体育赛事节目的关键渠道。

以咪咕视频为例，其首次正式涉足体育赛事始于 2018 年俄罗斯世界杯，其间，咪咕视频特邀詹俊等知名解说员，为观众呈现了个性化的赛事解说。借此机会，咪咕视频在 2018 年世界杯期间单日用户增长突破 1000 万人次，累计观众人数高达 43 亿人次，成功开启了其进军体育赛事的新篇章。2022 年北京冬奥会，咪咕视频再次通过王濛的精彩解说，显著提升了公众对它的关注度，其下载量一度跃升至 Apple Store 下载榜第二位。

咪咕视频不仅为公众提供了体育赛事节目的直播转播服务，还拓展了人工智能剪辑、高清赛事点播等多重服务，其中，提供体育赛事节目点播服务更是咪咕视频的主要服务内容之一。然而，此行为也极易涉及信息网络传播权的侵权问题。

根据 2020 年《著作权法》第 10 条的规定，信息网络传播权"即以有线或者无线方式向公众提供，使公众可以在其个人选定的时间和地点获得作品的权利"。这一条款显著体现了以下两个特点：

（1）在界定信息网络传播权与广播权时，我们明确将"交互性"作为关键区分标志。这一"交互性"要件的设立，旨在应对网络传播对著作权保护带来的新型挑战。在网络传播之前，传统传播形式多以"单向传播"为主，即公众为接收者，对传播源而言，其角色是被动且受限的，只能在特定时间和地点接收作品，且此接收过程是一次性的，不允许反复。例如，对于话剧的演出，观众必须根据票根上的时间和地点前往现场观看，这便是典型的单向传播。然而，随着互联网技术的飞速发展，传播媒介和形式发生了根本性变革，互联网实现了双向的"交互式传播"。以咪咕视频为例，当其将体育赛事节目存储并上传至服务器后，公众便可按自己的意愿，在任何时间、任何地点观看该节目，而无须受到咪咕视频的直接控制。因此，当"交互性"成为区分广播权与信息网络传播权的标志后，这两种权利的界限便会更为清晰。若某种传播行为未采用"交互式"的方式，即使其通过互联网向公众传播作品，也应纳入广播权的范畴，而非信息网络传播权。

（2）在信息网络传播行为中，我们将"提供"作为其重要的表现形式。"向公众提供"这一概念主要强调的是公众有获得作品的机会，而并非要求公众必须实际接收到作品。简言之，对咪咕视频而言，只要其将体育赛事节目上传至服务器，即完成了"提供"作品的行为，无论是否有用户实际点播、下载或浏览该节目。

（二）互联网传播体育赛事节目侵害信息网络传播权的典型形态

咪咕视频等视频播放平台提供的体育赛事节目服务，包括实时转播、完整回放及灵活点播等多种形式。在这些服务中，完整回放及灵活点播因其交互性特点，虽然赋予用户接收体育赛事节目的高度自由，但也极易引发对著作权人信息网络传播权的潜在侵犯。在2022年酷溜网（北京）信息技术有限公司（简称"酷溜网"）与央视国际网络有限公司的诉讼案件中，北京知识产权法院经过审理，认定视频播放平台提供的体育赛事节目完整回放服务，确实构成了对著作权人信息网络传播权的侵害。[1] 具体而言，从客观视角审视，酷溜网将涉及里约奥运会的体育赛事节目视频存储于其平台服务器内，以便公众在自选时间与地点进行观看，此行为确实符合信息网络传播权的侵权构成要件。从主观视角分析，酷溜网作为国内知名视频网站，理应知悉央视国际网络有限公司作为"2016年里约奥运会"在中国地区（不含港澳台）的独家赛事转播媒体的地位，然而其仍然向公众提供里约奥运会相关的在线播放服务，此举存在明显的主观故意。此外，酷溜网上传视频的时间点主要集中在比赛结束后的1至2日内，这一行为给央视国际网络有限公司带来了重大损失，侵权后果极为严重。

同样地，在2019年苏宁体育文化传媒（北京）有限公司（简称"苏宁传媒公司"）诉中国电信股份有限公司浙江分公司、中国电信股份有限公司杭州分公司等侵害作品信息网络传播权纠纷一案中，杭州互联网法院亦认定被告提供的体育赛事在线点播服务侵犯了苏宁传媒公司依法享有的信息网络传播权。[2] 杭州电信IPTV平台在未经权利人许可的情况下，擅自提供体育赛事节目的点播服务，使得用户能够依据个人选择的时间和地点，观看与苏宁传媒公司播放内容完全一致的涉案赛事节目视频。基于上述行为，可以明确判定杭州电信IPTV平台的行为与苏宁传媒公司享有的信息网络传播权相冲突，从而构成了对苏宁传媒公司合法权益的侵害。

二、体育赛事节目侵权判断标准的司法歧见

（一）"服务器标准"

"服务器标准"的来源要从信息网络传播权的概念说起。我国《著作权

---

[1] 具体案情详见北京知识产权法院（2021）京73民终3231号民事判决书。
[2] 具体案情详见杭州互联网法院（2019）浙0192民初5335号民事判决书。

法》（2020年）第10条将信息网络传播权定义为：以有线或者无线方式向公众提供，使公众可以在其选定的时间和地点获得作品的权利。该项立法直接受到《世界知识产权组织版权条约》（WCT）第8条中的"向公众提供权"的深刻影响，其议定声明明确指出："单纯为促成或进行传播提供实物设施，并不构成《伯尔尼公约》所定义的传播行为。"在判定何种行为构成信息网络传播权时，关键在于对"提供"一词的准确理解。结合前述议定声明，支持"服务器标准"的观点认为，作为信息的原始提供和控制的象征，"服务器"应当被作为判断传播行为的主要标准。①

随着不跳转链接和云存储等新型技术的兴起，信息提供与技术服务的界限越发模糊。北京市高级人民法院于2014年试行的《关于审理涉及网络环境下著作权侵权纠纷案件若干问题的指导意见（一）》明确将信息"上传或以其他方式置于公众可访问的网络服务器中"，以实现公众交互式传播的，定义为信息提供行为。同时，该指导意见还界定"为服务对象提供自动接入、自动传输、信息存储空间、搜索、链接、P2P（点对点）等服务"为技术、设施支持的辅助行为，并不直接构成信息网络传播行为。这一界定标志着"服务器标准"的主流地位得以确立。具体而言，"服务器标准"即若行为人将信息上传至公开服务器，使公众能在任意选定的时间和地点自由访问，则视为"信息提供"，构成直接侵权。而提供传输、存储、链接、定位等服务的行为，则属于"技术支持"，仅承担间接侵权责任，如帮助、教唆等。

（二）"用户感知标准"

"服务器标准"在新技术下之适用窘况，令学术界和实务界对"用户感知标准"的讨论和应用越发频繁和丰富，散见于许多案例②、法官的论述中。该标准旨在明确界定：即使信息并未直接存储于网站服务器之上，只要其外在表现形式表明用户能够直接从网站获取作品，则该行为应当被认定为信息网络传播行为。在2007年美国的"Perfect 10 诉 Google 案"中，加州法院所采用的"内置测试"（Incorporate Test）为"用户感知标准"提供了重要的参考依据。在此案例中，法院基于"纯粹的可视角度"分析，认为当网页内置内容通过浏览器推送，使用户能够直接获取相关内容时，此种行为即构成对作

---

① 王迁. 网络环境中版权直接侵权的认定[J]. 东方法学，2009（2）：12-21.
② 参见（2015）海民（知）初字第40920号、（2013）一中民终字第3142号、（2015）浦民三（知）字第595号、（2015）京知民终第1874号判决书。

品的"展示"。

针对"服务器标准"的完善，有学者、法官提出了"实质呈现标准"[①] 及"链接不替代标准"[②]。实际上，这些标准均为"用户感知标准"在客观层面上的具体表现。当信息直接面向用户进行呈现时，传播的实际效果便取代了原始提供者的预期，从而可能构成对信息网络传播权的侵犯。这三者之间的共通之处在于，它们均聚焦于传播的实质内容，即外在的形式与最终的效果，而非过分关注传播过程中所采用的具体技术手段。尽管有声音对"用户感知标准"的主观性提出了质疑，但这一标准在衡量信息传播效果时仍具有重要的参考价值。[③] 然而，在考量"实质呈现标准"的框架下，我们亦能寻求对其在客观层面上的界定——依据用户获取作品的实际效果来判定侵权行为的成立，而非单纯聚焦于用户是否明确知晓作品的原始来源。正如加州法院所阐述的："在内部测试环节，任何提供内链接或加框链接服务的网页，即便其公开标明了图片的实际提供者身份，亦将承担直接侵权的风险。"[④] 简言之，若用户能在不离开该网站的情况下直接获取作品，即便网站已向用户作出版权提示，行为人亦不应通过规避行为以逃避直接侵权责任。

第五节 体育赛事节目版权独占的垄断风险犹存

体育赛事节目作为体育文化传播的关键载体，在推动体育事业发展、弘扬体育精神、培育体育文化以及促进体育运动等方面，发挥着不可或缺的积极作用。因此，体育赛事节目具有强烈的公共利益属性，实现公益与私益之间的平衡成为体育赛事节目产业规制的重要目标。有效的版权保护能够激励体育赛事组织者和转播商等主体规范赛事管理、增加投资以及提升服务质量，从而为公众提供更优质、更便利的体育赛事节目服务，进而推动我国体育产业的健康发展，并促进公民体育文化和体育精神的培育。然而，过度的版权保护和对版权权利的滥用，可能会产生反作用，导致体育赛事节目版权保护

---

① 崔国斌. 得形忘意的服务器标准 [J]. 知识产权, 2016 (8): 3-19.
② 石必胜. 论链接不替代原则: 以下载链接的经济分析为进路 [J]. 科技与法律, 2008 (5): 65-67.
③ 具体案情详见北京知识产权法院（2016）京 73 民终 143 号民事判决书。
④ Perfect 10 v. Google, Inc., 416, F. Supp. 2d 828, 839-840 (C. D. Cal. 2006).

成为权利人侵占市场、排除竞争并获取垄断利益的工具,最终损害公众利益,阻碍我国体育事业的正常发展。在国际视野下,防范垄断风险已成为各个国家和地区规范体育赛事产业的核心任务之一。鉴于我国在体育赛事商业开发方面的起步相对较晚,且关于体育赛事节目的版权保护问题存在诸多争议,尚未达成共识,因此,无论是在商业开发模式的选择上,还是在法律制度的构建上,我们均处于不断探索的阶段。从实际情况来看,我国体育赛事节目版权独占的垄断风险相对较高,需要构建更为完善的制度来引导产业的良性发展。

一、版权法和反垄断法的关系与潜在冲突

作为知识产权法律制度体系的核心组成部分,版权法历来被归入"私法"范畴,旨在规范私主体间的社会关系,其与反垄断法律制度的界限相对明晰。然而,随着知识经济的蓬勃发展,众多承载着重要社会价值的知识产品成为版权法调整的焦点;同时,版权持有者的主体范畴也在逐渐拓宽,由原先的创作者个体逐步扩展至商业活动的投资者。因此,版权的影响力日益增强,版权法更是被誉为"文化宪法"。版权在商业领域所展现出的显著市场竞争效能,成为其与反垄断法律制度产生交汇点的关键因素。

(一)版权法与反垄断法的关系

1. 版权法与反垄断法在目标上具有一致性

版权法虽属于私法范畴,其核心宗旨在于捍卫版权人的合法权益,然而,从更为宏观的视角审视,版权法的意义远超维护个体利益的层面。它致力于激发创新活力,促进文化的广泛传播,从而最终推动人类社会精神文明的蓬勃发展。与专利法相类似,版权法在报酬分配上虽对各方权益进行次级考量,但为充分激发文学、艺术作品的创作活力,进而实现造福后世的深远影响,版权法明确规定,在不附加过多烦琐条件的前提下,将具有价值的权益赋予作者、出版人等,以确保其创作成果得到应有的尊重和保护。反垄断法作为市场经济的基石性法律,其核心功能在于确保市场秩序的稳定运行,以防范垄断行为对市场效率的侵蚀,进而避免对消费者利益造成损害,以及阻碍经济民主化进程。一个健康、有序的竞争环境是实现市场高效运作的先决条件,而垄断行为则是对自由、公平竞争的严重威胁。因此,维护竞争秩序无疑是反垄断法的首要使命。此外,垄断行为还常常造成创新受阻的负面后果。人为设置的市场准入壁垒,不仅阻碍了资源的自由流动,增加了创新的难度,而且由于垄断利益的驱使,往往会使企业缺乏在技术和管理上进行创新的动力。① 因此,反垄断法的另一重要目标是消除创新壁垒,为创新活动营造自由环境,并促进创新资源的充分流动与高效配置。"保护市场公平竞争,鼓励创新"是我国《反垄断法》的立法目标之一。市场监管总局于 2022 年 6 月 27 日公布的《禁止滥用知识产权排除、限制竞争行为规定(征求意见稿)》亦指出,"反垄断与保护知识产权具有共同的目标,即促进竞争和创新,提高经济运行效率,维护消费者利益和社会公共利益"。法律属性、调整对象和调整手段的不同并不能掩盖版权法和反垄断法具有的共同价值目标。

2. 版权法与反垄断法在功能上具有衔接性

目标的一致性决定了二者在功能上的衔接性,这主要表现为反垄断法充分尊重版权的合法垄断,而版权的肆意扩张和非法滥用则应当接受反垄断法的限制。我国《反垄断法》第 58 条对二者的关系作出了明确规定,即"经营者依照有关知识产权的法律、行政法规规定行使知识产权的行为,不适用本法;但是,经营者滥用知识产权,排除、限制竞争的行为,适用本法"。以"合法性"和"正当性"为分界,一切合法且正当运用版权进行市场竞争的行为由版权法律制度加以调整;而超越合法和正当界限,滥用版权排除、限制竞争,触发反垄断规定时,则由反垄断法律制度加以调整。在维护创新和竞争秩序的目标之下,二者分工明确,具有接续性。但是,反垄断法的过早介入会导致干扰市场正常运行的后果。

(二) 版权法与反垄断法的潜在冲突

1. 版权具有天然的垄断属性

版权作为权利人控制作品使用的一种私权,其最核心的功能在于排他权,即禁止他人未经许可使用作品的权利。排他权的享有使版权人可依自己的意思决定许可或拒绝许可、以何种条件许可他人使用作品。这一权利的效力范围不仅及于一国或一地区,在国际条约的推动下,版权的地域效力已远远超出某一法域而扩展至全球。从理论上说,因为作品公示的范围是"面世",因此作品传播领域的潜在市场是"全球"——版权法具有制造全球垄断市场的

---

① 李昌麒. 经济法学 [M]. 北京:法律出版社,2016:183.

功能。① 在时间维度上，版权的效力呈现出不断延长的趋势，其持续期限可达数十年之久。因此，一旦某一知识产品被纳入版权保护范畴，版权所有者即能对其传播过程实施有效控制，并享有其带来的垄断性利益，包括但不限于利用其开拓市场、获取竞争优势。特别是当版权的客体对社会、国家或其他商业主体等具有显著的不可或缺的价值时，版权的垄断性特点会更为明显，其所带来的负面影响也会尤为严重。因此，各国均对版权垄断带来的公共利益损害问题保持着高度的警惕。版权固有的自然垄断属性一旦被滥用，将背离其制度初衷，不仅会破坏创新生态，还将严重阻碍市场公平竞争。

2. 版权法与反垄断法发挥作用的途径不同

现代经济学研究表明，市场的效率主要是通过自由竞争实现的。"竞争通常被视为实现社会发展的一种常见方式，而知识产权则被看成是一种促进发展的特殊方式。"② 版权以垄断的形式实现自身的目标，因而与反垄断法存在逻辑上的差异。实际上，赋予版权的形式一方面稳定了交易秩序，划分产权界限从而提高了市场效率，另一方面版权的存在也阻止了"搭便车"等行为，维护了公平竞争的价值。因此，适当的垄断具有其必要性和合理性。但从反垄断法的角度而言，版权法实现自身目标的路径恰好与市场自由竞争背道而驰，从而为其介入版权领域提供了契机。综上，在遵循《反垄断法》确立的基本分析框架的基础上，要适当考虑知识产权本身的特点和要求。③

二、协调体育赛事节目保护与反垄断的必要性

（一）保持体育赛事节目公共属性的需要

体育的价值一方面在于其能促进人的全面发展，具有强健身心、娱乐、交际等功能，另一方面则在于其对提高国民团结度、体现民族精神等所具有的重要社会、文化功能。④ 因此，体育本身并非为了经济利益而存在，它是人类与生俱来的本能，而体育赛事则是人类对这种本能的发掘，其最重要的价

---

① 徐瑄，吴雨辉. 论版权立法的对价技艺 [J]. 知识产权，2013（10）：33-42.
② 赵耀，吴玉岭，胡汉辉. 知识产权与反垄断法：一般关系、美国经历与中国立场 [J]. 江海学刊，2008（6）：212-215.
③ 王先林. 反垄断法与创新发展：兼论反垄断与保护知识产权的协调发展 [J]. 法学，2016（12）：50-57.
④ 陈琦，鲁长芬. 新时期体育价值观转变与体育本质、功能和目的 [J]. 体育学刊，2006（2）：1-4.

值之一便是公共性。体育赛事的普遍化和专业化使其具有了经济价值，技术的发展则成为其商业化和财产化的重要推动。体育赛事的直播或转播最初也主要体现公共属性。体育赛事转播最早出现在1936年的柏林奥运会上，当时体育赛事被当作一种公共资源，并被各个电视台免费转播。随着市场需求的增加和技术的发展，体育赛事转播、体育赛事节目等逐渐具有了财产性质和权利外壳，并被高度市场化。市场化一方面推动了体育文化的传播，增加了公众观看体育赛事的渠道；另一方面则为体育赛事的组织者提供了经济来源，有助于体育赛事的规范化和质量的提高。对体育赛事转播、体育赛事节目的适当保护，既兼顾了私人利益又激励了优质赛事内容的创造和传播，最终形成双赢的局面。

然而，市场主体的趋利本质决定了权利容易被扩张和滥用，最终形成垄断。体育赛事节目的版权垄断将导致出现反竞争的效果，"根据竞争损害理论，反竞争效果是指在一个存在竞争的市场里，经营者通过某种竞争行为排除、限制市场竞争，使得产品价格被提高到竞争水平之上，减损市场配置效率和消费者福利"[①]。在垄断之下，作为一般消费者的公众将投入更大的成本来观看体育赛事节目，而垄断利益的存在也将使体育赛事经营者怠于升级服务、优化赛事节目。因此，体育赛事节目的版权垄断不仅与体育赛事具有的公共属性背道而驰，也与我国《体育法》的宗旨相抵牾。协调体育赛事节目保护与反垄断之间的关系是保持体育赛事节目公共属性的必然要求。

（二）维护体育赛事节目产业秩序的要求

体育赛事的财产化，是顺应时代变迁、技术进步以及产业深化发展的必然结果。随着体育赛事观赏形式的持续演进，投资人所投入的资金、技术、时间成本日趋增加，商业化成为体育赛事组织赖以生存和发展的核心途径。从"准财产"的初态到"大版权"的成型，财产化显著促进了体育赛事产业的繁荣，诸如美国国家橄榄球联盟、美国国家篮球联盟、欧洲足球联合会等商业体育联盟因此蓬勃兴起。即便是拥有悠久历史和全球影响力的奥林匹克运动会，虽其初衷为非营利性质，但在现实的挑战下也不得不面临体育赛事的财产化。目前，体育赛事的财产权主要表现为各国版权法所赋予的著作权或邻接权，而部分欧洲国家更是为体育赛事组织者特别创设了"开发权"。在全球保护的宏观背景下，体育赛事的财产化和权利化已成为不可逆转的趋势。

---

① 宁度. 版权拒绝许可的反垄断法规制［J］. 中国出版，2021（19）：36-40.

根据国务院于 2019 年发布的《体育强国建设纲要》，我国致力于推动体育综合实力的显著提升，以及国际影响力的显著增强，使体育产业能够成为国民经济的重要支柱。同时，该纲要还强调了提高我国体育文化的感召力、影响力和凝聚力，以传承和发扬中华体育精神。为实现上述目标，我国必须坚定不移地保护体育赛事的财产权，充分发挥体育赛事财产化对产业发展的激励作用，以推动本土体育产业的蓬勃发展。然而，当前我国的体育赛事产业处于起步阶段，尚未形成完整的商业运作体系。大部分体育赛事的直播和转播权被少数商业巨头所垄断，这一现象若持续下去，必将对我国体育产业的健康发展造成不利影响。因此，采取反垄断法规制顶级赛事转播权交易，预防和制止垄断行为，保障市场公平竞争，提高经济运行效率，同时维护观众利益和社会公共利益，已成为国际社会的通行做法，值得我国借鉴和学习。[1]

(三) 规范体育赛事节目版权行使的必然

财产权本身呈现出一种固有的扩展态势，体育赛事权利人作为这一扩张过程中的直接受益者，会不遗余力地影响立法、司法和行政决策；与此同时，相关的立法、司法及监管部门也存在扩张财产权的内在动力，旨在巩固和强化自身的权威与地位。然而，体育赛事节目财产权利的无序扩大会产生不容忽视的负面效果。作为重要财产形式的版权，其扩展倾向尤为显著，特别是在技术进步和商业利益的驱动下，版权常常突破原有界限，成为市场健康发展和创新活动的潜在障碍。

随着体育赛事传播方式的持续演进，互联网时代的社交媒体、短视频以及二次创作逐渐成为体育赛事内容传播的重要渠道。为确保赛事传播的规范与秩序，体育赛事权利人开始寻求对赛事内容的全面控制，即事实上的"全媒体版权"。他们倾向于采用"全媒体版权"或"所有权利"等表述，以期进一步拓宽其权利边界。然而，这种做法不可避免地限制了公众对体育赛事内容的合理使用，甚至可能对体育行业产生长远的负面影响。以 2022 年 2 月 4 日举办的北京冬季奥林匹克运动会为例，在疫情防控背景下，大量电视观众通过各类平台观看赛事，我国对此次奥运会赛事节目的传播保护力度也达到了前所未有的水平。中央广播电视总台在 1 月 25 日发表声明称，根据与国际奥林匹克委员会签订的协议，总台拥有北京 2022 年冬奥会在中国大陆地区

---

[1] 高璐. 反垄断法视角下体育赛事转播权交易的规制 [J]. 青年记者，2022 (5)：96-97.

（含澳门）独家全媒体权利及分授权权利。在中国大陆地区，除中国移动咪咕、腾讯、快手、北京冬奥纪实频道、上海五星体育频道、广东体育频道已获得总台授权以外，其他任何机构均未获授权传播北京 2022 年冬奥会赛事节目。除上述已获授权机构，未经许可，任何机构或个人均不得在中国大陆地区（含澳门）通过电视、广播、互联网、移动通讯网、IPTV、互联网电视、移动媒体电视、各类应用软件及其他任何音视频转播技术或平台以直播、延迟播出、点播、轮播、回看、下载或剧场院线播放、公共场所播放及其他任何方式使用北京冬奥会的音视频节目内容、广播电视信号或任何相关视听素材。体育赛事节目财产权利的此番无序扩张，带来了诸多负面声音，甚至造成垄断效应的产生。版权的不当扩展和解释为垄断提供了有力的助推，所谓"全媒体版权"等实有滥用版权之嫌。因此，以反垄断的方式为版权的行使划定较为清晰的界限，成为当务之急。

三、体育赛事节目现有许可模式的垄断风险

近年来，我国体育赛事节目的版权交易发展迅速，但由于市场尚不成熟，以及相关法律规范的缺位，体育赛事节目版权许可中存在较为严重的垄断风险。有学者研究指出："我国体育赛事转播过程中主要存在使用行政权力排除、限制竞争，集中销售与联合购买，使用市场支配地位等垄断行为。"[1] 我国体育赛事节目的转播和版权交易大概可以分为三个发展阶段：第一阶段，"央视垄断，统一购买"；第二阶段，"放宽限制，适度竞争"；第三阶段，"平台涌现，放开竞争"。在不同的发展阶段，垄断的主要风险亦存在不同的特点。

（一）行政性垄断风险突出

行政性垄断是指行政机关和法律法规授权的具有管理公共事务职能的组织滥用行政权力，排除或限制竞争而形成的市场垄断行为。行政性垄断行为是现代市场经济条件下国家经济管理职能异化的产物。[2] 在我国体育赛事转播发展的初始阶段，行政性垄断的倾向最为明显。2000 年国家广电总局下发的《关于加强体育比赛电视报道和转播管理工作的通知》规定：奥运会、亚运会、世界杯等重大国际比赛在我国境内的电视转播权统一由中央电视台负责

---

[1] 刘亚云，罗亮，马胜敏. 我国体育赛事转播权垄断问题及应对策略 [J]. 体育学刊，2021（2）：54-59.

[2] 李昌麒. 经济法学 [M]. 法律出版社，2016：215.

谈判与购买，中央电视台在保证最大观众覆盖面的原则下，应根据地方台的需要，通过协商转让特定区域内的转播权。国内重大的体育比赛由中央电视台牵头召集各有关电视台进行协商，并由中央电视台负责谈判和购买电视转播权，其他各电视台不得直接购买。同时，禁止电视台之间哄抬转播价格、进行恶性竞争。必须承认，这一政策既能稳定体育赛事的转播权价格，又能确保公众拥有免费收看体育赛事节目的途径，可谓"一举两得"。但如此一来，相当于我国绝大部分的体育赛事转播资源，包括体育赛事节目的版权等都被集中到了中央电视台，掐灭了其他市场主体参与竞争的可能性，不利于形成健康、有活力的体育赛事转播交易市场。

国务院2014年发布的《关于加快发展体育产业促进体育消费的若干意见》提出：要放宽体育赛事节目转播权的购买限制，国内赛事版权市场才能逐步进入市场化发展阶段。2016年3月，国家广电总局下发了《关于改进体育比赛广播电视报道和转播工作的通知》，只保留了中央电视台对奥运会、亚运会和世界杯的独家采买权，放开了其他播出主体对剩余体育赛事节目转播权的购买限制，这体现了我国体育赛事转播呈现在行政领导下、逐步放开的适度竞争态势。在该阶段，虽然大大放宽了市场准入的限制，引入了市场竞争主体，但仍然为央视保留了较大的垄断性权利。在我国体育赛事节目产业发展的初始阶段，行政垄断虽然具有一定的合理性，对于维护公共利益、规范国内市场具有一定的效果，然而，从各国的经验来看，开放的市场无疑更具效率、更具可持续性。从长远来看，也更符合公共利益的需求。行政垄断的更大弊端在于，其通常隐含着部门利益、行业利益等考量，其手段为行政强制性指令，不仅对市场需求不够敏感，也会让市场主体难以抗拒。行政垄断在我国具有一定的制度因素，我国体育赛事节目版权交易中更应注意防范该种风险。

（二）存在滥用市场支配地位的可能

滥用市场支配地位是指具有市场优势地位的主体对其他主体实施不公平交易或者排挤竞争对手的行为。一旦市场主体在相关市场上具有支配地位，就容易产生排除、限制竞争的风险。至于是否构成反垄断法意义上的滥用市场支配地位行为，则需要进行具体判断。现代反垄断法对于滥用市场支配地位的判断通常适用"自身违法原则"。在体育赛事节目制作、传播链中，存在多方主体，且均存在滥用市场支配地位的可能性。

首先,体育协会存在滥用市场支配地位的风险。作为"非营利社团法人",体育协会具有参与市场经营的资格,可构成反垄断法意义上的"经营者"。在我国,体育协会对于重要体育赛事的举办具有一定程度的管理权限,其对赛事参与者、裁判等重要资源具有强大的支配力。在中国体育反垄断第一案——"粤超公司诉广东省足协和珠超公司案"中,最高人民法院认定广东省足协具有市场支配地位。[①] 虽然在该案中,最高人民法院并未认定广东省足协具有滥用市场支配地位的行为,但却表明了体育协会若存在拒绝交易、差别对待等情形,也会具有适用反垄断法规制的可能。

其次,体育赛事开发运营商存在滥用市场支配地位的风险。体育赛事开发运营商通常通过与体育协会、赛事联盟等签订独家运营开发体育赛事的协议,从而获得独家运营的权利。对具有重大影响力的体育赛事而言,其本身具有足够的稀缺性和不可替代性,独家授权使运营商具有了强大的市场支配能力,容易出现垄断高价、拒绝交易、搭售和添加不合理交易条件等垄断情形。同样在"粤超公司诉广东省足协和珠超公司案"中,广东省足协和珠超公司即签订了关于在广东省内举办"室内五人制足球联赛"的独家运营协议,并授予了珠超公司关于联赛的一切知识产权和商业开发权利。[②]

最后,体育赛事节目转播商存在滥用市场支配地位的风险。2018年12月21日,国务院以国发〔2018〕121号文下发了《关于加快发展体育竞赛表演产业的指导意见》,要求推进"体育赛事制播分离,体育赛事播放收益由赛事主办方或组委会与转播机构分享,大力支持体育新媒体平台发展"。由此,我国体育赛事转播进入"平台涌现、放开竞争"的阶段。此举引发了国内以腾讯、乐视、苏宁等为主的新媒体机构竞相以高价购买国内外体育赛事版权的新态势。互联网打破了传统的赛事运营方式,观众由电视观看逐渐转变为线上观看赛事,而互联网企业打造的腾讯体育、新浪体育、苏宁体育等线上平台逐渐成为观众观看赛事的主要平台之一。2019年,腾讯花费15亿美元购买美国职业篮球联赛(NBA)2020—2025年在中国地区(不含港澳台)的独家数字媒体权。2020年9月17日,腾讯体育宣布与英超联盟达成协议,成为英超联赛在中国地区(不含港澳台)的独家新媒体转播平台。央视则因其特殊地

---

① 姜熙. 开启中国体育产业发展法治保障的破局之路:基于中国体育反垄断第一案的思考[J]. 上海体育学院学报,2017(2):47-54.
② 姜熙. 开启中国体育产业发展法治保障的破局之路:基于中国体育反垄断第一案的思考[J]. 上海体育学院学报,2017(2):47-54.

位，仍然手握奥运会、世界杯及亚运会三大主流赛事转播权，其在体育赛事节目转播方面的垄断地位依然牢固。东京奥运会开播前夕，中央电视台运营的网络播出平台央视频开始推出会员服务。7000多场奥运赛事中，允许观众免费观看的只有3000场，其余只能付费点播。获得中央电视台转授权的咪咕视频则提供了所有奥运赛事的免费观看，虽然免费视频的画质较差，咪咕视频的下载量还是迅速冲上了各大APP应用商店的榜首。只分得"点播及短视频"转播权的腾讯和快手则只能提供奥运赛事的付费延时点播服务。东京奥运会开幕当晚，腾讯因未经许可擅自直播奥运会开幕式，在中国代表队出场前一刻被版权方勒令立即下架，导致大批观众错过了中国队出场的画面。独家授权的模式使体育赛事节目版权成为其他市场竞争者参与市场角逐的最大障碍，并且随着我国近年来版权执法的强化，获得体育赛事节目版权的平台在市场竞争中一骑绝尘。垄断的风险亦随着商业模式的改变逐渐蔓延至新型视频平台。

（三）存在垄断协议行为的风险

所谓垄断协议行为，是指经营者之间达成的以排除、限制竞争为目的的协议、决定或协同行为。垄断协议行为通常具有较大的隐蔽性，协议当事人之外的主体难以发现。垄断协议行为本身具有多样性，不以实际协议的存在为要件，只要经营者之间存在排除、限制竞争的"共谋"行为即可。根据经营者的市场关系来分类，垄断协议可分为"横向垄断协议"和"纵向垄断协议"。目前，我国体育赛事节目的运营实践中已经出现类似的协议情形，其主要表现为"联合销售"和"联合购买"两种情况。[1]

联合销售的情形主要发生在体育赛事联盟中。通常在职业化的联赛中，参赛的队伍来自不同的俱乐部，而在早期的实践中，体育赛事所产生的财产利益主要由每个俱乐部享有。在这种情形之下，由于俱乐部之间的议价能力、观众数量和影响力的差异，联赛中各个俱乐部的收益差距较大。另外，分散的授权和交易模式不利于各个俱乐部的商业谈判。于是，由赛事联盟集中行使权利，统一对外销售、许可，再向各个俱乐部分配利益的授权模式逐渐成为主流。这一模式对于推动职业赛事的专业化建设以及实现资源效益的最大化具有较大的价值。但该授权模式容易产生垄断的后果，其实际上是各个市场主体的联合行为，容易触发反垄断的红线。在我国，如中超联赛等体育赛

---

[1] 刘亚云，罗亮，马胜敏. 我国体育赛事转播权垄断问题及应对策略[J]. 体育学刊，2021(2)：54-59.

事的运营,即采用这一模式,统一由中超公司进行授权。

联合购买的情形则主要发生在转播商之间。由于某些重要体育赛事节目具有极大的经济价值,授权费用极高,单个电视台或视频平台难以单独购买或单独购买的风险极大。因此,在实践中产生了多个转播商通过签订协议等方式联合购买一个体育赛事节目的版权或转播权的情况。一方面,联合购买对转播商来说确实具有很大程度的合理性,可以规避单独购买的商业风险。但另一方面,该种协同行为也容易滋生垄断,联合购买的转播商具有较为充足的资金和较强的市场控制能力,不排除其发生拒绝对外许可等排除或限制竞争的行为。

第六节 《体育法》与《著作权法》保护的冲突

一、新修订的《体育法》中体育赛事组织者权利的明确

2022年6月24日,新修订的《体育法》由十三届全国人大常委会第三十五次会议表决通过。其中,新增的第52条第2款规定:"未经体育赛事活动组织者等相关权利人许可,不得以营利为目的采集或者传播体育赛事活动现场图片、音视频等信息。"这回应了学界长期以来争论不休的"体育赛事转播权"入法问题,确立了体育赛事组织者等的体育赛事视听信息权。

(一)新增条款的性质:设权条款

在审视《体育法》第52条第2款的性质时,必须严格依据实定法的教义标准进行判断。有学者经过对德国权益区分理论的深入梳理,归纳出侵权法上权利构成的三大教义学基准,即"归属效能""排除效能"以及"社会典型公开性"。这些标准为我们提供了清晰的指引,确保了对法律条文的准确理解和适用。[1]

所谓"归属效能",是指某一利益能够确定地归属于某一主体,这意味着该利益的边界是清晰的,可以被明确地分配给某个主体。体育赛事视听信息权的客体即"体育赛事视听信息",体育赛事组织者等基于对赛事的组织行为

---

[1] 于飞. 侵权法中权利与利益的区分方法 [J]. 法学研究, 2011, 33 (4): 104-119.

而享有控制体育赛事视听信息的利益,这一点是可以清楚区分的。基于归属效能又推演出了"排除效能"这一要件,因为某一利益内容既然确定地归属于某一主体,就意味着他人不得随意干预,否则权利人便无法有效享有该利益。从《体育法》第 52 条第 2 款来看,该权利的排除效能体现在:(任何人)不得以营利为目的采集或者传播体育赛事活动现场图片、音视频等信息。除满足以上两个标准之外,构成权利尚需要符合"社会典型公开性"这一要求,其实质是权利的社会基础。有学者认为法益本身所蕴含的社会典型公开性有助于实现行为自由和法益保护之间的平衡,而归属效能和排除效能也不过是社会典型公开性的具体要求和表现而已。① 体育赛事视听传播的产业实践和政策理念无疑为其权利化提供了最坚实的社会共识基础。产业实践表明,体育赛事视听传播利益具有可交易性、可识别性和典型性,否则体育赛事转播权交易将无法进行。而市场化的政策理念亦验证了这一点,因为市场化的前提同样在于该利益为市场所承认和接受。因此,综合以上三条标准,《体育法》第 52 条第 2 款在性质上属于设权条款,即其创设了体育赛事视听信息权。表 4.2 为体育赛事视听信息权的教义学构成分析。

表 4.2 体育赛事视听信息权的教义学构成分析

权利构成的教义学标准	具体表现	《体育法》第 52 条第 2 款
归属效能	主体明确	主体:体育赛事活动组织者等
排除效能	排除他人干涉	排除他人以营利为目的的采集、传播行为
社会典型公开性	法益的典型、规律和公开	产业、政策、学术和司法基础

然而,需要注意的是,《体育法》第 52 条第 2 款在规范上采用的是一种"禁止性规则"的表述方式,即规定人们不得或不准为特定行为。该表述实际上并未直接规定权利人的权利内容,而是通过对他人禁止性行为的规定间接界定了体育赛事组织者的权利。对此,该条款应当被理解为"规制性规范"而非"反射利益"规则。② 规制性规范在满足以下三个条件时,可以直接界定侵权法保护的权利,即适格性法律渊源、规定了明确具体的行为义务、以保护个人或特定范围的人的利益为目的。③ 按此学说,可作如下分析:①《体

---

① 朱虎. 侵权法中的法益区分保护:思想与技术 [J]. 比较法研究,2015(5):44-59.
② 一般认为,反射利益不属于法律保护的利益。关于"反射利益"的论述,详见:张建文. 新兴权利保护的合法利益说研究 [J]. 苏州大学学报(哲学社会科学版),2018(5):87-95.
③ 朱虎. 规制性规范与侵权法保护客体的界定 [J]. 清华法学,2013(1):157-176.

育法》为全国人大常委会所制定和通过的，属于狭义上的法律，具备适格性；②第 52 条第 2 款规定了"（任何人）不得以营利为目的采集或者传播体育赛事活动现场图片、音视频等信息"，明确了具体的行为义务类型；③该款明确保护的是"体育赛事活动组织者等"主体的利益，属于特定人的利益而非全体利益或公共利益。因此，该款虽在立法技术的选择上令我们产生了诸多的疑问，但以穿透条文的形式辨析其实质内涵，我们可以得出确定的答案。

（二）体育赛事视听信息权的规范构造

《体育法》第 52 条第 2 款虽然创设了体育赛事视听信息权这一权利类型，然而该权利的各项要素尚有待解释和厘清。

1. 权利的客体

体育赛事视听信息权的客体是该权利所指向的对象，是权利义务赖以发生的现实存在。从条文的表述上来看，体育赛事视听信息权的客体可能存在两种判断，即"体育赛事活动"或"体育赛事活动现场图片、音视频等信息"，二者存在本质区别。前者是以体育竞技为主题，一次性或不经常发生，且具有一定期限的集众性活动。[①] 这种活动是在体育规则的指导下，由一连串的意外所形成的、结果不可控的事件。后者则属于信息。我国许多学者认为该权利的客体是"体育赛事"[②]，该观点虽在一定程度上具有进步意义，证伪了版权说、商品化权说等理论，但却并未有学者对"体育赛事"何以能成为权利的客体展开清晰的论述。本书认为，体育赛事视听信息权的客体只能是"信息"，这是基于逻辑推理的结果。

由图 4.3 可知，对体育赛事视听信息权的客体进行界定必须首先对传播的过程进行解构。从分类上看，体育赛事视听信息的传播属于社会传播，是一种信息共享活动。一个基本的传播过程一般由五个要素构成：信源、信宿、信息、媒介和反馈。[③] 体育赛事活动处于整个传播链的起点，是传播行为的引发者，在角色上属于"信源"，其作用是发出"信息"。而信息，具有反映事物内部或外部互动状态或关系的属性。因此，由体育赛事活动这一信源所发

[①] 黄海燕，张林. 体育赛事的基本理论研究：论体育赛事的历史沿革、定义、分类及特征 [J]. 武汉体育学院学报，2011（2）：22-27.

[②] 李陶. 体育赛事举办者转播权的私法保护 [J]. 清华法学，2020，14（5）：132-152；姜栋. 论体育赛事转播权的体育法规制 [J]. 法学家，2022（1）：128-142，195；李杨. 体育赛事视听传播中的权利配置与法律保护 [J]. 体育科学，2017，37（5）：88-97.

[③] 郭庆光. 传播学教程 [M]. 北京：中国人民大学出版社，2011：49.

出的信息反映了体育赛事活动的过程、状态等。信息在媒介（信道）的作用下传导至信宿（信息接收者），信宿对接收到的信息作出反馈。在体育赛事的传播过程中，观众是最主要的信宿，他们通过对接收到的信息做出反应（类似于解码的过程），从而了解到体育赛事的相关情况。现实中，体育赛事的一个传播过程即使时间再短暂，也必然包括上述环节。

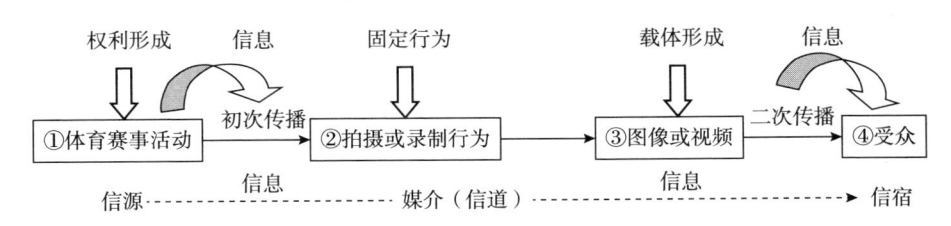

```
权利形成    信息        固定行为        载体形成    信息
   ↓      初次传播        ↓              ↓      二次传播
①体育赛事活动 ────→ ②拍摄或录制行为 ──→ ③图像或视频 ──────→ ④受众
  信源         信息           媒介（信道）           信息      信宿
```

图 4.3　体育赛事视听信息传播过程

通过上述分析我们可以实现一个视角的转换，即从传播过程来看，"体育赛事活动"属于信源，而"体育赛事活动现场图片、音视频等"属于信息。问题在于究竟信源还是信息可以作为权利的客体？结果是显而易见的，只有信息才能成为权利的客体。一方面，信源在发出信息之后在传播过程中已不复存在，其更不可能在后续被利用和财产化。但信源也并非没有意义，其在权利归属的界定上将发挥重要作用。提供信源或者充当信源的主体产生了对体育赛事视听信息权的正当要求。另一方面，信息贯穿于整个传播过程当中，其既可以被固定，也可以被传播。这一特点使其具备了作为财产的最基本要素——可支配性。财产的经济价值与有用性，应可通过人类的支配而体现出来。[①] 实际上这一原理在版权法领域是再清楚不过的，版权的客体只能是作为信息的作品，而不可能是作为信源的创作活动。对创作的保护是通过对作品的控制来实现的。因此，在逻辑上体育赛事视听信息权的客体是信息，且只能是体育赛事活动现场图片、音视频等视听信息。基于体育赛事活动而形成的其他信息（如比分、对赛事活动现场的文字描述等）则不在此列。

2. 权利的主体

《体育法》第 52 条第 2 款规定的权利主体为"体育赛事活动组织者等"，这一规定尚有两点不明确之处：一是对体育赛事活动组织者的界定；二是"等"字的范围。权利主体的范围对权利社会功能的实现具有重要影响，范围

---

① 谭启平. 中国民法学 [M]. 北京：法律出版社，2018：9.

205

太大容易降低权利行使的效率,范围太小则难以充分发挥激励功能。从传播和激励的视角来看,信息的提供者享有权利既具有自然法上的正当性,也能激励其继续提供该类稀缺资源。在这个意义上理解,则体育赛事活动组织者、赛事参与者均有成为权利人的资格。反之,转播方、节目制作者等可以作为权利的继受主体,但并非原始权利人。

实践中,体育赛事活动组织者一般指相关体育协会或赛事联盟。在我国,体育协会是一个具有特色的机构,其既具有一定的行政管理色彩,又兼具市场主体地位。如《中国足协章程》第4条规定,中国足球协会的业务范围之一是"管理各类全国性足球竞赛,制定竞赛制度、竞赛计划和规程并组织实施"。相应地,其第57条中的"赛事权利"则规定了中国足球协会对其管辖下的赛事视听信息享有权利。由于我国体育领域的情况较为特殊,体育联盟实际上并没有获得在欧美体育强国中的地位,如中国职业足球联盟的筹备过程就可谓一波三折[①],即使该联盟成功设立,也并不代表其具有相应的权利。因此,在学术研究中二者的关系较为模糊,既有学者将二者作为同一所指,也有学者极力强调二者的区别。

对体育赛事活动组织者的界定应当遵循行为标准,而非形式标准。欧盟法律以及其各成员国的国内法中基本上没有关于"组织者"的定义,国家和国际联合会则通常会有一个竞技体育的组织框架,该框架明确了相关赛事类型的责任分配。根据该框架所设定的责任,主场俱乐部以及相关国家协会等均可被认定为组织者或共同组织者。[②] 这种做法实际上是遵循行为标准的体现。无论是体育协会,还是体育联盟,在符合一定的行为标准时就可以被赋予赛事组织者的地位。具体而言,组织者应当是做出管理、申报、宣传等组织行为,并承担相应管理、财务等责任的主体。行为标准更重要的价值在于其充分的包容性。目前,体育赛事的类型正朝着现代化的方向发展,诸如电子竞技等新型体育赛事获得了极大的关注,具有较高的视听传播价值。然而,新型体育赛事领域可能尚不存在相关的体育协会或联盟等机构,与传统赛事的管理、组织模式可能也存在较大的差别,形式标准更难以真正发挥配置视听信息利益的功能。

---

① 张惠彬,肖启贤. 新《体育法》下体育赛事视听信息权的规范构造与完善路径 [J]. 上海体育学院学报,2023(10):1-13.

② Blàzquez F J C, Cappello M, Fontaine G, et al. Audiovisual Sports Rights: Between Exclusivity and Right to Information [M]. European Audiovisual Observatory, 2016.

除体育赛事活动组织者之外，赛事参与者作为信息的直接创造者也具有享受权利的充分理由。赛事参与者宏观上是指俱乐部，微观上则是指组成俱乐部的运动员。运动员的相关权利义务由其与俱乐部之间的合同加以调整，这属于全球通例。这不仅是由劳动关系产生的自然结果，更是避免权利主体众多导致权利行使困难的手段。将体育俱乐部作为体育赛事视听信息权主体是大部分国家的典型做法。欧洲委员会认为参与比赛的运动队或俱乐部都可以对相关比赛主张某些权利。[1] 德国、意大利、西班牙等国家也将体育赛事视听信息的权利赋予体育俱乐部。我国则有学者明确表示，"俱乐部是职业体育赛事转播权的天然所有者，赛事组织者是共同所有者"[2]，类似观点不在少数。俱乐部在体育赛事活动中实际上扮演着极为重要的角色，其既是某些比赛的实际筹备者（主场俱乐部），也是比赛的直接参与者。因此，将俱乐部作为体育赛事视听信息的原始权利人并无争议。《体育强国建设纲要》指出要"充分发挥俱乐部的市场主体作用，培育形成具有世界影响力的职业联赛"。赋予俱乐部主体资格也符合国家政策的需要，有利于充分发挥其市场主动性。至于从管理和反垄断角度出发，体育协会或联盟需要对体育赛事视听信息权进行集中统一销售则是另外的问题。该问题可以从合同或协会章程等方面加以解决。

体育赛事视听信息权主体范围的确定仍需要与我国的现实情况相结合，并以发展的眼光和市场的理念为指导。随着传播技术和直播平台的发展，体育赛事视听信息的传播实际上早已跨越职业体育领域，走向大众化。高校内部或高校间的体育竞赛、社会组织间的体育竞赛等也逐渐成为一些直播平台的关注点。火爆的"村BA"网红篮球赛就是由贵州台盘村举办的草根赛事，该赛事吸引了线上亿人观看。[3] 这些非职业、临时性、民间性赛事的繁荣所展现的正是以人民为中心、全民健身的理念，更是弘扬体育文化、建设体育强国和健康中国的最深层力量。以市场化的理念和法治化的手段细心呵护、主动激励和有效管理，促进其实质化发展，是中国式现代化的内在要求。因此，体育赛事视听信息权主体的确定更应坚持实质标准，避免形式化判断，以真正发挥法治和市场的作用。

---

[1] 黄世席. 欧洲体育法研究 [M]. 武汉：武汉大学出版社，2010：112.

[2] 向会英. 比较法视野下欧美国家职业体育赛事转播权研究 [J]. 成都体育学院学报，2019，45（1）：42-49.

[3] 张惠彬，肖启贤. 新《体育法》下体育赛事视听信息权的规范构造与完善路径 [J]. 上海体育学院学报，2023（10）：1-13.

3. 权利的内容

体育赛事视听信息权的内容包括对体育赛事视听信息的固定权和传播权。体育赛事视听信息形成后，一般可分为三种情形：一是被现场观众所接收；二是被拍摄、录制下来存储于载体中（可用于后续传播）；三是被传输至其他不在现场的受众（随摄随播）。在第一种情形下观众与赛事组织者之间已通过门票（合同）达成交易。其余两种情形对于体育赛事组织者的利益均有较大的影响，故应当纳入权利的控制范围。

固定权控制的是对体育赛事现场的拍摄、录制行为。虽然单纯对信息的固定并不会影响权利人的利益，但这种行为为后续的传播带来了不可控的风险，且通常固定的目的就是传播。因此，应当对信息的固定行为加以控制，否则难以充分保障权利人权利的实现。《体育法》第52条第2款中规定的"采集"行为则是固定权的法律表述。在该权利内容下，体育赛事的录音录像制作者应当在获得许可后才被允许进行录音录像的制作。固定之后对信息的复制、发行等则应归于传播权的范畴。

传播权控制的行为类型较为复杂，且由于《体育法》第52条第2款仅将"采集或者传播"作为行为类型，因此，该"传播"是广义上的传播行为，是与"采集"（信息固定行为）相对应的大概念。传播权范围的确定应当与权利设置的目的相契合，并符合产业惯例。其主要针对以下三种行为：第一，复制、发行行为。法条并未单独设置这两种权利类型，但实际上复制和发行均可能对权利人造成较大的损害，因此可将其纳入广义的传播行为中加以调整。第二，广播行为。广播行为是指公开传播、转播体育赛事视听信息。在手段上，既包括传统的电视广播等，也包括网络直播。广播行为规制的是非交互式传播，即公众无法在自己选定的时间和地点接收传播信息。第三，信息网络传播行为。该行为属于交互式传播，公众可在选定的时间、地点获得传播内容，如网络点播、下载等。实际上，"传播"一词包含的行为类型非常广泛，并不仅限于上述三种情形。但在法律的解释上不能将传播概念下的所有行为纳入其中，应当充分结合行为的典型意义和重要性加以考量。

4. 目的性要素

《体育法》第52条第2款隐含"目的性限制"，只有"以营利为目的"的行为才能受到该条款的规制。这一点有助于区分商业行为和个人行为，保护体育赛事组织者的商业利益，同时允许非商业性质的使用。一般而言，体育赛事组织者需要防范的是商业上的风险，尤其是来自竞争对手的风险。因此，以营利为目的采集或传播体育赛事活动现场图片或音视频的行为对体育赛事组织者而言具有极大的商业风险，需要受到规制。非以营利为目的的行为大多属于个人合理使用行为，其传播范围有限，对体育赛事组织者利益亦难言损害。第 52 条第 2 款所设的目的性限制，具有一定的现实意义。

从法律解释上来看，任何侵权行为均需要具备"以营利为目的"这一主观要件。以营利目的作为构成侵权的目的要件在民法领域实际上并不多见，但在刑法领域中则十分普遍。刑法领域将营利目的分为"直接营利目的"和"间接营利目的"两种形态。前者是指行为一旦完成，即可获得利润，而无须附加其他后续行为；后者则不能直接获得利润，尚需后续行为的辅助。[①]《体育法》第 52 条第 2 款并未对此进行区分，应当认为包含所有营利目的形态。

二、体育赛事组织者权利与版权合理使用的冲突

（一）版权合理使用制度及其价值

从版权的"宪法进路"来看，版权是一种中性制度，对版权的限制与版权保护本身同样重要，版权的正当性应当建立在对宪法目标的实现上。[②] 公民所享有的各项权利应当保持均衡状态，对版权的保护亦应适度，不得侵犯宪法所赋予的言论自由、科研自由等基本权利。在版权法领域内，为确保版权与其他公民权利的和谐共存，特别设立了"合理使用"这一重要制度。所谓"合理使用"，即在法律明文规定的条件下，无须版权人许可及支付报酬，公众就可以直接使用他人作品的合法行为。我国《著作权法》第 24 条详细列举了 13 种符合合理使用规定的情形，只要公众对作品的使用符合这些情形之一，且既未对作品的正常使用造成不良影响，也未对版权人的合法利益造成不合理损害，即被视为合理使用。

合理使用属于公众的重要权利，其对于保障公民的言论自由等具有重要意义。有学者指出："合理使用制度体现了著作权法保护作者和其他著作权人的利益与促进知识与信息广泛传播的双重目的。"[③] 从《著作权法》的角度来看，"促进社会主义文化和科学事业的发展与繁荣"是赋予著作权人专有权利的目标之一。[④] 保障公众对作品的接触、欣赏和学习则是提升公民素质、促进

---

① 张阳. 论"以营利为目的"犯罪的形态认定［J］. 政法论坛，2020，38（3）：114-124.
② 李雨峰. 论著作权的宪法基础［J］. 法商研究，2006（4）：110-118.
③ 冯晓青. 著作权合理使用制度之正当性研究［J］. 现代法学，2009（4）：29-41.
④ 《著作权法》第 1 条。

再创作以推动社会文化和科学事业发展与繁荣的重要环节。可以说，作品、作者乃至著作权法均是因公众而得以存在，公众既是目的，也是动力和最关键的一环。因此，著作权法在赋予著作权人使用作品的专有权利的同时，也给予公众消费性使用①作品的权利，以实现著作权法的利益平衡设计。为学习、研究或欣赏等目的使用作品则是公众消费性使用作品的重要体现，其实质是获得作品的内容，包括隐含的思想或信息。②

（二）新法之下合理使用制度的危机

版权法通过精心构建的"版权+合理使用"制度，实现了版权人权益与社会公众利益之间的均衡，其旨在确保公众对作品的合理接触，进而推动文化的广泛传播。相较于版权法，新修订的《体育法》第52条在表述上较为宽泛，并未引入类似的制度设计来平衡体育赛事组织者的权利。

1. "以营利为目的"不足以替代合理使用

新修《体育法》第52条第2款在性质上属于设权条款，创设了体育赛事视听信息权。该条款通过禁止性规则的表述方式，规定了人们不得或不准为一定行为，即不得以营利为目的采集或者传播体育赛事活动现场图片、音视频等信息。该条款内含"目的性限制"，即权利所能控制的行为必须是"以营利为目的"的行为，即想以此谋利的行为；非以营利为目的的行为属于公众的传播自由。在著作权法体系中，则是通过合理使用的制度设计，而非简单以是否以营利为目的来划定公众行为自由的界限。合理使用制度就像是著作权法中的一个"调节器"，它确保公众能接触到和使用到必要的信息和知识，同时也保障了著作权人的基本权益，让创作者和公众都能在一个相对公平的环境里和谐相处，共同推动文化的繁荣和发展。而"以营利为目的"条款更多地作为确定侵权行为构成的一个考量因素。虽然"以营利为目的"条款在一定程度上有助于界定侵权行为，但它并不能完全替代著作权合理使用制度。

2. 版权合理使用制度不适用于《体育法》

体育赛事组织者的权利虽然具有混合性，并且很大一部分具有知识产权的特征，但在体系上其仍属于体育法的范畴，在制度上亦由《体育法》来设

---

① 高富平教授认为，对作品的使用分为"传播性使用""消费性使用"和"创作性使用"，凡是导致传播的内容复制都受著作权人的控制；而进入消费领域的个人复制、在创作中使用他人作品则应当受责任规则的规制，著作权人不能事先禁止他人使用作品的行为。

② 刘银良. 著作权法中的公众使用权［J］. 中国社会科学, 2020（10）: 183-203, 208.

定。因此，版权法领域的合理使用制度无法介入其中，不适用于对体育赛事组织者权利的限制。由此可知，在司法实践中，体育赛事组织者的该项权利很可能会走向两个完全相反的方向：其一，由于《体育法》本身并无具体的限制措施，该项权利不断扩张最终严重走向其对立面；其二，法官可能基于基本权利等的考量对其进行限制，但过于原则性的规定会带来法律适用的困难。

3. 版权合理使用制度可能遭受严重冲击

版权合理使用制度在体育赛事组织者权利之下，极有可能产生严重的危机。体育赛事组织者权利的对象为体育赛事，又延伸至体育赛事活动现场的图片和音视频。究其本质，仍是属于"信息"的范畴。知识产权信息说认为："知识产权是民事主体支配其智力成果、商业标志和其他具有商业价值的信息，并排斥他人干涉的权利。"[1] 因此，版权和体育赛事组织者的权利在对象上具有高度的重合性。当同一信息构成作品时，同一客体之上可能存在不同的权利类型。在仅存在版权的情况下，该信息由版权制度加以保护，并适用合理使用制度加以限制。在两种权利并存之下，权利人依照《体育法》的规定享有的权利无法适用合理使用制度的规定。此时产生的结果便是，合理使用赋予公众的自由将被体育赛事组织者权利抽空。体育赛事组织者仍然可以依照《体育法》实现对"采集或者传播体育赛事活动现场图片、音视频等信息"行为的控制，即便这些行为依照《著作权法》的规定，属于合理使用的范畴。体育赛事节目的版权保护并不是力度越大越好，过于严格的保护同样难以实现激励创造、鼓励投资和促进公平竞争的效果，反而容易削减公众福利，最终成为一项"不正义"的制度。因此，如何协调两种法律制度之间的冲突，成为新《体育法》亟待解决的问题。

---

[1] 张玉敏. 知识产权的概念和法律特征 [J]. 现代法学, 2001 (5): 103-110.

第五章

互联网环境下体育赛事节目版权保护的对策

第一节 完善体育赛事节目版权保护的治理规范

一、统筹协调视听作品与其他立法的相关概念

（一）"视听作品"内涵的界定

版权与技术相伴相生，版权发展史就是一部版权扩张史①，现代版权制度的基石源于印刷术的出现与演进。在当前的技术背景下，各类剪辑工具和创作平台的兴起极大地丰富了视听内容的表达形式，使之不仅可观、可听，而且可感。其中，部分视听内容，如体育赛事直播和富有创造性的短视频等，已达到著作权法所界定的独创性标准。然而，传统的作品范畴已难以涵盖这些新兴作品类型。因此，若著作权法中的"电影作品、电视剧作品"以及"其他视听作品"的界定未能适时扩展，将难以有效激励新型视听内容的创作者。因此，将"视听作品"界定为对原"电影作品和以类似摄制电影的方法创作的作品"范围的拓展，对于保护新技术背景下的新型视听内容具有至关重要的意义。

另外，此类作品范围的扩大并不违背我国作为《伯尔尼公约》成员国所应承担的义务。我国《著作权法》修改前关于"电影作品和以类似摄制电影的方法创作的作品"的表述，源自《伯尔尼公约》1948年布鲁塞尔文本中的"cinematographic works and works produced by a process analogous to cinematographic"。然而，我国加入的是1971年的巴黎文本，其中对此类作品的描述

---

① 易健雄. 技术发展与版权扩张 [M]. 北京：法律出版社，2009：88.

更为宽泛，即"cinematographic works to which are assimilated works expressed by a process analogous to cinematographic"。巴黎文本允许成员国将"已在物质载体上固定"作为所有作品或特定类型作品的保护条件，这表明未固定的连续画面亦有可能获得保护。因此，对于具有独创性的直播画面等视听内容，立法予其著作权保护并不违反《伯尔尼公约》的相关规定。

2020年的《著作权法》并未明确界定"电影作品、电视剧作品"和"其他视听作品"的界限，建议在《著作权法实施条例》中增加二者的区分标准，以保证交易安全和防止作品范围的无限扩大。在"电影作品、电视剧作品"和"其他视听作品"著作权归属中，"法定"和"约定"的区分实则来源于法律对其监管的需求程度，电影、电视剧因其特殊性、受众范围的广泛性、内容较长，故监管成本较高，单靠社会监督和平台监督无法有效阻止各类违法行为以及开展合理的舆论监管，因而其界限需要由法律规定，以保证权利的行使不会影响到社会公共利益。我们可以通过以下标准对"电影作品、电视剧作品"和"其他视听作品"来进行界分：明确电影作品、电视剧作品需要经国家电影局、国家广播电视总局审批。这一判断标准具有更为明确的指示意义，可以防止传统电影、电视剧作品向"其他视听作品"逃逸而脱离行政监管。

（二）著作权法与其他法律概念的协调

新技术背景使得创作工具丰富多元，电影、电视剧的制作工具已然超脱传统摄影机、录像机的范畴，许多视听作品的产生也无须通过介质预先固定。为保证体育赛事节目等各类新型作品的著作权法保护以及激励创作，笔者建议在《著作权法实施条例》《电影产业促进法》及正在征求意见的《广播电视法》中，协调、明确电影作品、电视剧作品的概念和范围，以起到有效区分电影作品、电视剧作品与"其他视听作品"的作用。

在《电影产业促进法》修法及《广播电视法》的立法过程中，要考虑是否需要对创作主体进行限制。创作工具的便利性催生了许多制作者，这些制作者既包括专业生产者，也包括普通用户。同一生产者既可能是视听内容的制作者，也可能是编辑者、传播者，创作主体已然不仅仅局限于专业的法人或者其他组织。目前对电影、电视剧主体进行限制，一是为了保证电影、电视剧的作品质量，二是为了加强监管，抓住导向这一根本，坚持把正确政治方向、舆论导向和价值取向放在首要位置，把激发向上、向善的精神力量作为最重要的目标。因而，在《电影产业促进法》未来修法及《广播电视法》的立法过程中，我们要做到"开前门与关后门并重"。首先，开前门即要允许创作自由的存在，对于电影、电视剧作品的创作主体、创作技术标准可以采取较为包容的态度。在电影、电视剧乃至整个视听作品创作市场，个体创作者所创作的视听内容既不应该因为强制性要求而无法获得有效保护，也不应该因为创作者不是法人、其他组织或者广播电台、电视台和省级以上人民政府广播电视行政部门批准设立的广播电视节目制作经营单位而无法获得承认，应当通过降低对创作者的身份要求、技术标准要求，以开放自由创作的文化市场。其次，关后门也是必需的，审批制度应当保留，我们也需要进一步研究获得审批、进行备案的电影、电视剧作品范围。新技术在带来创作热潮的同时也可能引发大量的侵权问题，甚至带来公私法领域的安全问题，如AI换脸技术的出现便带来了公私法领域的恐慌，以及政治安全、金融安全、[1] 个人信息保护[2]等问题。因而，对于电影、电视剧的行政监管制度不容忽视，在视听作品范围逐渐扩大的背景下，我们需要做的是划定一个更为明确的范围，以保证公共安全和正确的政治方向、舆论导向和价值取向，杜绝新技术背景下可能发生的公私法领域的安全问题。

二、明确区分广播权与放映权控制的行为

（一）采用远程传播与现场传播的区分标准

《著作权法》修改前，放映权与信息网络传播权存在重叠，司法实践中关于新兴的点播影院向受众播放大量的影视作品的侵权判定各不相同，有的法院判定侵犯放映权，有的则判定侵犯信息网络传播权。《著作权法》修改后，由于广播权也可以规制远程传播行为，在体育赛事节目举办期间，酒吧、养疗场所等各种文化娱乐场所也出现了利用投影设备直播大型赛事的情形，使得放映权与广播权可能出现权利重叠问题。究其根本，著作权法中的传播权缺乏体系化使得我们对于各个传播行为之间的区分存在困难，进而导致司法适用上的不统一。

首先，原本按技术设备、技术背景区分放映权、广播权、信息网络传播权等在内的各类传播权利的方法仅仅是依靠历史因素和时间线进行分类，未

---

[1] 刘建明. 深度伪造对媒体与人类的致命威胁［J］. 新闻爱好者，2021（4）：10.
[2] 张雅婷. AI视频换脸术的传播伦理审视［J］. 新闻媒体研究，2020（6）：64.

能有效处理著作权各个权项之间的关系和区别，导致媒介融合、技术融合背景下各个权项所控制的行为开始出现交叉，而司法裁判、行政执法中也无法准确判断各权利范围。其次，生活用语中的"传播"一词并不考虑传播主体与传播对象之间的距离，且在我国立法中出现过生活用语理解与立法用语混用的现象，比如《著作权法》第10条对于广播权的规定为"通过扩音器或者其他传送符号、声音、图像的类似工具向公众传播广播的作品的权利"，此处采用的"公开传播"实际上规制的是近距离传播的行为，这与国际条约中将"公开传播"用于远程传播的意旨相冲突。

为解决媒介融合背景下凸显出的传播权体系缺陷，构建传播行为区分标准十分重要，一方面能够厘定各权利范围，防止实践中的冲突解决无门，另一方面也有助于著作权法的体系化，为未来技术发展带来的新问题提供合理、科学的理论基础解释。明确远程传播和现场传播的区分标准是一个可供选择的路径，这一标准与《伯尔尼公约》起初设立的放映权的区别仅在于，放映行为的发生是否需要先将视听内容固定后进行再次呈现。通过这一标准，调整原本依照时间顺序、技术设备来划分专有权的标准，并保留放映本质的特点，即通过机械设备开展现场表演，将媒介融合下的放映机展现作品不再需要介质存储的新特点包容在放映权的规制范围内，达到明晰放映权、广播权权利边界的效果。

（二）以放映权的行政干预属性作为区分要素

作为私权，放映权权利人可以自行行使或者授权他人行使，但权利人对于这种权利的行使却不是自由的，放映行为的发生需要受行政部门的监管。2020年的《著作权法》规定了"视听作品"的放映权，在此之前视听内容中仅有"电影作品和以类似摄制电影的方法创作的作品"享有放映权，并且这种放映权的行使并非自由的，而是要经过行政审查才可以实现。《电影产业促进法》以及《广播电视管理条例》对电影、电视剧的放映、播放设置了行政监管门槛，放映权具有区别于其他著作权权项的行政干预属性。以电影作品为例，其从制作到放映的整个过程都受到严格的行政管理约束，具体见图5.1：

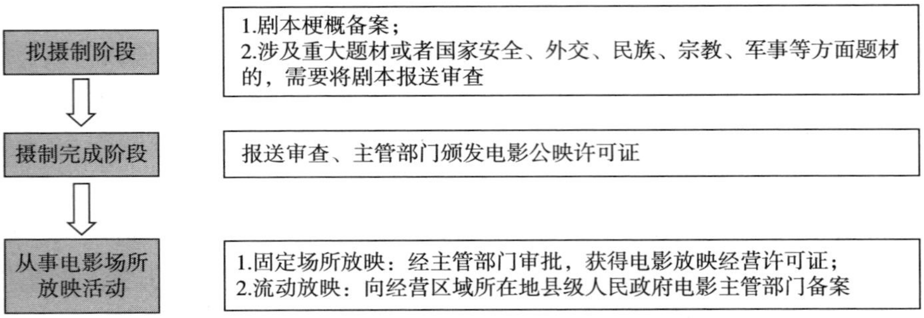

```
拟摄制阶段  →  1.剧本梗概备案；
              2.涉及重大题材或者国家安全、外交、民族、宗教、军事等方面题材
                的，需要将剧本报送审查

摄制完成阶段 →  报送审查、主管部门颁发电影公映许可证

从事电影场所  →  1.固定场所放映：经主管部门审批，获得电影放映经营许可证；
放映活动         2.流动放映：向经营区域所在地县级人民政府电影主管部门备案
```

图 5.1　电影作品制作过程中的行政程序

由此可见，放映权虽是私权，但其实现往往不同于其他权项，并不能依据权利人的自由意志随时、随地行使。放映权的行政干预属性具有必要性，对视听作品放映行为的监控是促进创作和文化市场繁荣与稳定社会主义文化市场的重中之重，也是平衡著作权人私益与社会公共利益的必要举措。因而，在放映权与信息网络传播权重叠的纠纷解决过程中，是否符合行政管理要求也是判断其是否具有完整放映权的要素，进而得以判断点播场所、酒吧等文化娱乐场所是否违反了放映权行使的要求，由此推定其是否获得了著作权人关于放映权的授权，而与信息网络传播权和广播权的侵权判断相分离，这一逻辑链条是由"著作权人享有公映许可证→著作权人将放映权授予经营场所→具有放映经营许可证的经营场所放映电影"倒推而来的。如在私人影院中，经营者往往已经购买了平台会员，获得了在线观看的权利，但其通过投影设备等向大众现场放映作品的行为若未获得放映经营许可，即使其已经获得了有关信息网络传播权的授权，该经营行为仍旧会因为不具有完整的放映权而构成侵权。回到体育赛事节目直播的判断中，若酒吧、电影院、餐厅等未获得相应的放映经营许可，其必然会因未有完整的放映权而构成侵权，这一判断因素的采纳可以使其与广播权的侵权判断相区分，并且可以回避放映权的内涵是否要求"将作品存储在介质上"的问题。

三、完善运动员的肖像权授权机制

(一) 明确合同中肖像权的授权范围

表演者权中的各项权利均是无法涵盖对体育赛事节目中运动员肖像权的

保护的，但由于俱乐部的谈判优势，聘用合同中的有关规定被模糊化，运动员对于相关权利授权采用"一揽子许可"的方式，没有谈判空间，使得运动员将相关衍生品均授权俱乐部使用。在这种情况下，由于合同的相对性原则并基于双方意思表示一致，由运动员人格利益所产生的经济利益都将归于俱乐部，利益分配明显不公。因此，首先，应当界定表演者权、商品化权的范围，明确表演者权中各权项的授权仅是基于体育赛事节目，表演者权中所包含的肖像权利益并不延及除体育赛事本身外衍生的商业利益。我国《民法典》第 1019 条第 2 款规定，"未经肖像权人同意，肖像作品权利人不得以发表、复制、发行、出租、展览等方式使用或者公开肖像权人的肖像"，法律虽已明确未经许可的肖像权使用属于侵权，但由于合同解释中忽略了表演者权中所包含的利益与商品化权之间的区别，这就导致表演者处于被动地位。因而明确表演者的相关授权并不包括商品化权十分重要。其次，运动员在签署相关合同时也应当谨慎，在对肖像权、财产权等进行授权时要将衍生品的范围限于与体育赛事活动组织、体育赛事节目宣传有关的范围内。同时，俱乐部在签订合同时也应当防止"一揽子许可"等有可能被判定为格式条款的要求出现，并明确授权的方式、范围、时间、地点等。

(二) 发挥行业监管和行业自律的作用

俱乐部与运动员之间的聘用合同是两者之间的利益谈判场，俱乐部基于利益驱动天性更趋向于利益往己方倾斜，同时传统的科层制治理模式当今已然显露出弊端，不少学者对"政府治理失灵""市场治理失灵"的问题进行反思，并提出传统的治理理论存在"效率悖论"，政府、市场、组织之间不同的利益追求导致利益冲突[1]，利益冲突场域关系交织导致决策效率、决策执行效率降低[2]，各方利益驱动天性导致自觉治理意识缺位。为了回应治理理论带来的实践问题，英国学者杰索普（B. Jessop）于 1997 年最早提出了"元治理"（Meta-governance）理念，以人际、组织间、力量间、机制间的协调为主要内容的"元治理理论"崭露头角。元治理理论以多元治理为核心，在这种模式下，公共部门内部的大量组织和管理过程已经实现了一定程度的自治，形成了一个平衡、协调的多元共治状态。元治理的一个重要观点是"参与"，

---

[1] 魏崇辉，孟娴. 新时代社会治理中的利益冲突与利益均衡 [J]. 领导科学，2021 (8)：15.
[2] 李瑞. 新形势下科技创新治理复杂性及 "元治理" 体系构建 [J]. 自然辩证法研究，2021 (5)：63.

需要的是"软法"而非法律和正式权威的控制,通过价值观的培养来引导业内俱乐部的行为,这样就可以低成本促成公共政策的实施和公共目标的实现。① 因而,应当积极推动体育行业相关规范的形成,对俱乐部与行业之间的合同内容、合同形式进行有效的监控,并采用备案机制,从源头上防止俱乐部侵吞运动员私人利益并制止侵权现象的发生。同时,建立运动员维权机制,为运动员建立沟通渠道和纠纷解决机制,以有效保障运动员的权利。

第二节 增强体育赛事节目版权新型侵权行为的治理

一、充分发挥行政执法在体育领域保护优势

司法与行政保护双轨制,历来在我国版权保护领域中占据重要地位。在体育赛事版权保护领域,鉴于体育赛事节目时效性相对较弱、运作周期短暂等特性,单纯依赖司法途径实施保护可能会面临权利救济滞后等问题。因此,在当前新技术快速发展的背景下,我们应当着重加大行政执法的力度,努力构建一个更为简洁、高效的版权保护体系,以更好地适应和满足体育赛事版权保护的需求。

(一)行政执法在体育领域版权保护的优势

众所周知,体育赛事节目相较于传统视听作品,其显著特点在于时效性相对较强以及运作周期较为短暂。具体而言,公众对体育赛事节目的关注度主要集中于赛事的赛程阶段,此阶段通常持续半个月至两个月。鉴于这种特点,体育赛事节目独家授权方在采取司法途径寻求权益保护时,往往会面临举证时间不足和处理侵权案件周期较长的困境,从而导致体育赛事领域的侵权现象屡禁不止。然而,若体育赛事节目转而寻求行政执法的途径,利用行政执法简易、快捷的特性进行维权,将能更有效地遏制体育赛事领域的侵权乱象。根据《版权工作"十四五"规划》的指导,全面加强版权保护是版权执法监管的重要方向。因此,为全面加强体育赛事版权的保护,应充分发掘

---

① 斯蒂芬·奥斯本.新公共治理:公共治理理论和实践方面的新观点[M].包国宪,赵晓军,等译.北京:科学出版社,2016:43.

行政执法的优势，并加大体育赛事版权的行政保护力度。

行政保护作为我国知识产权保护的核心手段，其重要性不容忽视。在古典经济学的理论框架中，行政执法常被视作对市场机制的潜在干扰，因为市场主体通常被视作在特定市场规则下，通过相互协调与理性抉择，自然实现市场平衡的"理性人"。然而，这一观念过于理想化，忽视了现实中频繁发生的知识产权侵权行为。鉴于市场主体在行为决策上更多地依赖于信息传递机制（如"学习—模仿"），经济学家开始认识到，市场主体在接收到"知识产权保护"的信息后，其决策往往是基于现实博弈的结果。具体而言，知识产权保护的实际程度与侵权可能带来的利益之间的权衡，将会直接影响市场主体的行为选择。

若侵权行为未能得到有效遏制，则即便司法途径可能制止侵权，但考虑到发现概率、维权成本、处罚力度等现实因素，侵权行为在成本效益上可能依然具有吸引力。在这种情况下，"成功"的侵权行为往往会成为其他市场主体效仿的对象，从而影响整个市场的决策导向。鉴于市场自治在知识产权保护方面存在天然不足，且权利人面对众多侵权者时，私力救济困难重重，加之司法维权成本高昂且效果有限，因此知识产权权益的实现必须依赖于公权力对市场主体活动的有效干预和监管。

我国版权执法体系展现出多轨并行的显著特点，通过民事、行政与刑事三方面的综合执法制度，为版权权利人提供了多元化的救济途径。相较于司法保护，行政保护以其事前救济的特性，展现出独特的优势。行政保护不仅高效快捷，同时也降低了时间成本与经济成本，有效减轻了知识产权法院的办案压力。特别是在体育赛事等即时性活动中，伴随着互联网的广泛传播，若忽视事前监管与预防，将导致"保护始终滞后于损害"的不利局面，这与版权保护的初衷背道而驰。因此，在互联网体育赛事节目版权保护领域，行政保护的重要性与必要性日益凸显。

从版权执法机构的立场出发，我国版权执法工作主要由国家版权局及各级文化执法行政管理部门承担，其核心职责为维护版权权利人的权益和公共利益。针对著作权侵权行为，行政管理部门拥有对侵权行为发生地进行实地调查的权力，有权对涉案人员进行询问，并依法扣押涉嫌侵权的复制品、安装/存储侵权复制品的设备以及用于实施违法活动的材料、工具和设备等。同时，行政管理部门还将检查、查封和存档与侵权行为有关的财务信息及其他书面材料。近年来，知识产权行政机构改革持续深化，旨在构建一种更为集中、高效的"二合一"管理模式和"相对集中、管罚分离"的行政执法体系。这一改革旨在通过优化版权行政执法制度，进一步激发市场活力，优化营商环境，推动经济实现高质量发展。在这一背景下，版权行政执法对体育赛事节目的保护尤为重要，其快速、便捷、节约资源的特性在保护体育赛事节目版权方面发挥着重要作用。

（二）提升体育领域版权保护的管网治网能力

在新技术背景下，侵权者往往会利用聚合链接、人工智能等手段破坏体育赛事节目领域的版权环境，而网络也成为侵权者实施侵权行为的重要阵地，为此，提升体育赛事领域版权管网治网能力、强化数字版权保护技术研发运用、完善网络侵权的快速反应机制迫在眉睫。

具体而言，我国应当持续开展体育赛事领域的"剑网行动"。"剑网行动"是国家版权局同互联网信息办公室、工业和信息化部、公安部联合开展的网络侵权盗版专项治理行动。国家版权局发布的"剑网 2021"专项行动阶段性成果显示，截至 2021 年 9 月 28 日，"剑网行动"处理短视频平台清理涉东京奥运会赛事节目短视频侵权链接 8.04 万条，处置、删除侵权盗版链接 61.83 万条，阶段性效果显著。[①] 在未来的"剑网行动"中，我们必须以严谨的态度，在以下三个关键领域加大规范力度：首先，必须重点关注微信公众号，特别是短视频、直播平台账号，对于未经授权而集中、批量在网络平台上传、传播奥运会等大型体育赛事节目的行为，应采取严厉的措施予以制止；其次，对于微信公众号提供奥运会节目盗播链接的行为，应予以严厉打击，绝不姑息；最后，应着力整治网站、客户端等非法转播奥运会赛事节目的行为，以确保体育赛事转播的合法性和规范性。

（三）加强体育领域版权执法协作

在当前的体育赛事领域，侵权救济的诉求往往需要经版权局与网信办双重途径进行解决。然而，被侵权人在实际操作中可能因信息检索的困难而无法准确辨识地方行政管理机关，或因对维权流程的认识不清晰而产生对行政执法的畏惧心理，进而导致权利人在行政执法层面的救济渠道受阻。此类现象不仅阻碍了长效行政执法机制的构建，也成为加强版权行政执法能力建设

---

① 王果，张立彬. 产业视角下短视频领域版权侵权问题研究：边界划定、现状梳理与规则重构[J]. 情报理论与实践，2023（2）：63-70.

的显著障碍。因此，为确保体育赛事节目版权得到有效保护，加强相关版权执法协作，提升衔接工作的效率和规范化水平显得尤为重要。

综合执法在提升知识产权执法资源配置效能、加强行政执法信息化和规范化方面发挥了积极作用，然而，这也对行政执法人员的专业化、职业化水平提出了更高的要求。在行政执法程序中，行政执法队伍以主动调查取代了法庭质证，从而减轻了当事人的举证负担，但同时也需要投入更多的人力、设备和资金来进行案件调查。当前，随着版权侵权手段的多样化，执法部门所面临的版权侵权纠纷展现出越发复杂的动态性。若执法部门在专业性不足的情况下作出处罚决定，则极有可能面临法院对处罚结果的调整，这不但无益于纠纷的妥善解决，还会显著增加权利人的维权成本、削弱行政执法的实际效力，并对行政执法的公信力造成严重影响。

因此，在体育赛事节目行政执法过程中，应深入贯彻服务型政府理念，以满足社会公众需求为核心目标，确保信息公开与检索指引工作的有效实施，并建立"公众—执法机构—侵权者"之间的信息反馈机制。同时，应大力提升行政执法人员的专业化、职业化水平，构建一支专业化、规范化、职业化的执法团队。此外，行政机关还应积极探索版权行政保护技术调查官制度的可行性，以协助行政执法部门准确、高效地认定技术事实，从而提升执法效率和公信力。

（四）构建体育赛事节目版权长效监管机制

行政机关实施针对体育赛事节目的专项行动，这对体育赛事节目的版权保护具有积极意义。虽然临时性、阶段性的行政介入能在短期内对侵权行为形成一定威慑，有效清理网络版权市场，但这种运动式执法会消耗大量行政资源，仅在特定领域暂时营造良性市场运营环境，为投资者带来短期激励。然而，当执法周期结束后，该领域的著作权市场生态环境将逐渐回归常态，因此，短期的政策刺激无法从根本上改变著作权市场自由运行的逻辑。

因此，构建版权长效监管机制至关重要。我们应按照《版权工作"十四五"规划》的指导，对重点领域的行政执法进行科学的周期性强化，以提升监管效能。行政执法应充分利用其周期短、效率高、信息广等优势，构建针对网络侵权盗版的快速反应和处理机制，强化版权备案及预警保护，规范平台内部用户管理系统，完善版权执法投诉渠道，并充分调动社会各方协同参与的积极性。通过这些措施，我们将牢固树立体育赛事节目版权保护意识，并构建体育赛事节目版权保护的社会共治格局。

二、突出重大案件惩处与重点体育赛事监管

在当今互联网高速发展的时代背景下，随着新技术的不断涌现，体育赛事领域的侵权行为也呈现出日益普遍的趋势。针对这一问题，为了有效遏制酒吧等营业场所实施的大规模侵权行为，我们必须高度重视并充分发挥大案要案的示范效应，着重加大对重点体育赛事的网络监管力度，以确保体育赛事的合法权益得到有效保护。

（一）发挥大案要案惩处的典型意义和震慑力

体育赛事进行期间，网吧、餐厅等经营场所为了吸引客流，普遍采取通过电视机、投屏等手段对体育赛事节目进行实时转播，此类侵权行为往往呈现出规模化态势，从而导致侵权者存在侥幸心理。为构建体育赛事领域健康的版权生态，需要完善体育赛事节目版权侵权查处机制，实施严格的版权保护制度，并强化全过程监管。特别要突出对大案要案和典型案件的查处，积极推动大案要案版权纠纷处理机制的构建。

大案要案的惩处处于引领性和关键性地位，其典型意义不容忽视。因此，应充分发挥大案要案的独特作用，注重提升协办案件的质量和效果。同时，为扩大大案要案的社会影响力，应聚焦于公众关注的体育赛事侵权现象，努力提高案件的典型性和权威性。此外，还应注重宣传效果，进一步加大对大案要案的宣传力度。

（二）推动实现重点体育赛事节目版权侵权的网络监管

鉴于体育赛事节目所具备的即时性特征，行政监管被视作一项高效的应对策略。在此背景下，加强针对未获体育赛事节目播放授权的互联网平台的版权重点监管和重点作品版权保护预警机制，以及完善互联网平台的主体责任，已成为新技术环境下整治体育赛事领域版权乱象的关键途径。

在实施体育赛事网络监管的过程中，建立"体育赛事版权保护预警名单"是一项重要举措。例如，2018年的俄罗斯世界杯赛事节目已被国家版权局纳入2018年度"第五批重点作品版权保护预警名单"。随后，国家版权局、中央广播电视总台等部门相继采取行动，以防止侵权盗版现象的发生。奥运赛事更是被作为重点保护对象，中国版权协会在"2020东京奥运会权利预警和

版权保护工作协调会"上发布了 2021 年国家版权局第十批重点作品版权保护预警名单，其中东京奥运会赛事节目被单独列为重点保护对象。

2022 年我国举办的冬奥会、冬残奥会期间，国家版权局与工业和信息化部、公安部、文化和旅游部、国家广播电视总局、国家互联网信息办公室等多个部门联合开展了冬奥会"版权保护集中行动"。该行动旨在加强对重点传播领域的监管，各部门着力整治了未经授权通过广播电视、网站（APP）、IPTV、互联网电视等平台非法传播冬奥会赛事节目的行为。同时，对短视频平台公众账号未经授权提供冬奥会赛事节目盗播链接、集中批量在网络平台上传播冬奥会赛事节目，以及网络主播在直播中未经授权传播冬奥会赛事节目的行为进行了重点打击。此外，还严厉打击了各类涉及冬奥会视听、文字、美术、音乐等作品的侵权盗版行为，并重点整治了制作、销售涉冬奥会侵权盗版衍生品的违法行为。[①]

三、持续强化行为保全在体育领域维权作用

目前，我国法院在处理民事权利的预防性保护或临时性救济请求时，主要依赖民事诉讼程序上的保全制度。其中，行为保全制度最早在 2013 年颁布的《民事诉讼法》中得以明确。该制度旨在避免因加害行为给当事人或利害关系人带来利益损害或进一步损害，法院可根据申请，对涉及侵害行为或有侵害风险的当事人采取必要的强制措施。需要强调的是，针对行为保全的裁定，申请人不具备上诉权，但享有申请复议的权利。此外，2019 年实施的《最高人民法院关于审查知识产权纠纷行为保全案件适用法律若干问题的规定》进一步规范了行为保全的适用，允许当事人在判决、裁定或仲裁裁决生效前，依据民事诉讼法第 100 条、第 101 条的规定，申请行为保全。这一规定为法院审理涉及诉前知识产权侵权行为保全的案件提供了明确的法律依据。

（一）行为保全应用于体育赛事节目版权保护的优势

鉴于体育赛事的显著时效性，当被侵权者寻求司法保护时，往往面临举证困难、事后救济效率低等挑战。在此情境下，行为保全作为一种预防性保护机制，在规范体育赛事节目时展现出了显著优势。

首先，行为保全能有效遏制损害的扩大。以奥运会赛事节目为例，作为

---

① 国家版权局. 国家版权局等六部门联合开展冬奥版权保护集中行动［EB/OL］.（2022-01-21）
［2024-07-08］. https://www.ncac.gov.cn/xxfb/ztzl/dabqbhjzxd/202201/t20220121_862865.html.

热门视频，其舆论热度高、时效周期短，转播成本亦非常低廉。此类视频的生命周期多局限于热播期间，若无授权主体频繁转发、传播，将导致观众可轻易在各网站观看比赛内容，从而扰乱被许可平台的播放秩序，严重侵犯其版权利益。鉴于体育赛事的时效性，立即要求侵权平台停止侵害，是减少损害、维护合法利益的关键。行为保全的目的正是预防难以弥补的损害，阻止未来潜在风险的发生，以及避免损害进一步恶化。无论是诉前还是诉中，行为保全都在判决生效前进行，这对于保护双方的合法利益至关重要，显著减少了事后救济的滞后性和难以弥补的可能性。特别是在互联网领域，其对及时性的高要求使得行为保全成为化解风险的有效机制。

其次，行为保全能够确保生效判决的有效执行。若采取事后救济策略，不仅审理时间长、救助周期长，即便一审作出有利于原告的判决，对方也可能提起上诉，导致救济之路漫长。同时，赔偿数额难以准确计算，侵权行为对权利人的权益造成了严重损害，即便胜诉获得补偿，也可能难以达到预期收益。若法院裁定采取保全措施，被申请人将被要求采取或禁止特定行为，从而降低损害扩散的风险。若申请人最终胜诉，法院判令被申请人赔偿以弥补损失，由于行为已被保全，损害得以固定，因而提高了被申请人的赔偿能力，有利于判决的执行。视频作品依赖浏览量、点击率等要素盈利，其网络传播速度快、受众广泛，应及时采取行为保全以有效减轻损害，确保裁判内容得以实现。

最后，行为保全能够提高诉讼效率，节约司法成本。通过限制被申请人的行为，行为保全将损害后果控制在一定范围内，使司法机关能在相对稳定的状态下收集证据、调查情况，从而提高办案效率、缩短诉讼周期。在申请行为保全时，体育赛事节目往往处于热播期，侵权行为持续进行。法院责令被申请人采取保全措施后，被申请人将删除侵权视频，并采取有效措施阻止相关视频传播，从而固定侵权范围，为司法机关进一步调查取证、作出侵权认定提供了相对确定的空间。

（二）行为保全应用于体育赛事节目版权保护的具体实践

在 2022 年天津市第三中级人民法院审理的腾讯诉小川科技有限公司一案中，人民法院审慎地运用了行为保全制度，针对体育赛事领域侵权行为的高发态势，采取了及时且预防性的规制措施。此举不仅有效地遏制了侵权行为，更强化了奥运会体育赛事节目的版权保护，对构建体育赛事领域健康、有序的版权环境作出了显著贡献。

案件事实表明，小川科技有限公司在奥运会赛事期间，未经许可，擅自在其应用程序上存储并传播用户发布的关于 2020 年东京奥运会的视频内容，同时大量劫持腾讯视频的用户流量，给其造成了显著的经济损失。鉴于此类侵权行为具有高度的可复制性、快速的传播速度以及广泛的传播范围，天津市第三中级人民法院认定该行为严重侵害了腾讯视频的商业利益，损害了其合法权益，构成不正当竞争。

为及时制止侵权行为，法院在 48 小时内迅速作出行为保全裁定，并要求相关应用程序对体育赛事节目内容采取屏蔽、断开链接等合理措施，有效地打击了侵权行为，维护了市场的公平竞争秩序。

四、IPTV 电视回看体育赛事节目的规范之道

在针对电视回看领域体育赛事侵权现象的司法实践中，通常依据信息网络传播权作为请求权基础进行规范。然而，在当前三网融合的背景下，IPTV 模式下的电视回看呈现出授权难度增大等新特点。为有效应对 IPTV 电视回看体育赛事节目侵权现象，我国可借鉴日本新修订的《著作权法》中关于电视回看的规范路径，以确保相关权益得到妥善保护。

（一）我国《广播电视法》可引入"电视回看"条款

2021 年初，国家广播电视总局发布了《广播电视法（征求意见稿）》（简称征求意见稿），以着手解决传统广播电视和网络视听产业的统一管理问题。征求意见稿在对国家管理视听传播产业赋权的同时，也要注意促进视听传播产业的高质量发展，做到规制与发展的协调统一。[①] 为此，征求意见稿在第三章"制作播放"部分规定了广播电视节目的内容、传输频道及相关服务，并在第 25 条规定了"转播、链接、聚合、集成"的广播电视节目及其应当符合的条件，但并未对电视回看、时移和点播等服务作出规定。

日本新修订的《著作权法》出于改善数字时代观众的便利性和促进视听产业内容发展的考量，特将错过传输（我国语境下的电视回看）、同步传输等公开传输行为视作广播以及广播的附带服务。上述制度深刻体现了日本对广播电视产业的关怀，其规范本身的创新性与前瞻性值得我国借鉴。以加强智

[①] 彭桂兵. 全媒体时代视听传播秩序的法治保障：评《广播电视法（征求意见稿）》[J]. 青年记者，2021（9）：12.

慧广播电视建设、推进广播电视在全媒体传播体系中的深度融合发展和构建全媒体传播体系急需的法治支撑为立法目的的《广播电视法》，在面对IPTV平台侵权乱象时，可借鉴日本《著作权法》的经验，将版权制度和通信广播制度结合起来。① 具体而言，《广播电视法》可在现行征求意见稿第三章第25条后增加一项"电视回看"条款，将整合电信网、广播电视网和互联网的IPTV平台推出的一定期限内回看广播电视节目的服务，视作广播组织的附带服务以及广播行为。同时规定该回看服务不得改变最初电视节目的画面及内容，且用户接收该服务的时间为自电视节目直播结束后的七日内，超出时间后IPTV平台将删除相应的电视节目。

（二）我国《著作权法实施条例》可引入"电视回看"条款

我国于2020年11月11日公布的《著作权法》在第24条合理使用部分，增设了第13项"法律、行政法规规定的其他情形"的开放式兜底条款，扩大了合理使用范围。同时，在第47条为广播组织增设了可禁止他人在未经许可的情况下，将其播放的广播、电视通过信息网络向公众传播的权利，自此广播组织便享有了信息网络传播权。诚然，与《著作权法（修改草案送审稿）》中对合理使用制度采取"其他情形"的全开放式规定相比，"法律、行政法规规定"的表述虽有助于防止司法机关借助充满不确定性的"其他情形"在个案裁决中肆意"创新"，但也并未对法律、行政法规创设"其他情形"进行任何限制。②

为减轻广播组织取得授权的负担、建立一个更为顺畅的版权处理环境，有必要完善合理使用制度。"他山之石，可以攻玉"，日本最新的《著作权法》中专设了推定授权制度。推定授权制度是指权利人在授权协议中没有明确表示拒绝授予公开传输的，则推定权利人不仅允许在广播中使用该作品，而且允许在公开传输和其他形式中使用。此种推定建立了广播与公开传输的一站式权利处理服务，极大地促进了电视节目在互联网中的流通。同时，为便利对广播电视节目进行公开传输，日本《著作权法》还扩大了合理使用的范围，特将公开传输行为归入非营利目的的使用、关于时事评论的转载等合

---

① 国家广播电视总局. 国家广播电视总局关于公开征求《中华人民共和国广播电视法（征求意见稿）》意见的通知［EB/OL］.（2021-03-16）［2024-07-08］. http://www.nrta.gov.cn/art/2021/3/16/art_113_55407.html.

② 郑重. 日本著作权法柔性合理使用条款及其启示［J］. 知识产权，2022（1）：112-130.

理使用情形之中。另外，为平衡权利处理的便利性与权利保护之间的关系，防止权利人的权益遭受不当侵害，日本《著作权法》将电视节目结束后的电视回看服务排除出合理使用制度的范围。

对此，为防止立法肆意创新、扩大合理使用范围，可在《著作权法实施条例》中增设关于电视回看的合理使用条款——IPTV 平台为提供七天以内的广播电视节目回看服务而不可避免地使用已经广播的作品。IPTV 是三网融合政策下的广播电视新业态，其提供的电视回看服务通过合理改变观看时间，留住了广播电视产业的广大受众，并降低了受众成本，因此电视回看功能并不会不合理地损害原权利人的正当利益。相反，将电视回看纳入合理使用范围，不仅有利于国家政策中公共利益的实现，而且有助于我国广播电视产业公共属性的发挥。同时，由于在现行《著作权法》框架下，广播组织已然享有信息网络传播权，且 IPTV 运营商大多以广播电视台为运营核心[①]，因此 IPTV 平台大多能顺利得到广播电视台信息网络传播权的授权。如若在《著作权法实施条例》中借鉴日本《著作权法》增设推定授权条款——著作权人在授权协议中没有明确表示拒绝授予信息网络传播权的，则推定著作权人不仅允许在广播中使用该作品，而且允许在信息网络传播中使用该作品，这样即可有效解决当下广播电视台面临的授权难的问题。

五、电子竞技体育赛事节目直播的版权治理对策

电子竞技比赛直播作为互联网领域的新兴现象，其所涉及的法律保护议题呈现多维度复杂性。特别是"耀宇诉斗鱼案"，其所引发的广泛讨论持续至今。作为国内首个涉及电子竞技赛事直播侵权的司法案例，学术界对于能否运用著作权法来维护电子竞技比赛画面的权益，仍持有不同意见。部分学者主张，应依据著作权法为电子竞技比赛直播画面提供保护，因为此类画面不仅涵盖了游戏开发者独创的图形、音乐等元素，更融入了游戏玩家的对战策略等智力成果，符合著作权法对作品的定义。

此外，对于电子竞技比赛直播画面的著作权认定，不仅是解决相关法律问题的基石，更是其关键所在。关于电子竞技比赛直播画面应归类为何种作品类型以及如何具体实施著作权保护，在知识产权领域内主要存在两种不同观点，即拆分保护模式和整体保护模式，二者均引发了业界的持续探讨。

---

① 宋胜洲，赵勋. 基于三网融合的 IPTV 产业组织与政府规制分析 [J]. 商业研究，2013 (12)：11.

(一) 电子竞技的拆分保护模式

拆分保护模式，系将电子竞技赛事直播节目细化为不同构成元素，进而针对各元素进行著作权认定及分类保护的方式。司法实践中，法院普遍采纳这一模式，将电子竞技游戏直播节目分解为计算机软件、文字、音乐、美术作品等组成部分，并逐一进行著作权认定。鉴于电子竞技比赛直播节目能够细化为多个具备独创性的作品类型，其自然属于著作权法保护之范畴。

具体而言，电子竞技赛事直播节目基于电子竞技游戏程序的运行，离不开其背后通过代码化指令序列运行的游戏软件，此类游戏引擎无疑应当被认定为计算机软件并予以保护。此外，电子竞技赛事直播节目涵盖了多种画面及镜头的切换，如电子竞技游戏画面、主播解说画面及选手比赛画面等，然而关于这些直播画面是否构成作品，当前尚存争议。以"耀宇诉斗鱼案"为例，一审法院认为，因我国著作权法等法律法规对赛事转播权尚无明确规定，故耀宇所主张的视频转播权非法定著作权权利，无法直接获得著作权法保护。由此可见，转播权的权利基础须以相关赛事直播画面是否构成作品为判断依据，进而再确定其是否享有相应著作权益。

电子竞技比赛游戏画面系多元素有机结合之综合体，涵盖角色形象、动画视频、音效音乐等丰富内容。其内容的多元性及构成的复杂性促使权利人需将各元素拆分后，作为不同作品类型分别主张权益。例如，角色形象、游戏场景等可视为美术作品加以保护；剧情介绍、角色台词等可作为文字作品得到保护；游戏音效、背景音乐等则应作为音乐作品得到保护。此外，电子竞技赛事直播节目常涉及主播解说行为，若其解说、介绍、评述具有独创性，则亦可能构成作品并受著作权法保护。然而，电子竞技比赛中单纯的比赛画面难以形成作品，这是因为我国著作权法对作品之认定采用独创性"高低"的标准。一方面，虽玩家技巧与选择导致游戏画面内元素组合的多样性，但这些组合均源于游戏开发者对资料库的设计与安排，玩家无法创造出资料库及游戏引擎之外的新元素或组合方式，故此类游戏画面相较于原始画面，难以达到足够的创造性高度，不满足作品之构成要件。另一方面，玩家在游戏过程中主要追求胜利与精神愉悦，并无"创作"之意图，故难以将其视为作者，选手进行竞技比赛之行为亦非创作行为，其间产生的连续性画面亦不形成新的作品。

鉴于我国著作权法当前正处于对电子竞技比赛相关法律问题尚未明确规

制的过渡阶段，拆分保护模式被视作现阶段保护电子竞技赛事直播这一新型体育赛事节目的暂时性方案。此种保护模式主要侧重于规制特定的著作权侵权行为，是在现有法律框架内的一种权宜之策。然而，值得注意的是，该模式不仅未能全面考虑到电子竞技赛事直播中游戏运行程序、电子竞技游戏画面、主播解说画面及选手比赛画面等组成部分之间的内在关联，而且缺乏对整场电子竞技赛事节目整体性保护的考量，因此存在一定的局限性。

（二）电子竞技的整体保护模式

整体保护模式，即将电子竞技比赛直播作为法定作品类型中的"视听作品"进行保护。站在电子竞技产业的发展角度来看，将电子竞技比赛直播作为视听作品进行整体保护更符合产业发展的需求。

电子竞技比赛是一项新兴的体育赛事项目，相较于个人娱乐时，游戏玩家在游戏客户端内的观战系统对直播画面进行切换和观看，电子竞技赛事直播节目涉及多种画面及镜头的切换，包含着更多的元素。例如，主持人、嘉宾的共同解说；导播通过切换机位对游戏内场景、选手特写、主舞台画面的选择；后期的慢镜头回放、字幕、音效等。"凤凰网赛事转播案"中的再审法院认为，对于由多个机位拍摄的体育赛事节目，如制作者在机位的设置、镜头切换、画面选择、剪辑等方面能够反映出制作者独特的构思，体现出制作者的个性选择和安排，具有智力创造性，则可认定其符合著作权法规定的独创性要求，在同时符合其他构成要件的情况下，即可认定为类电作品。[①] 但也有学者对再审法院的判决提出了质疑，认为独创性标准是高低判断，而非有无判断，而体育赛事直播画面独创性有限，不构成作品。[②] 比照该案再审法院的观点来看，电子竞技赛事直播画面也应当构成作品。同时，电子竞技解说与传统体育项目解说相比，受众多为网络用户、年轻用户群体，其解说内容受到的限制更小，自由发挥的空间更为广阔，也更加注重节目的娱乐效果；电子竞技导播对各个镜头的切换不再仅仅局限于传统体育的现场本身，而是包含着对虚拟世界与现实世界、虚拟角色与实际操作者等镜头的个性化判断与选择，其中所付出的创造性劳动明显要高于传统体育赛事节目。因此，即使认为独创性标准是高低判断，电子竞技赛事直播画面也完全能够达到构成

---

① 参见（2020）京民再 128 号民事判决书。
② 王迁. 体育赛事现场直播画面著作权保护若干问题：评"凤凰网赛事转播案"再审判决[J]. 知识产权，2020（11）：43.

作品所需的创造性高度。

总之，电子竞技比赛直播通过现场直播的方式，由选手将游戏资源库中的元素进行调取和组合，在原有的电子竞技游戏画面和比赛画面的基础上，由主办方加以后期解说和播出，形成了由一系列有伴音的画面组成的动态视频，符合视听作品的表现形式。因此，完整的电竞比赛直播节目能够达到作品的独创性高度，将其作为"视听作品"进行整体保护，比拆分保护模式更具优势。

六、加大对体育赛事节目版权侵权行为的处罚力度

（一）创新保护方式：建设版权信用体系

对于酒吧、餐厅等营业场所实施的体育赛事侵权行为，构建健全的信用体系及实施有效的信用监管，具有极其重要的规制意义。鉴于这些营业场所的营业时间并不完全受体育赛事进程所限，其长期发展需要充分考量日常运营成本，避免为短期谋利而损害长期利益。在当前评价体系下，信用度已成为评估市场经营者诚信水平和影响商业利益的关键因素。因此，将信用体系纳入体育赛事版权保护之中，显得尤为必要和紧迫。

具体而言，应依托全国信用信息共享平台，依法公示故意侵犯知识产权的经营者名录，并将其纳入违法失信名单，进而构建以信用为基础的分级监管机制。同时，针对那些重复侵权和恶意侵权的经营者，应建立市场经营主体的诚信档案名录，及时公开体育赛事领域侵权的行政处罚信息，并依法对版权领域的失信行为实行联合执法和综合惩戒，以维护体育赛事版权的市场秩序和公平竞争。

（二）加大处罚力度：发挥惩罚性赔偿制度优势

惩罚性赔偿制度对于遏制互联网体育赛事节目侵权形势的严峻性具有独特的重要性。该制度旨在针对主观恶意显著、重复发生且具有较大社会危害性的侵权行为实施惩罚。通过使主观恶意显著且情节严重的侵权人承担较高的代价，达到防止其再次从事类似侵权行为的目的，并对潜在侵权人形成威慑。

目前，我国《民法典》及知识产权部门法已构建起知识产权侵权惩罚性赔偿制度。除了《民法典》在"侵权责任编"中明确了知识产权侵权适用惩罚性赔偿的法律基础外，现行《著作权法》第 54 条亦引入了惩罚性赔偿制度，为相关司法解释提供了著作权法律支持。然而，仍存在适用范围较为狭

窄、适用频率相对较低等问题，导致惩罚性赔偿条款在立法引入后的很长时间内未能得以广泛应用。

从体育产业发展的长远视角看，惩罚性赔偿制度更符合严格保护体育赛事节目版权、优化互联网体育产业营商环境的治理要求。一方面，从被侵权人角度来看，惩罚性赔偿有助于缩小个案赔偿数额与权利人实际损害之间的差距。鉴于体育产业的高速发展，体育赛事节目的制作成本亦相应上升，相关权利人为此投入了大量的制作及授权转播费用。但是体育赛事直播节目的盗播行为，直接减少了权利人的受众及广告等收益，对权利人影响极大。因此，加大对体育赛事直播节目侵权的惩罚力度，建立与市场价值相匹配的赔偿机制，对于维护权利人的权益至关重要。否则，权利人将陷入反复维权的困境。另一方面，从侵权人角度来看，惩罚性赔偿不仅具有保护和救济功能，还具有惩戒和预防功能。法官在确定赔偿数额时，应同时体现补偿性和惩罚性，以有效遏制侵权行为的再次发生。尽管部分法院在"惩罚性赔偿"标准上持谨慎态度，但亦有法院积极探索该制度的实践标准，如北京市高级人民法院发布的指导意见，为司法实践提供了更为详尽的指导以及灵活适用的空间，有助于统一惩罚性赔偿的认定标准。

（三）加强刑民衔接：完善侵犯著作权罪的构成要件

在酒吧等营业场所出现的大规模侵权行为，往往是基于民众"法不责众"的侥幸心理。为共同营造优质的体育赛事版权保护环境，必须强化刑民结合，引导被侵权人通过刑法途径寻求权益保障。当前，我国著作权犯罪的构成要件尚需要完善，以更好地发挥刑法在著作权犯罪中的惩治和预防作用。

首先，在主观要件方面，建议取消"以营利为目的"的限制。这是因为在互联网背景下，侵犯著作权的成本显著下降，侵权目的日趋多样化。

其次，在客观要件方面，应从侵权行为的社会危害性、刑事违法性和应受刑罚惩罚性三个维度综合判断行为人是否构成犯罪。现行《刑法》及相关司法解释虽列举了"违法所得数额""非法经营数额""传播他人作品数量"等客观标准，但这些标准过于机械，未能全面反映侵权行为的本质。因此，在判定侵权行为是否构成犯罪时，应综合考虑上述三个维度的内容。

最后，建议将侵权行为给著作权人造成的实际损失作为定罪量刑的主要标准。目前，定罪标准多基于侵权人的"非法获利"，然而著作权作为无形财产，其侵权行为往往会给著作权人带来远大于侵权人非法获利的实际损失。

但现行规制方式无法有效补偿著作权人的损失，不利于保护其合法权益。

第三节 强化体育赛事节目版权保护的平台责任

一、压实平台责任与加强多元治理机制

当前，在体育赛事节目网络播放的过程中，平台直接或间接侵权的情形屡见不鲜。平台频繁录制、搬运、传播体育赛事节目视频，已然偏离了网络服务提供者的中立定位，转变为潜在的侵权主体。为从根本上解决平台侵权问题，我们亟须深入探索压实平台责任的有效路径，强化平台的自觉治理意识，并严密防范平台侵权行为的发生。

（一）明确平台治理自治的范围

平台在法律规范中仍是民事主体属性，目前相关法律法规并未明确授予平台治理权力，然而平台公共性所配套的治理权力已然可以比肩行政机关，并且这种平台基于信息资源、客户资源、技术资源所拥有的"私权力"[1]，却无相关行政法律规范对该权力进行约束。在博弈论视角下，在平台与其他用户初次博弈的过程中，双方基于利益驱动天性极有可能选择侵害对方的权益来获益[2]，而平台基于技术优势、资金优势以及管理优势则极有可能成为博弈的获胜方，追求商业价值而忽视他人权益[3]，最终导致平台、用户之间的利益分配失衡，以及平台权力的扩张、异化。[4] 另外，智能技术带来的新一波短视频红利也将加深上述矛盾，特别是在奥运会、世界杯、英超等大型赛事举办期间，各类录制赛事直播画面的短视频散播于各大平台却无人监管。目前对于平台治理权力的规定散见于《民法典》以及《网络信息内容生态治理规定》《网络音视频信息服务管理规定》《互联网视听节目服务管理规定》等部门规章中，即对于侵权内容、违反国家法律法规的内容，平台应当采取删除、

---

[1] 许多奇. Libra：超级平台私权力的本质与监管［J］. 探索与争鸣，2019（11）：39.
[2] 陈兵. 互联网平台经济发展的法治进路［J］. 社会科学辑刊，2019（2）：157.
[3] 汪旭晖，乌云，卢星彤. 融媒环境下互联网平台型企业现代治理模式研究［J］. 财贸研究，2020（12）：74.
[4] 郭渐强，陈荣昌. 网络平台权力治理：法治困境与现实出路［J］. 理论探索，2019（4）：117.

屏蔽或者其他措施加以防范、抵制，但这些法律法规中对于平台采取的措施、排除的对象的规定尚未统一，权力边界的模糊性极易导致平台滥用"私权力"。因此，首先，应当明确平台治理权力授权机制，统一平台治理权力范围，建立规范化的平台治理体系。其次，要在2021年10月29日国家市场监督管理总局发布的《互联网平台分类分级指南（征求意见稿）》的基础上厘清各类平台拥有的治理权力所对应的责任[1]，建立与超级平台、大型平台、中小平台相适配的责任标准、责任清单，避免平台有权无责。最后，要建立社会监督机制，对于平台治理权力、责任的承担要开放申诉、投诉渠道，防范平台滥用"私权力"侵害用户权益。特别是在各大体育赛事举办期间，应该畅通作为权利人的央视等广播组织的维权、投诉渠道，以保障相关权利人的版权利益。

（二）健全对平台行政监管的机制

在面对视频聚合平台、IPTV等新型体育赛事传播平台时，要寻求传播自由与传播秩序之间的平衡，首先要依法治理公共传播。[2] 首先，应当明确执法部门及其权责清单。当前互联网平台治理存在监管部门尚不明确、执法尚不集中的情况。现有的平台监管部门包括国家互联网信息办公室（以下简称国家网信办）、国家广电总局、国家市场监管部门、公安部等，各部门权责不明晰导致其治理效率低下和多部门合作效率低下。只有在明确治理平台的监管部门，并拟定各部门权力清单、责任清单的情况下，才能对各类短视频平台开展针对性治理。[3] 其次，围绕平台行为开展监管，首要的就是防范平台滥用"通知—删除"规则。在当前的平台经济模式下，流量变现的巨大红利无法被忽视，加之智能技术的推波助澜，流量千载一时却又稍纵即逝。"通知—删除"规则模式中，在权利人"合格通知"的情形下，平台必须"及时"采取"必要措施"，由于平台对"合格通知""必要措施""及时"的判断是相对自由的，因而"通知—删除"规则成为平台忽视侵权、怠于防范侵权的"避风港"，其因此得以逃脱侵权判定并坐收其他用户侵权之"渔利"。事实上，平台滥用"通知—删除"规则违背了该规则意欲通过平台与权利人合作抵御侵

---

[1] 蒋国银. 平台经济数字治理：框架、要素与路径 [J]. 人民论坛·学术前沿, 2021 (17): 32-39.
[2] 胡百精. 公共协商与偏好转换：作为国家和社会治理实验的公共传播 [J]. 新闻与传播研究, 2020 (4): 36.
[3] 刘少华, 陈荣昌. 互联网信息内容监管执法的难题及其破解 [J]. 中国行政管理, 2018 (12): 26.

权之初衷，在多元治理格局尚未形成的当今，行政部门的监管手段仍需要发挥作用，既需要防止平台直接侵权的发生，也需要监控平台加大对"通知—删除"规则的实施力度，依据相关的行政规范优化执法手段，通过约谈短视频平台以及行政处罚等手段对平台的直接侵权、间接侵权行为进行规制。

（三）构建体育赛事网络平台的行业自律机制

应对体育赛事节目版权侵权乱象，外部监管十分重要，同时各大平台自觉治理意识的培养以及向内治理模式的形成也不容忽视。传统的科层制治理模式在技术高速发展、流量千载一时又稍纵即逝的当今已显露出弊端，行业自律机制成为法律体系的有效补充，通过行业组织约束能够形成集体承诺效力和执行中介效力，发挥集体自治优势。[①] 要发挥行业组织在平台管理中的中间力量[②]，应通过行业协会倡导各短视频平台优化平台生态环境的方式，引导平台自律的形成。2019 年 11 月 18 日，国家网信办印发《网络音视频信息服务管理规定》，该规定指出，网络音视频信息服务提供者和使用者应当遵守宪法、法律和行政法规，坚持正确政治方向、舆论导向和价值取向，弘扬社会主义核心价值观，促进形成积极健康、向上向善的网络文化。行业协会应当积极发挥导向引领作用，推动短视频平台"自觉治理意识"的形成，倡导平台将坚持以人民为中心、弘扬中华民族传统美德、宣传良好的精神品质作为创作导向，鼓励制作、传播大众喜闻乐见、贴近群众、贴近生活的内容；同时，要以社会主义核心价值观作为价值导向，在生产短视频内容时植入民族精神和时代精神，在传播和管理短视频时宣扬真善美、提倡正能量舆论并预防侵权。

二、探索网络平台版权过滤义务的立法引入

传统的"通知—删除"规则虽能够解决部分互联网侵权问题，但在体育赛事直播等各类即时性传播行为普遍的文化背景下，从"通知"到"删除"的链条过长，导致体育赛事节目权利人的短期流量红利消失殆尽。要探索更进一步解决体育赛事节目版权侵权问题的方式，平台版权过滤义务的设定不失为可行之道。"版权过滤义务"是欧盟《数字单一市场版权指令》（Direc-

---

① 林建宗. 平台型电子商务中的私人秩序研究［M］. 北京：经济管理出版社，2019：103.
② 朱鸿军. 让互联网成为新时代中国特色社会主义事业的最大增量：我国互联网管理的问题及应对建议［J］. 传媒，2019（4）：91.

tive on Copyright in the Digital Single Market，CDSM) 创设的特殊版权责任机制，它是超越"避风港规则"中所规定的"通知—删除"的一般义务所设定的特殊的版权责任机制。由于网络服务提供者对"避风港规则"的滥用，版权人未能从广泛的作品在线共享中获得公平的利益份额，从而造成了双方间巨大的"价值差"(value gap)。长远观之，这将危及创造力的发展和创造性内容的生产。因此，为保障版权人获得公平的利益报酬，维持其与网络服务提供者之间的利益平衡，立法必须以版权过滤义务取代"避风港规则"。[1]

(一) 平台版权过滤义务有利于弥补"避风港规则"的不足

不可否认，"避风港规则"发挥着事后规制的作用，即在侵权事实发生之后才发挥制止侵权的作用。在"通知—删除"规则中，网络平台只有在接到著作权人的相关内容构成侵权的通知后才具有删除义务；在"红旗检验"中，只有当侵权事实明显得像一面红旗时平台才应当采取相应的技术措施来协助著作权人制止侵权，平台在"避风港规则"中往往处于被动地位。同时，著作权人维权可能存在举证困难，而"通知—删除"规则的时间差也无法弥补短期体育赛事直播过程中流失的红利，因此应当对平台设定"特殊"的过滤义务并对用户上传内容进行一定的事先审查。一方面，在企业承担一定的社会责任的经济背景下，"特殊"的过滤义务符合"权利义务相一致"原则。随着网络技术的发展，网络平台在利用网络获得巨大经济效益的同时，对其著作权保护责任的设定也应当是日渐严格的，网络平台应当贡献一定的资金、人力、物力等来探索新的、能够对著作权提供更好保护的网络技术，以制止侵权乱象[2]，不同的网络平台按照其技术水平的高低承担不同程度的责任。另一方面，事后规制的措施虽然在制止侵权上发挥着不可或缺的作用，但是事前审查的缺失在当今依靠流量和热度获得经济效益的互联网环境下，侵权主体平民化，侵权现象普遍化，一旦侵权行为发生，将会对著作权人造成难以弥补的损害。以抖音为例，抖音用户可以通过发布录制的体育赛事节目进行直播，这些录制下来的视频也会同时被其他用户转发，再通过抖音的算法机制呈现在公众面前，在短时间内获得点赞，以此窃取体育赛事节目著作权人的收益，著作权人如果通过"通知—删除"规则对侵权行为进行事后规制，

---

[1] See Directive 2019/790/EU of the European Parliament and of the Council of 17 April 2019 on Copyright and Related Rights in the Digital Single Market, recital (3).
[2] 吕凯，李婷. 网络服务提供者的著作权保护责任 [J]. 天津法学，2016 (1)：14.

则在平台履行"删除"义务之前，侵权人很有可能就已经获得利益，而一旦体育赛事的热度消减，维权成功后，著作权人再想通过获得点赞取得收益已经不可能。因此，应当对企业设定事先审查义务，即设定"特殊"过滤义务。

（二）平台"特殊"过滤义务具有现实可能性

根据经济分析法学派提出的汉德公式（The Hand Formular），只有在 $B<P×L$ 时，网络平台才需要承担侵权的过错责任（其中 B 代表侵权人的预防事故成本，P 代表预期事故可能性，L 代表预期事故损失）。因此，有学者据此提出，如果要求网络平台投入大量的人力或物力对其平台上的侵权行为采取监控措施，就代表着网络平台应当承担大量的侵权预防成本，基于此给网络平台带来的损失将超过侵权行为给著作权人带来的损失[1]，也即网络平台不应当主动审查网络用户的行为是否具有正当性，网络平台的过错仅能通过著作权人举证证明或者根据法律规定予以推定。然而，要求网络平台承担"特殊"的过滤职责，并非意味着网络服务提供者需要投入巨额人力与物力资源。实际上，不同网络平台在预防事故的成本方面存在差异，技术水平较高的网络平台在预防侵权方面往往能以较低的成本实现。例如，腾讯公司在防控网络侵权行为方面，运用了先进的"视频基因比对技术"。该技术以腾讯视频平台内的视频为基准，构建了所谓的"基因母库"，并通过提取视频中的关键帧及关键数值，生成独特的视频身份文件。随后，借助精确的算法和智能化的图像对比技术，分析不同视频的相似度，从而判断相关内容是否涉及侵权。此外，腾讯视频还开发了"安全云侵权网站屏蔽技术"，通过技术手段屏蔽涉及侵权内容的网址链接，从而有效阻断了网络用户获取侵权内容的途径，对提供侵犯著作权内容的网站起到了有效的打击作用。[2]

在商标权侵权责任认定的学术讨论中，有专家指出，对于商标权侵权事实的判定，需要全面审视网络平台在侵权行为发生后的应对措施，同时亦应将平台是否尽到事先的注意义务纳入考量范畴。具体而言，网络平台在网络用户入驻的审核环节以及日常监管活动中，均须尽到相应的注意义务。若网络平台未能履行上述义务，即构成主观过错，一旦侵权行为发生，则应承担相应的侵权责任。网络平台事先注意义务的范围应基于其技术水平、人力资

---

[1] 司晓. 网络服务提供者知识产权注意义务的设定 [J]. 法律科学，2018（1）：80.

[2] 田小军，郭雨笛. 设定平台版权过滤义务视角下的短视频平台版权治理研究 [J]. 出版发行研究，2019（3）：67.

源储备及所处行业的标准来界定。在此范围内，网络平台需要积极识别并预防可能发生的商标权侵权行为，并采取必要措施及时制止侵权行为，以防止商标权人的权益受到进一步损害。[1] 著作权作为知识产权的重要内容之一，对于网络平台内网络用户侵犯他人著作权的行为应当承担何种责任，理应与侵犯商标权的平台责任认定一致，因此，这种将平台技术水平、所具备人力资源和平台所处行业应尽到的注意义务标准作为设定不同平台的不同责任的参考"变量"方法，值得借鉴和学习。

要对平台科以"特殊"过滤义务而非一般过滤义务，就要考虑到网络平台的不同而要求不同的网络平台承担不同程度的过滤义务。类似地，有学者主张，不同的网络平台具有不同程度的注意义务，而不是所有网络平台应毫无区别地承担一般注意义务，其还更为确切地提出了"服务类型×行为类型×权利客体"的注意义务计算公式。[2] 也有学者提出，对于网络著作权侵权平台责任的设定，按照"权利与义务相一致"原则，要考量三个要素：第一，网络平台所提供服务的性质；第二，网络平台拥有的技术和其宣传机制对违法内容制作和传播的影响力度；第三，网络平台通过违法内容获得的广告与流量利益。[3]

平台"特殊"过滤义务的设定应当考虑三个要素：第一，网络平台所提供服务的性质；第二，网络平台的技术水平；第三，网络平台的经济收益。首先，平台提供的服务性质是必要的考虑因素，网络平台提供的常见服务可以分为四类，即网络接入服务、网络内容服务、搜索引擎服务、主机服务。[4] 我国知识产权相关立法中明确规定[5]，提供接入服务的网络平台完全免责，原因在于接入服务的提供者难以被准确定位，其也不具备删除被指称侵权作品的技术条件，中转服务器只是临时存储作品，且在该服务器中的作品不可能呈现给公众，其临时存储的时间十分短暂，具体存储位置也很难被著作权人所知晓，因此，著作权人的通知不可能列出该作品的所在位置，接入服务提供者也不可能在短暂的存储期间内精准定位侵权内容并将其删除。[6] 其次，平台技术水平作为设定"特殊"过滤义务的又一个考量因素，往往关系

---

[1] 陈思静. 电商平台商标间接侵权归责原则具体适用研究 [J]. 科技与法律，2019（6）：30.
[2] 司晓. 网络服务提供者知识产权注意义务的设定 [J]. 法律科学，2018（1）：81.
[3] 谢尧雯. 论美国互联网平台责任规制模式 [J]. 行政法学研究，2018（3）：141.
[4] 张玉敏. 知识产权法学 [M]. 北京：法律出版社，2016：184.
[5] 《信息网络传播权保护条例》第 20 条。
[6] 王迁. "通知与移除"规则的界限 [J]. 中国版权，2019（4）：29.

着其过滤侵权内容所要花费的成本,如果让技术水平较低的平台承担过滤义务,则会导致平台责任过重,最终适得其反。最后,基于权利与义务相一致原则以及企业社会责任的角度,盈利较多的平台承担较重的过滤义务是对公共利益的维护,具备合理性。

第四节 优化体育赛事节目信息网络传播权的侵权判断标准

一、"服务器标准"与"用户感知标准"的比较

如前所述,对于体育赛事节目信息网络传播权侵权标准这一问题,可分为"服务器标准"与"用户感知标准"。因此,两种侵权标准的区别究竟为何?究竟采纳何种标准才能更有效地解决体育赛事节目版权侵权问题?这些成为亟待解决的重点。

(一)"用户感知标准"更符合传播权的本质

"服务器标准"的支持者坚持认为,该标准与《世界知识产权组织版权条约》(WCT)中规定的"向公众提供权"(making available to the public)的立法初衷相契合。按照权项的定义,作品的提供应被视为一种客观行为,即"使作品处于公众可获取的状态",而这种状态仅能通过将作品上传至网络空间即服务器中方能达成。尽管深度链接可能展示了内容,但由于服务器受被链接网站的控制,一旦该网站关闭服务器或移除作品,作品的传播便会随即终止。然而,值得深思的是,在互联网"注意力经济"的现实背景下,作品上传后每次访问均能带来流量收益,因此,即使网站发现被链接网站存在盗链行为,往往也不会移除作品,以免损失用户访问量。所谓"控制",在此情境下更多地呈现为理论上的讨论。事实上,从对公约文本的解读来看,亦难以直接推断出"服务器标准":首先,其文本及议定声明中并未明确提及"服务器"是网络环境下向公众提供信息的必要条件;其次,即便存在对"服务器标准"的某种"影射",公约本身也未排除甚至鼓励成员国采取更高标准对作品进行保护。相对而言,"用户感知标准"因其较低的门槛,所以更贴近WCT的立法政策导向。

"用户感知标准"将关注点聚焦于作品的展示——使接收端的用户获得信

第五章　互联网环境下体育赛事节目版权保护的对策

息，更符合传播权的实质。有学者认为，信息的传播应包含"提供+展示"两步。"提供"指信息上传到网络空间中，如同将商品放入仓库，是信息传播的第一步；而"展示"指将信息通过网页展示给公众，如同将商品展示于商店柜台，这才是信息传播的关键步骤。执法部门也认为，判定网络侵权应考虑的是谁导致作品被"获得"，提出建立以传播结果为导向的"控制标准"。① 尽管传统观念中信息提供与展示往往被视为一体，然而随着深度链接、云盘等先进技术的涌现，信息提供与展示的二分模式已成为普遍现象。这种展示环节，亦被称为"二次传播行为"，已逐渐占据信息传播的核心地位，并成为侵权问题的重灾区。在当今网络侵权 3.0 的时代背景下，信息被未知第三方上传至网站或云盘后，被多个平台通过设链方式进行聚合，这些平台对信息进行选择、整理、索引、推荐等处理，从而极大地改变了信息的呈现方式并扩大了其传播范围。按照"服务器标准"的界定，聚合盗链、云盘分享等行为并不被认定为传播行为，这将导致那些拥有合法内容设链的网站难以获得充分的法律保护。然而，若以"用户感知标准"为参考，二次传播所导致的侵权行为则会显而易见、无所遁形。

（二）"用户感知标准"降低了维权难度和成本

在"服务器标准"下，追究网络服务商间接侵权责任须以直接侵权成立为基础，这使得权利人获得救济的难度和成本更高。②

首先，在服务商盗链正版网站的情况下，因直接侵权不成立，权利人亦无法确立间接侵权，只能寻求其他维权手段，例如依据反不正当竞争法的一般性条款或著作权法中关于破坏技术措施的规定。在反不正当竞争法框架下，原告需要举证证明其与被告存在竞争关系，且被告的传播行为破坏了正当商业模式并造成损害，这一举证要求比著作权法（仅需证明实施权利受控行为）更为严格。同时，技术措施条款当前应用尚不广泛，且对原告提出了设置技术措施的高昂前期成本要求。

其次，即便服务商聚合盗版内容可能构成间接侵权，在"避风港规则"的庇护下，其仍有逃避责任的可能性。一方面，在间接侵权归责原则下，权

---

① 杨勇. 从控制角度看信息网络传播权定义的是与非 [J]. 知识产权，2017（2）：17.
② 参见《北京市高级人民法院关于审理涉及网络环境下著作权纠纷案件若干问题的指导意见（一）（试行）》第 15 条：提供信息存储空间、搜索、链接、P2P（点对点）等服务的网络服务提供者构成侵权应当以他人实施了直接侵权行为为前提条件。

利人无法单独对网络服务商提起诉讼，因为信息的初始上传者通常是分散、隐蔽且责任能力有限的匿名用户或小型盗版网站，对权利人而言，追究直接侵权的成本和难度较大。另一方面，根据司法解释，原告需要证明网络服务商存在过错，即明知或应知第三方的直接侵权行为，方能确定网络服务商帮助、教唆的间接侵权责任。然而，由于被告的主观心理状态难以证明，原告需要通过大量举证客观行为以确立过错要件，这一重压可能显著削弱其维权动力，迫使其转向对盗版的妥协。而抱有侥幸心理的网络服务商则可借助上述多重屏障，轻易在多个服务器间建立链接，消耗他人带宽以谋取私利，甚至与数个缺乏责任能力的被链接方串通实施"游击"战略，以逃避法律责任。

在"用户感知标准"下，权利人可对直接提供信息的网络服务商主张直接侵权，产生纠正公平的效果。在"乐视诉幻电案"中，法院曾根据被告"直接播放视频"认定其存在主观过错，构成直接侵权。类似地，在"乐视诉猎豹案"中，法院也放弃了"服务器标准"的高举证要求，认为原告初步证明被告直接提供信息的，被告对自己仅提供网络服务负有举证义务。[①] 由于我国著作权替代侵权制度尚未系统建立，当间接侵权行为对侵权起到决定性作用时，如果仍需要受到"直接侵权成立"的前提条件限制，这对权利人是不公平的。因此适用"用户感知标准"有利于弥补我国替代侵权制度的缺失，亦不会对版权制度的体系产生损害。

(三)"用户感知标准"有利于优化利益分配格局

在互联网"眼球经济"的时代背景下，应用"服务器标准"对于打击盗链正版内容的行为存在追责困难，这将对正版网站的利益产生显著且多方面的负面影响。首先，对依赖付费订阅的正版网站而言，当聚合平台破解其网站加密后，用户可绕过注册登录流程直接通过深度链接访问内容，此举将直接减少正版网站的用户付费收入。其次，对以"免费观看+广告收入"为经营模式的正版网站而言，聚合平台盗链后往往会选择剥离或绕开原网站广告，直接提供内容。若用户选择使用"跳过广告"功能，原网页的广告阅读量将大幅下降，从而严重影响其广告收入。最后，网站的点击量与其企业估值及市场机会紧密相连，而聚合平台通过播放器嵌套、定向链接等手段能够迅速提高页面访问量，但这一行为实则以他人支付高额带宽费用、服务器成本和

---

① 参见乐视诉易联伟达公司著作权侵权纠纷案，(2015) 浦民三 (知) 字第 595 号判决书；乐视诉微看影视案，(2015) 京知民终第 1874 号判决书。

授权费用为代价,以此抢占市场份额并吸引投资商关注。①

从更为严谨和理性的视角审视,"服务器标准"在实际操作中可能导致著作权人与授权被许可人之间的利益分配失衡。一方面,出于维权难度和成本的考量,两者均可能选择放弃维权或维权失败,进而使得盗链者成为信息获取中最大的直接受益者。另一方面,若被盗链的信息源自正版网站,相较著作权人而言,被许可人在主张反不正当竞争救济时往往更为简单。因为著作权人,如作者或摄影师,可能并非直接参与市场活动的主体,或未采取充分的技术防护措施,其直接损失往往是被链接方即被许可方的收益的减少。这种情况可能引发一种法律救济的尴尬现象:在信息传播过程中,被许可人更容易获得的利益回报或者损害赔偿,著作权人却无法共享。当信息创造者无法获得其创作应得的"利益蛋糕"的最大份额时,著作权法旨在激励创作的机制将受到损害,这与鼓励创作的立法目的和利益平衡的立法原则相悖。

在"用户感知标准"的框架下,任何未明确标注信息来源、未实现完整跳转至原内容且未脱离设链平台而直接展示内容的行为,均将被视为直接侵犯版权的行为。此举旨在有效遏制不合理的"搭便车"现象,鼓励信息传播的合法授权机制,从而维护著作权人对于内容传播范围的控制权益,并进一步消除被许可人相较于著作权人在维权方面可能具有的不当优势。

(四)"用户感知标准"已有国内制度基础

事实上,现行法已经存在与"用户感知标准"相通的法律规定。

第一,其符合司法意见对网页快照、缩略图的处理方式。根据最高人民法院的司法解释,网络服务提供者以提供网页快照、缩略图等方式实质替代其他网络服务提供者向公众提供相关作品的,人民法院应当认定其构成提供行为。② 网页快照是搜索引擎为确保信息的快速检索和呈现而采取的一种技术手段,即将网页内容备份并存储于自身服务器缓存中。在技术层面上,网页快照与缩略图并非信息原貌的复制,而是经过处理、分辨率较低、展示方式相对简化的版本。此做法在定义上已超越传统"服务器标准"对信息提供行为的界定。此外,关于网页快照与缩略图的列举,仅为示例性质,并不全面。

---

① 刘家瑞. 为何历史选择了"服务器标准":兼论聚合链接的归责原则[J]. 知识产权, 2017(2):22-32.
② 参见《最高人民法院关于审理侵害信息网络传播权民事纠纷案件适用法律若干问题的规定》(2020年修正)第5条。

从系统性和逻辑性的角度出发，应以"实质替代"作为判断信息提供行为的核心标准，这亦符合"用户感知标准"所强调的以实际传播效果而非单纯技术手段来评估侵权风险的原则。

第二，其符合转播权制度的法理基础。我国《著作权法》规定著作权人和广播组织均享有转播权。转播即"一个广播组织的广播被另一个广播组织同步播送"①，其实质上是截取"发送声音和图像的无线电波"，再向公众传播的行为。

在 WCT 中，广播权和信息网络传播权均被纳入"向公众传播权"条款中，可见二者具有同样的立法基础。显然，"转播"行为在效果上等同于被转播方的传播行为，它分散了观众群体，进而降低了节目方的收视率和广告收入。因此，其应被纳入著作权法的规制范畴，然而，关于无线电波信号被截取后是否实现固定、信息是否发生复制的问题，却一直未得到充分的讨论。随着 OTT 技术②的广泛应用，互联网与电视传播的界限日趋模糊，电视点播互联网节目或网络直播互联网节目已成为普遍现象。目前，主流观点对于网络转播电视节目是否构成侵犯著作权已基本达成共识，然而，在认定盗链传播网络节目时，采用"服务器标准"的做法，确实需要进一步的审慎考量。

第三，其有利于适用知识产权刑事保护的现有规定。对于侵权范围广、涉案金额大的聚合盗链行为，刑事打击手段对低力度的民事赔偿、行政处罚具有重要的补充作用。我国《刑法》将"侵犯著作权罪"定义为未经著作权人允许复制发行作品和邻接权制品的行为。司法解释将"通过信息网络传播作品"解释为"复制发行"的一种。③ 按照"服务器标准"，不构成网络传播的聚合盗链无法套用"复制发行"的解释，也无法以"侵犯著作权罪"来定罪处罚，这是明显不合理的。考虑到深度链接严重的社会危害性，有学者提出深度链接早已呈现出"帮助行为独立化""依附行为主动化""间接行为直接化"的趋势，应认定为非法"复制发行"行为。这与"用户感知标准"的内涵是一致的。

(五)"用户感知标准"已有域外实践经验

深度链接版权纠纷的频发已显著暴露出"服务器标准"的不足之处，众

---

① 《罗马公约》第 3 条第 g 款。
② OTT 技术全称为"Over the Top"，是一种通过互联网向用户提供各种应用服务的技术模式。
③ 2004 年最高人民法院、最高人民检察院《关于办理侵犯知识产权刑事案件具体应用法律若干问题的解释》第 11 条。

多案例显示,对于技术服务提供方是否构成侵权,已有不少判决并未遵循传统思路。其中,2014 年美国联邦最高法院对 Aereo 案的判决结果的影响尤为深远。[①] 在本案中,被告 Aereo 运用特定技术手段,使得用户能够通过其网站实时观看美国广播公司（ABC）的电视节目。尽管该技术手段并未使被告直接控制或占有电视广播信号的源头,但联邦最高法院在裁决中明确指出,"技术功能的非显性对用户和广播机构而言,并不具备实质性影响"。法院从 Aereo 的商业利益来源及其与用户之间的交互模式出发,认定被告"并非仅为设备供应商",其行为与有线电视公司在实质上具有相似性,因此构成了对版权的侵犯。联邦最高法院的判决逻辑与"用户感知标准"相契合,即转向对作品传播效果的直接评估,而不再拘泥于"服务器标准"下对复杂技术环境的深入分析和验证。

在"Justin Goldman 诉 Breitbart 等公司著作权侵权纠纷案"的审理过程中,纽约州南部地区法院对"服务器标准"进行了明确的否定。此案涉及原告在社交平台发布的明星照片,该照片因其独特性和关注度在社交媒体上被广泛传播,随后被用户上传至推特等网络平台。当 Breitbart 等新闻出版机构得知此事后,他们通过深度链接的方式,在报道明星的文章中展示了这些照片。多数意见的执笔法官 Freisit,在裁决中援引了 Aereo 案的判例来支持其观点,并对"Perfect10 诉 Amazon 案"中提出的"服务器标准"提出了质疑,认为该标准并不符合版权法的条文规定及其立法原意。法官明确指出,尽管被告并未实际控制或占有涉案照片的来源,但他们通过提供的链接,客观上使照片得以展示给公众,这一行为已构成了版权法中对展示权的侵犯。[②] 事实上,在 2012 年的"MyPlayCity 诉 Conduit 案"、2013 年的"Pearson 诉 Ishayev 案"以及同年的"Capitol 诉 ReDigi 案"中,纽约州南部地区法院均摒弃了"服务器标准",转而认定深度链接行为应依据美国发行权、展示权的定义进行评判。同样地,在 2017 年的"The Leader's Institute 诉 Jackson 案"中,得克萨斯州北部地区法院亦明确否定了"服务器标准"。这些司法实践均昭示了"服务器标准"已逐渐滞后于当前产业实践的现实状况。

二、"用户感知标准"在中国司法实践中的应用

根据前述内容可以明确,"用户感知标准"在当前产业实践中具备高度的

[①] American Broadcasting Companies, Inc. v. Aereo, Inc., 134 S. Ct. 2498 (2014).
[②] Justin Goldman v. Breitbart News Network, LLC, Slip Copy (2018), 46 Media L. Rep. 1353.

243

适用性，其在处理体育赛事侵权问题方面亦展现出显著的有效性。鉴于此，"用户感知标准"在中国司法实践中的具体应用情况，成为备受关注的焦点。

(一) 明晰"用户感知标准"的举证规则效力

尽管"服务器标准"在当前仍为多数观点所采纳，然而，鉴于其在处理深度链接侵权方面的不足（如"快看影视案"二审中原告维权失利所示），部分寻求创新的法院已开始在程序法层面采纳"用户感知标准"。这一举证规则在相关司法解释中有所依据。根据《最高人民法院关于审理侵害信息网络传播权民事纠纷案件适用法律若干问题的规定》（2020年修正）第6条和《北京市高级人民法院审理涉及网络环境下著作权侵权纠纷案件若干问题的指导意见（一）（试行）》第8条的规定，一旦原告初步举证网络服务商提供了相关信息，网络服务商即需要承担举证责任，证明其仅提供了网络服务及相关信息的来源，否则将承担过错推定责任并面临赔偿责任。这两条法律条文虽然基本确立了过错推定举证规则，但仍有待明确之处，即原告初步举证责任的具体程度，以及被告证明其网络服务性质和信息来源的详尽程度。因此，在适用该举证规则时，法院间存在意见分歧。

结合过往判决所采纳的标准，建议对前述规定进行如下解释，并引入"用户感知标准"：首先，原告只需要证明用户能够直接在被告网站上不经过跳转即获得作品，即网站在外观上表现为直接提供作品，即视为完成初步举证责任，随后举证责任将转移至被告。其次，被告在举证其仅提供技术服务时，应证明涉案作品并非直接呈现。参照行业内的普遍标准，对于提供链接搜索服务的，应证明其满足以下三个条件：来源标注清晰明确，实现完全跳转与呈现，且在跳转后脱离原设链平台。

(二) 以司法解释确立"用户感知标准"

变通程序法作为权宜之计，在"服务器标准"的框架下，即使将举证责任赋予服务商并以"用户感知标准"为依据，服务商仍可能通过证明信息存储于第三方服务器来规避法律制裁。为改善"服务器标准"下利益失衡的现状，确立"用户感知标准"在未来具有显著的必要性。最高人民法院可考虑制定相关司法解释，明确"用户感知标准"的定义与适用，即"当网络服务提供者通过深度链接等方式提供信息传播技术服务时，若从普通用户接收信息的视角来看，信息的呈现形式与传播效果与直接提供信息行为无异，则视为其构成直接的信息网络传播行为"。

在考量该标准的可操作性时,如何判定呈现形式和传播效果达到"用户感知标准",可以将网页代码作为事实认定的参考依据。具体而言,若通过观察服务商网页代码的编写,发现代码旨在展示普通链接标识,则应认定其为一般的技术服务行为;而若其代码意在将信息内嵌于网页之中,如"央视诉百度案"中涉及的 iframe 技术,则可能符合"用户感知标准",从而构成直接侵权行为。[①] 在此基础之上,我们需要深入审视并参照被告方所运作的商业模式是否遵循法律规定,同时评估其获得的商业利益是否与市场常规运作相一致。通过权衡各方利益,我们将得出关于是否构成信息网络传播权侵犯的严谨结论。

第五节 建立体育赛事节目版权保护的清单制度

体育赛事节目的版权保护是一项系统工程,需要综合考虑体育产业的营利需求与公众观看的公益属性,并严格遵循法律法规及行业规范。回溯历史,体育赛事组织者等为赛事的举办与传播倾注了大量投资,有力推动了体育产业的繁荣与公众娱乐活动的丰富,其经济权利理应受到法律的充分保护。然而,版权保护的无序扩张亦可能带来垄断风险与对公众利益的侵害,使体育赛事的公共属性面临威胁。

因此,我国在保护体育赛事节目版权时,应坚持全面审慎的原则,既要明确体育赛事组织者等主体的权益,加强对其利益的保护,也要警惕并避免体育赛事财产化的无序扩张与垄断现象。具体而言,政府应简政放权,提高市场准入率,通过完善行政权力清单与公共服务清单制度,拓宽体育赛事节目的传播渠道,优化相关新兴产业的营商环境。同时,应明确体育赛事权利人的"权利清单",保障其经济权利的实现,并建立体育赛事财产权的"负面清单",确保公众在新媒体时代能够合理、自由地利用体育赛事资源。

一、建立健全体育行政权力清单和公共服务清单制度

在我国体育赛事产业化的进程中,行政权力的显著介入带来了不容忽视

---

① 参见北京市第一中级人民法院(2013)一中民终字第 3142 号民事判决书。

的行政垄断风险。鉴于此，简政放权、优化营商环境成为推动体育赛事产业健康发展、确保市场公平与自由竞争的关键所在。从体育产业发展的战略视角审视，当前我国市场经济体制改革正处于政府职能转变的重要阶段，营商环境的优化亟待政府主导下的市场放权、服务优化、高效监管以及完善的法律保障体系来共同支撑。[①] 通过构建并完善体育赛事行政权力清单制度，能够合理约束体育协会及体育行政管理部门的权力，以实现简政放权的目标，从而推动市场主体的自由竞争。同时，公共服务清单制度的实施，能够清晰界定体育赛事管理组织的职责，确保其更有效地服务于体育赛事产业的繁荣发展，并切实维护公众利益。

（一）健全体育行政权力清单制度，厘清政府职能的权责界限

在推进体育治理现代化的背景下，制定体育行政权力清单是约束体育行政部门公权力的重要形式，可通过制度化手段达到监督行政权力的目的，将体育事业发展、体育体制改革纳入法治化轨道。[②] 体育行政权力清单制度是指体育行政部门将其所掌握的各项公共权力予以统计梳理，形成行政职权目录，以清单的方式详细说明权力事项、实施主体以及运行流程等内容，并公示予以执行的行政过程。目前，我国体育行政权力清单制度构建已取得阶段性成果，但尚存许多问题，有待进一步解决或完善。[③]《"十四五"体育发展规划》指出，要全面加强法治政府建设，编制体育总局部门权力与责任清单，落实地方体育执法责任制。体育行政权力清单制度是实现体育行政部门职能转变、推进体育治理现代化的创新之举，同时也是防止行政权力干预体育赛事运营、消除体育产业行政垄断源头的重要举措。从体育行政权力清单制定工作启动到公布执行的各个环节，以"清权""确权"为重要基础，以"晒权"为程序控权的关键，以"制权"为全程保障措施，环环相扣，推动行政权力的规范化运作，进而推进体育行政体制改革目标的落实。由于目前尚无明确的权力公示和运行规范，地方各级体育行政权力清单制度改革必将是一项长期的

[①] 王志文，张瑞林，李凌. 我国体育产业营商环境的学理构成、问题检视与构建思路 [J]. 体育学研究，2021（5）：31-38.

[②] 孟号翔，马德浩，孟献峰. 我国竞技体育竞赛体制的弊端表现、致因及其改革策略 [J]. 沈阳体育学院学报，2016（5）：115-118.

[③] 张健，姚慧玲. 体育行政权力清单制度的运行状况与规范策略：以31个省级体育行政部门的权力清单为样本 [J]. 上海体育学院学报，2022（2）：88-96.

系统工程。①

（二）完善体育公共服务清单制度，促进政务服务的优化升级

在体育行政权责清单确立的基础上，推进体育政务服务标准化建设的优化，对于确保公众观看自由具有重要意义。在传统的计划经济体制中，政府多将全面管理和计划指令、行政管制作为主要手段，公共权力的行使主要集中在维护统治秩序和社会管制上，公众和社会在此体系下享有的主导性和自主空间相对有限。然而，随着"服务型政府"理念的提出与实施，政府与公众之间的关系已逐渐转变为服务供给者与消费者的关系。为了实现社会公共利益最大化，政府应以市场需求为导向，持续完善体育公共服务清单制度，不遗余力地为全社会提供优质的公共产品和服务。

在公共体育服务领域，随着我国经济社会的持续发展，公众对服务的需求日益呈现多元化、高标准化的趋势。鉴于这一背景，中共中央办公厅、国务院办公厅于2022年3月23日联合发布了《关于构建更高水平的全民健身公共服务体系的意见》。该意见明确指出，构建更高水平的全民健身公共服务体系，是加快体育强国建设的重要基石，是顺应人民对高品质生活期待的内在要求，是推动全体人民共同富裕取得更为明显的实质性进展的重要内容。

鉴于体育赛事节目的重要性和广泛影响力，其版权保护显得尤为重要。这一保护工作需要与人民群众的实际需求相契合，既要通过加强行政执法来保障权利人的利益，又要通过行政服务的方式，为公众提供更为优质、便捷的观赛途径。因此，将体育行政机构、体育协会等公共管理组织的服务事项以清单形式予以明确，并将保护体育赛事节目版权、保障人民群众观赛利益作为其核心服务项目，具有极其重要的意义。

二、建立体育赛事节目版权权利清单与负面清单制度

（一）建立体育赛事节目版权权利清单

与英美体育赛事保护的漫长发展过程不同，我国对体育赛事的保护是在最近十年内才迅速发展起来的，且在很长的一段时间内都处于"知其然而不知其所以然"的状态中，因此对体育赛事节目的保护也较为滞后。2008年北

---

① 张健，姚慧玲.体育行政权力清单制度的运行状况与规范策略：以31个省级体育行政部门的权力清单为样本［J］.上海体育学院学报，2022（2）：88-96.

京奥运会开幕前夕，国家版权局、工业和信息化部以及原国家广播电影电视总局联合发布《关于严禁通过互联网非法转播奥运赛事及相关活动的通知》，我国才首次注意到体育赛事节目盗播的问题。多年来，困扰我国体育赛事节目保护的一大问题就是权利来源的不清晰。例如在2012年的"体奥动力诉土豆网"案中，体奥动力主张其对体育赛事节目享有"物权"，因缺乏法律依据被上海市浦东新区人民法院驳回①；在2013年的"体奥动力诉上海新赛季"案中，体奥动力公司又转而主张对体育赛事节目享有"民事权益"，也被上海市杨浦区人民法院以缺乏法律依据为由驳回。② 随后，在2015年的"新浪诉凤凰网"案的一审中，北京市朝阳区人民法院又提出："依据《国际足联章程》以及《中国足球协会章程》的规定，中国足球协会当然拥有各项足球赛事的权利。"③

以上问题的根源在于体育赛事节目的权利依据不明。依据我国2020年修改后的《著作权法》的规定，体育赛事节目可作为视听作品享有广播权、信息网络传播权以及作者享有的其他权利，或作为录像制品享有信息网络传播权，或是通过广播组织权进行保护。未经许可盗播他人体育赛事节目的，还可能受到反不正当竞争法的规制。但由于反不正当竞争法是行为法而非权利法，当事人不能据此主张其依据反不正当竞争法享有权利。因此，可依照我国著作权法对我国当前的体育赛事节目版权"权利清单"进行厘定，其权利范围足以涵盖目前已知的所有盗播体育赛事的行为，权利人无须再照搬授权合同中的表述。换言之，享有播出体育赛事节目的相关权利人应当根据我国著作权法的表述发布权利声明，例如"经权利人授权，某某电视台在中国地区独家行使某体育赛事节目的所有著作权，包括但不限于复制权、修改权、放映权、广播权、信息网络传播权等《中华人民共和国著作权法》授予的权利"。此举一方面既有利于保护体育赛事节目版权，便于权利人授权和维权，也有利于法官进行司法裁判；另一方面可发挥对体育赛事节目版权滥用行为的限制作用，清单上没有的权利类型，版权人不得随意主张，即便具有一定的合理性亦应当再三论证和举证。

(二) 建立体育赛事节目版权负面清单

除了确保体育赛事节目的权利保护有本国法律可依外，我国还应当强调

---

① 参见上海市浦东新区人民法院（2012）浦民二（商）初字第2451号民事判决书。
② 参见上海市杨浦区人民法院（2013）杨民三（知）初字第66号民事判决书。
③ 参见北京市朝阳区人民法院（2014）朝民（知）初字第40334号民事判决书。

体育赛事节目的公共性，建立体育赛事保护的"负面清单"，确保人民群众观看、分享、合理使用体育赛事节目的权利。

首先，我国虽然尚未出现体育赛事节目被付费平台垄断的局面，但随着越来越多的体育赛事节目资源被集中到互联网付费平台，观众免费收看体育赛事节目的途径也在逐渐减少。对此，我们有必要时刻关注、确保体育赛事节目的观赛途径，并适时采取措施，以保障观众免费收看重要体育赛事的权益。

其次，我国还应该关注体育赛事节目传播的新样态，保障公众合理使用体育赛事节目片段的权利。当前，我国的互联网发展水平已处于世界前列，观众消费体育赛事的方式也逐步转移到互联网，包括各类视频平台、社交平台、二次创作平台等，群众具有强烈的二次创作热情。只强调对体育赛事节目的保护，不明确观众的权利，可能会造成观众分享体育赛事节目的"寒蝉效应"，阻碍人民群众主动参与体育赛事节目传播的过程。特别是对于奥运会、冬奥会这类全球体育盛事，其意义远不止消费和盈利，让更多的人民群众参与到体育竞赛中来，焕发民族精神，才是体育赛事节目保护的应有之义。

最后，在列出"权利清单"的同时，也列明其权利的"负面清单"，通过事前告知的方式，允许观众转发、使用一定时长的体育赛事节目片段进行分享或二次创作，鼓励大众在不损害权利人合法权益的基础上，参与到体育赛事的传播中来，共享盛事。具体而言，负面清单可以列明：（1）个人为非商业用途，在非体育赛事节目直播期间，可以转发、剪辑或以其他方式使用总时长不超过10秒的体育赛事节目片段或不超过10帧的体育赛事节目画面，但应遵守国家相关法律规定并注明出处；（2）同一用户就同一场体育赛事发布多条短视频或多篇报道的，多个视频的总时长或画面的总帧数合并计算；（3）使用者或相关发布平台接到赛事节目权利人投诉的，应当立即移除相关内容或断开相关链接。违反上述规定或以其他方式损害赛事节目权利人合法权利的，权利人保留追究侵权法律责任的权利。负面清单是对公众合理使用体育赛事节目的权利的重申和强调，有利于指引版权人和社会公众更好地实现自己的权利，从而防止权利的无限扩张和垄断。

第六节　《体育法》与《著作权法》保护的协调

新修订的《体育法》于2022年6月24日通过，并于2023年1月1日生效。生效后，《体育法》面临的最大问题之一即其与《著作权法》之间的协调。两部法律对体育赛事节目的重复保护在一定程度上有架空体育赛事节目版权合理使用的空间进而损害公众的利益之嫌。体育赛事节目的合理使用一般存在于新闻报道、二次创作、评论介绍等情形，对于保障公民的言论自由、新闻自由和鼓励创作具有重要的价值。为应对两部法律之间的冲突，笔者认为应当从以下方面着手。

一、权利类型的细化

《体育法》第52条第2款所限制的行为类型包括"采集"和"传播"两种。采集行为所指较为明确，主要是对体育赛事的拍摄和录制。而传播行为的内涵则非常广泛，基本上可以将信息产生后的所有利用方式囊括其中。因此，从理论上而言，权利人实现了对体育赛事视听信息的绝对支配。这一结论并不仅仅是理论上的推断，实际上在《法国体育法典》的实施过程中也产生了类似的问题。《法国体育法典》第L331-1条为体育赛事组织者创设了一项"赛事开发权"，其中就包括体育赛事视听权利，但并未就相关的权利内容作出细分。法国法院据此在司法中认为该权利包括对赛事图片的任何形式的利用。[①] 然而，信息产权的界定与物权的界定并不相同，信息不能也不应该被全方位"占有"。尤其是在体育赛事本身具有显著公共属性的情况下，体育赛事视听信息更不应该被绝对垄断。

此外，笼统规定一项"传播权"对权利人而言也并非最佳选择。以著作权法为例，"很少有国家在著作权法中用一项名为'传播权'的专有权利将各种纷繁复杂的传播行为都纳入其规制范围，因为这将给权利的许可带来极大

[①] Margoni Thomas. The Protection of Sports Events in the EU: Property, Intellectual Property, Unfair Competition and Special Forms of Protection [J]. Int Rev Intellect Property Competition Law, 2016 (47): 386-417.

不便"①。对体育赛事视听信息传播而言，道理同样如此。实际上，体育赛事视听信息授权通常细分到电视、广播、互联网等领域以及直播、录播、点播、延播等形式。不同的交易方所需的权利类型并不完全相同，不同的权利类型也对应着不同的许可价格。对传播权作进一步的细分，归纳出具有典型意义的传播类型不仅可以清晰划定权利的界限，保障公众行为自由，同时也能发挥示范合同的作用，降低交易成本。《体育法》第52条第2款规定的权利范围可从信息传递的视角出发，细分为固定权、复制权、发行权、广播权、信息网络传播权五个子项。

二、"以营利为目的"要件的改造

《体育法》第52条第2款所规制的行为限定于"以营利为目的"。然而，简单地以是否具有营利目的来为侵权与否划定一条界线并非严谨的做法。一方面，许多不以营利为目的的传播也会给权利人带来巨大的损失。在互联网时代，信息的传播成本几乎可以忽略不计，传播渠道的可及性、传播效率的飞速提升使人人皆可为传播者。现实中，许多传播者并不以营利为目的进行传播，而仅仅是出于分享目的，不收取任何报酬。如小说、电影爱好者群体之间的资源共享等，虽然是出于分享目的，但资源一经分享则快速扩散，最终造成权利人的巨大损失。另一方面，以营利为目的的"采集"和"传播"有可能是正当的，甚至属于公众的基本权利。如新闻媒体对体育赛事的拍摄以及在媒体上刊登或播放等行为，只要不超出一定的界限，则属于新闻自由之列。上述行为在大多数情况下均属于"以营利为目的"的行为，然而却具有浓厚的公共利益色彩，不能为私人所垄断。在著作权法体系中，应通过合理使用的制度设计，而非简单以是否具有营利为目的来划定公众行为自由的界限。

纵观整部《民法典》的相关规定，也并未有类似"以营利为目的"的限制要素。相反，《民法通则》曾规定"以营利为目的"作为侵犯肖像权的要件，但该规定受到学界的广泛批评②，并最终为《民法典》所修正。是否具有营利目的实际上是确定侵权责任范围的重要考量因素，因为一般而言，具有营利目的的侵权行为主观恶性较大，产生的损害也会更大。在确定责任承

---

① 王迁. 著作权法中传播权的体系[J]. 法学研究，2021，43（2）：55-75.
② 张红. "以营利为目的"与肖像权侵权责任认定：以案例为基础的实证研究[J]. 比较法研究，2012（03）：63-76.

担方式、计算赔偿数额时可以将是否具有营利目的作为重要的依据。因此，"以营利为目的"不宜作为侵犯体育赛事视听信息权的构成要件，但可以作为确定侵权责任范围的因素之一。从立法本意上来看，"以营利为目的"这一条件是为了保障现场观众的诸如合影、收藏、纪念、留念等合理权益。这一出发点符合利益平衡的现实要求，可以通过规定"私人使用"这一合理使用情形加以保障。

三、引入权利限制制度

体育被认为是形成社会凝聚力的重要枢纽，同时也是道德和价值观的传送带。《体育法》第 52 条第 2 款在保障体育赛事组织者等利益的同时，一定程度上忽略了为公众保留足够的自由空间。首先，体育赛事视听信息权缺乏权利期限。信息的基本特性是共享，对信息的垄断应当理解为一种例外，其不过是社会为激励信息产出而设定的对价。相应地，信息最终仍然需要回归其共享的本质，而信息产权的期限制度为此提供了一个实现的机制。权利的期限应当与权利人所需的激励水平大致相当，以实现利益的衡平。意大利为体育赛事视听权利设置了 50 年的保护期限，该期限自体育赛事活动发生之日起算。这一经验颇值得我国《体育法》借鉴，至于具体期限则应当由立法者作出充分的调研之后再行决定。

其次，缺乏对体育赛事视听信息合理使用的制度。部分社会意义重大的体育赛事如奥运会、亚运会等在具有重要商业价值的同时亦承载了一定的社会文化功能，新闻媒体的报道则是公众获得比赛信息的重要渠道。因此，平衡体育赛事视听信息权的排他性与新闻报道所隐含的公众知情权之间的关系至关重要。在欧盟，这一平衡是通过赋予媒体对重大社会事件的短篇报道的权利来实现的；对于短篇报道则以不损害体育赛事视听信息权人的商业利益为限。这一制度实际上赋予了新闻媒体对体育赛事视听信息的合理使用权，属于重要的权利限制制度。鉴于《体育法》刚刚修改，再次修法的时机并不成熟，因此可以通过国家体育总局制定的《体育赛事活动管理办法》对上述内容作出规定。具体而言，就是在《体育赛事活动管理办法》第 25 条第 2 款中以列举的形式明确体育赛事视听信息权的子权利类型以及权利限制制度。

参考文献

专著

［1］张玉敏. 知识产权法学［M］. 北京：法律出版社，2016.

［2］刘春田. 知识产权法［M］. 5版. 北京：中国人民大学出版社，2014.

［3］李明德. 知识产权法［M］. 北京：法律出版社，2014.

［4］冯晓青. 知识产权保护论［M］. 北京：中国政法大学出版社，2022.

［5］严波. 现场直播节目版权研究［M］. 北京：法律出版社，2016.

［6］杨明. 知识产权交易基本理论［M］. 北京：知识产权出版社，2024.

［7］马宏俊. 体育法导论［M］. 北京：中国政法大学出版社，2021.

［8］黄薇，王雷鸣. 中华人民共和国著作权法导读与释义［M］. 北京：中国民主法制出版社，2021.

［9］张玉超. 中国体育知识产权保护制度研究［M］. 北京：知识产权出版社，2012.

［10］徐康平，郝琳琳，等. 体育知识产权保护问题研究［M］. 北京：法律出版社，2015.

［11］吴青. 知识产权法中的公共利益研究［M］. 南昌：江西高校出版社，2021.

［12］洪云峰. 知识产权的社会共治与立体保护［M］. 北京：中国商务出版社，2019.

［13］王翀. 知识产权理论与实务［M］. 北京：知识产权出版社，2022.

［14］李煜. 中国广播现代性流变：国民政府广播研究（1928—1949年）［M］. 北京：中国传媒大学出版社，2017.

［15］卢海君. 版权客体论［M］. 北京：知识产权出版社，2014.

［16］胡开忠，陈娜，相靖. 广播组织权保护研究［M］. 武汉：华中科技大学出版社，2011.

［17］德国著作权法［M］. 范长军，译. 北京：知识产权出版社，2013.

［18］赵毅. 私法视野下的足球行业自治与法治［M］. 北京：社会科学文献出版社，2021.

［19］陈锦川. 著作权审判：原理解读与实务指导［M］. 北京：法律出版社，2014.

［20］熊瑛子. 由自治到善治：国际体育纠纷的仲裁实践与司法干预研究［M］. 北京：人民体育出版社，2021.

［21］龚韬，范珍妮，等. 体育品牌运营中的知识产权［M］. 北京：知识产权出版社，2023.

［22］山姆·里基森，简·金斯伯格. 国际版权与邻接权：伯尔尼公约及公约以外的新发展［M］. 郭寿康，等译. 北京：中国人民大学出版社，2016.

［23］易健雄. 技术发展与版权扩张［M］. 北京：法律出版社，2009.

［24］张勇，王瑞连. 中华人民共和国体育法释义［M］. 北京：中国法制出版社，2023.

［25］梅术文. 著作权法上的传播权研究［M］. 北京：法律出版社，2012.

［26］李金宝. 经济与技术：奥运传播中的知识产权研究［M］. 南京：东南大学出版社，2020.

［27］孔祥俊. 网络著作权保护法律理念与裁判方法［M］. 北京：中国法制出版社，2015.

［28］黄世席. 欧洲体育法研究［M］. 武汉：武汉大学出版社，2010.

［29］袁夕坤，战焰磊. 体育产业高质量发展研究［M］. 南京：东南大学出版社，2021.

［30］约翰·维维安. 大众传播媒介［M］. 任海龙，常江，等译. 北京：北京大学出版社，2020.

［31］罗伯特·P. 莫杰斯. 知识产权正当性解释［M］. 金海军，史兆欢，寇海侠，译. 北京：商务印书馆，2019.

期刊

［1］张玉超. 我国体育赛事新媒体转播权市场开发的回顾与展望［J］. 体育科学，2017（4）：20-28.

［2］王迁. 论体育赛事现场直播画面的著作权保护：兼评"凤凰网赛事转播案"［J］. 法律科学（西北政法大学学报），2016（1）：182-191.

［3］王迁. 体育赛事现场直播画面著作权保护若干问题：评"凤凰网赛事转播案"再审判决［J］. 知识产权，2020（11）：30-49.

［4］李杨. 体育赛事视听传播中的权利配置与法律保护［J］. 体育科学, 2017, 37（5）: 88-97.

［5］朱文彬. 体育赛事节目的著作权保护: 央视公司诉世纪龙公司侵害信息网络传播权纠纷案评析［J］. 科技与法律, 2013（2）: 67-72.

［6］卢海君. 论体育赛事节目的著作权法地位［J］. 社会科学, 2015（2）: 98-105.

［7］姚鹤徽. 论体育赛事类节目法律保护制度的缺陷与完善［J］. 体育科学, 2015（5）: 10-15, 97.

［8］张盛. 生态、渠道、内容: 电视体育传播的迭代与创新［J］. 上海体育学院学报, 2019（6）: 23-28.

［9］张志安, 谭晓倩. 现代传播体系建设中的重大事件主题报道: 2021年中国新闻业年度观察报告［J］. 新闻界, 2022（1）: 46-54.

［10］张世杰, 刘露, 于文谦. 媒体融合视角下体育赛事商业价值的实现逻辑与提升策略［J］. 沈阳体育学院学报, 2021（6）: 87-93.

［11］陈晓雪, 刘亚云, 马胜敏, 等. 反垄断视域下欧洲五大联赛赛事转播权研究［J］. 广州体育学院学报, 2022（1）: 81-89.

［12］姜欣, 张德胜. "互联网+" 背景下的中国体育电视: 传播变革、公共性与公共利益［J］. 武汉体育学院学报, 2017（6）: 24-28.

［13］王战强. 十九世纪的新财产: 现代财产概念的发展［J］. 经济社会体制比较, 1995（1）: 35-40.

［14］张耕, 孙正樑. 论体育赛事节目的独创性［J］. 电子知识产权, 2018（10）: 12-20.

［15］王迁. 论视听作品的范围及权利归属［J］. 中外法学, 2021（3）: 664-683.

［16］焦和平. 三网融合下广播权与信息网络传播权的重构: 兼析《著作权法（修改草案）》前两稿的相关规定［J］. 法律科学（西北政法大学学报）, 2013（1）: 150-159.

［17］孔祥俊. "互联网条款" 对于新类型网络服务的使用问题: 从 "通知删除" 到 "通知加采取必要措施"［J］. 政法论丛, 2021（1）: 52-66.

［18］杨立新.《侵权责任法》规定的网络侵权责任的理解与解释［J］. 国家检察官学报, 2010（2）: 3-10.

［19］吴汉东. 论网络服务提供者的著作权侵权责任［J］. 中国法学, 2011（2）: 38-47.

［20］司晓. 网络服务提供者知识产权注意义务的设定［J］. 法律科学（西北政

法大学报），2018（1）：78-88.

[21] 崔国斌. 得形忘意的服务器标准［J］. 知识产权，2016（8）：3-19.

[22] 石必胜. 论链接不替代原则：以下载链接的经济分析为进路［J］. 科技与法律，2008（5）：62-67.

[23] 徐瑄，吴雨辉. 论版权立法的对价技艺［J］. 知识产权，2013（10）：33-42.

[24] 王先林. 反垄断法与创新发展：兼论反垄断与保护知识产权的协调发展［J］. 法学，2016（12）：50-57.

[25] 姜熙. 开启中国体育产业发展法治保障的破局之路：基于中国体育反垄断第一案的思考［J］. 上海体育学院学报，2017（2）：47-54.

[26] 刘亚云，罗亮，马胜敏. 我国体育赛事转播权垄断问题及应对策略［J］. 体育学刊，2021（2）：54-59.

[27] 于飞. 侵权法中权利与利益的区分方法［J］. 法学研究，2011（4）：104-119.

[28] 朱虎. 侵权法中的法益区分保护：思想与技术［J］. 比较法研究，2015（5）：44-59.

[29] 黄海燕，张林. 体育赛事的基本理论研究：论体育赛事的历史沿革、定义、分类及特征［J］. 武汉体育学院学报，2011（2）：22-27.

[30] 李陶. 体育赛事举办者转播权的私法保护［J］. 清华法学，2020（5）：132-152.

[31] 姜栋. 论体育赛事转播权的体育法规制［J］. 法学家，2022（1）：128-142.

[32] 刘银良. 著作权法中的公众使用权［J］. 中国社会科学，2020（10）：183-203，208.

[33] 郑重. 日本著作权法柔性合理使用条款及其启示［J］. 知识产权，2022（1）：112-130.

[34] 胡百精. 公共协商与偏好转换：作为国家和社会治理实验的公共传播［J］. 新闻与传播研究，2020（4）：21-38.

[35] 刘少华，陈荣昌. 互联网信息内容监管执法的难题及其破解［J］. 中国行政管理，2018（12）：25-30.

[36] 田小军，郭雨笛. 设定平台版权过滤义务视角下的短视频平台版权治理研究［J］. 出版发行研究，2019（3）：66-69.

[37] 刘家瑞. 为何历史选择了"服务器标准"：兼论聚合链接的归责原则［J］. 知识产权，2017（2）：22-32.

[38] 张健，姚慧玲. 体育行政权力清单制度的运行状况与规范策略：以 31 个省级体育行政部门的权力清单为样本［J］. 上海体育学院学报，2022（2）：88-96.

[39] 张红. "以营利为目的"与肖像权侵权责任认定：以案例为基础的实证研究［J］. 比较法研究，2012（03）：63-76.

[40] 陈锦川. "固定"在我国著作权法中的地位［J］. 中国版权，2019（4）：26-27.